国家创新调查制度系列报告

Guojia Chuangxin Diaocha Zhidu Xilie Baogao

中国区域创新能力监测报告2021

中华人民共和国科学技术部　编

科学技术文献出版社
SCIENTIFIC AND TECHNICAL DOCUMENTATION PRESS
·北京·

图书在版编目（CIP）数据

中国区域创新能力监测报告. 2021 / 中华人民共和国科学技术部编. —北京：科学技术文献出版社，2021.10
ISBN 978-7-5189-8455-8

Ⅰ. ①中…　Ⅱ. ①中…　Ⅲ. ①创造能力—研究报告—中国—2021　Ⅳ. ① G322

中国版本图书馆 CIP 数据核字（2021）第 201351 号

中国区域创新能力监测报告2021

策划编辑：李　蕊　　责任编辑：李　晴　　责任校对：文　浩　　责任出版：张志平

出　版　者	科学技术文献出版社
地　　　址	北京市复兴路15号　　邮编 100038
编　务　部	(010) 58882938，58882087（传真）
发　行　部	(010) 58882868，58882870（传真）
邮　购　部	(010) 58882873
官 方 网 址	www.stdp.com.cn
发　行　者	科学技术文献出版社发行　全国各地新华书店经销
印　刷　者	北京时尚印佳彩色印刷有限公司
版　　　次	2021 年 10 月第 1 版　2021 年 10 月第 1 次印刷
开　　　本	889×1194　1/16
字　　　数	372千
印　　　张	19.75
书　　　号	ISBN 978-7-5189-8455-8
定　　　价	106.00元

《中国区域创新能力监测报告2021》
编辑委员会及编写组

2021

G国家创新调查制度系列报告
Guojia Chuangxin Diaocha Zhidu Xilie Baogao

中国区域创新能力监测报告

● 前言

　　创新是引领发展的第一动力。党的十九届五中全会明确提出坚持创新在我国现代化建设全局中的核心地位，把科技自立自强作为国家发展的战略支撑。区域创新是国家创新体系的重要组成部分。《中华人民共和国国民经济和社会发展第十四个五年规划和2035年远景目标纲要》对坚持创新驱动发展、全面塑造发展新优势作出一系列重大部署，并对区域创新发展提出明确要求。在"十四五"开局起步、开启全面建设社会主义现代化国家新征程之际，加强区域创新活动监测对于深入实施创新驱动发展战略、服务支撑科技创新管理决策具有重要意义。

　　按照《国家创新调查制度实施办法》的总体要求，我们持续开展了区域创新能力监测研究工作，并按年度发布《中国区域创新能力监测报告》。《中国区域创新能力监测报告2021》是国家创新调查制度实施以来的第八版。报告基于政府统计调查，系统发布能够客观反映全国各省、自治区、直辖市创新活动特征的数据，为各级政府部门、研究机构和社会公众打造来源可靠、分析科学、使用便捷的数据平台，为区域创新政策制定、创新工作开展和创新能力评价等提供数据支撑。

　　《中国区域创新能力监测报告2021》从创新环境、创新资源、企业创新、创新产出和创新绩效5个维度设置指标体系，共计213个监测指标，以全面反映各地区科技创新活动特征。相对于上期报告，部分指标有所调整：一是进一步完善了反映创新创业发展状况的指标，增加了科技企业孵化器在孵企业数、科技企业孵化器累计毕业企业数、科技企业孵化器总收入等指标；二是为反映国际服务贸易情况，增加了反映国际技术交易的相关指标，如国外技术引进合同成交额中技术经费、国外技术引进合同成交额中技术经费占比重等；三是因政府统计数据发布发生变化，涉及主营业务收入的指标变更为营业收入。

　　《中国区域创新能力监测报告2021》包括五部分内容：一是区域创新能力监测指标体系的构建；二是全国创新能力监测指标年度间的比较；三是各地区创新能力监测指标按5个子系统的数据发布；四是创新能力监测指标按地区的数据发布；五是区域创新能力监测指标说明。

为与其他国家创新调查制度系列报告保持一致，报告标题中的"2021"是指报告发布年份，报告中监测数据为2019年数据，这是截至此报告发布时所能获取的最新数据。

在《中国区域创新能力监测报告2021》的编制过程中，得到了来自各方领导和专家的支持。在此，衷心感谢国家统计局社科文司、中国科学技术发展战略研究院技术预测与统计分析研究所、国家科技统计数据中心有关专家为监测数据的收集和整合提供的有力支持！

编写组
2021年4月

C目录
ontents

一、区域创新能力监测指标体系的构建

根据《国家创新调查制度实施办法》的相关部署，创新能力监测是基于政府统计调查，科学设计监测指标体系，发布客观反映国家、区域和企业等创新活动特征的数据。区域创新能力监测的任务是基于政府统计调查，通过监测指标体系的建立，系统发布全国各省、自治区、直辖市（不包括港、澳、台）反映创新活动特征的数据。一方面，区域创新能力监测是区域创新能力评价的重要支撑，能够为后者提供全面、系统的统计数据，以保证评价活动的科学化、系统化和规范化；另一方面，还可以更大范围地为社会各界广泛开展的各类型分析研究提供与科技进步和创新有关的数据支持。

（一）创新与区域创新

创新是改革开放进程中牵引中国经济社会发展最为重要的引擎。熊彼特（Joseph A. Schumpeter）于1912年出版的代表作《经济发展理论》中，提出以创新为核心的经济发展理论，创立了创新经济学。按照熊彼特的观点，创新处于经济变革的核心地位。所谓"创新"，就是"建立一种新的生产函数"，把一种从来没有过的关于生产要素和生产条件的"新组合"引入生产体系。熊彼特所指的"创新"包括引进新产品和引用新技术，即新的生产方法、开拓新市场、获取原材料或半制成品新的供应源和实现企业的新组织。在熊彼特提出创新概念之后，对创新的理解逐步发展，从狭义的解释趋于广义。"创新"一词在不同情况下有着不同的含义，如产品创新、工艺创新、营销创新和组织创新；又如国家创新、区域创新、城市创新、产业创新，其实际内涵取决于所测度和分析的特定目标。

我国人口众多，幅员辽阔。从经济社会发展角度看，区域经济社会发展是整个国民经济与社会发展的基础，区域产业结构优化和经济发展质量提高是整个国民经济产业协调发展的前提。

区域创新能力监测可以使我们从数量的角度，了解中国各地区在创新资源和条件、创新投入水平、企业创新状况、创新产业发展、创新产出水平及对经济发展质量的影响作用等各个方面的表现，为总体把握创新型国家建设进程提供数据参考。

（二）区域创新能力监测指标体系和原则

正确理解创新的概念和准确把握创新的基本特征是进行创新能力监测的重要环节。区域创新能力监测体系建立过程中对涉及创新型国家、区域创新和创新城市评价的研究成果进行了深入分析，并特别参考了经济合作与发展组织（OECD）的《OECD科学技术和产业记分牌》、欧盟的《欧洲创新记分牌》，以及国内较为知名的《国家创新指数报告》《中国区域科技创新评价报告》《中国区域创新能力评价报告》等。本报告在对区域创新能力基本特征进行系统归纳的基础上，拟从创新环境、创新资源、企业创新、创新产出、创新绩效等方面对区域创新能力进行监测。

区域创新能力监测指标体系的基本框架为：

区域创新能力监测基本框架

区域创新能力监测指标体系的建立遵循以下原则。

（1）全面。尽可能地包含各个方面、各个角度反映创新能力的指标。既有反映总量规模的指标，也有反映增长速度的指标，还有反映一般水平、强度、构成和比例关系的指标；既有反映创新环境、创新资源的指标，也有反映企业创新、创新产出的指标，还有反映创新绩效的指标。

（2）规范。统计口径和计算方法力求符合统计规范。生成监测指标的基础数据均为纳入政府统计调查制度、采用国家或部门统计标准的统计指标。经与各方面专家反复论证，进一步规范了统计指标名称。

（3）公开。生成监测指标的基础数据均来源于政府统计公开出版物，以便于社会各界进行核实和索引。

区域创新能力监测指标体系（1）

一级指标	指标名称
创新环境	大专以上学历人数（万人）
	万人大专以上学历人数（人）
	高校数（个）
	高校在校学生数（万人）
	十万人高校在校学生数（人）
	高校（机构）硕士毕业生数（人）
	十万人硕士毕业生数（人）
	高校（机构）博士毕业生数（人）
	十万人博士毕业生数（人）
	研发机构数（个）
	科技企业孵化器管理机构从业人员数（人）
	国家级孵化器管理机构从业人员数（人）
	国家大学科技园管理机构从业人员数（人）
	火炬计划特色产业基地企业从业人员数（人）
	国家级示范生产力促进中心人员数（人）
	众创空间服务人员数（人）
	众创空间数（个）
	科技企业孵化器数（个）
	国家级科技企业孵化器数（个）
	科技企业孵化器在孵企业数（个）
	科技企业孵化器累计毕业企业数（个）
	科技企业孵化器总收入（亿元）
	企业研究开发费用加计扣除减免税额（亿元）
	高新技术企业减免税额（亿元）
	高新技术企业减免税额占全国比重（%）
	信息传输、软件和信息技术服务业固定资产投资（亿元）
	信息传输、软件和信息技术服务业固定资产投资占比重（%）
	邮政业务总量（亿元）
	电信业务总量（亿元）
	邮电业务总量与地区生产总值比值（万元/亿元）
	固定电话和移动电话用户数（万户）
	百人固定电话和移动电话用户数（户）

区域创新能力监测指标体系（2）

一级指标	指标名称
创新环境	移动互联网用户数（万户）
	万人移动互联网用户数（万户）
	有效商标注册数（万件）
	百万人有效商标注册数（件）
	地区生产总值（亿元）
	第二产业增加值（亿元）
	第二产业增加值占地区生产总值比重（%）
	工业增加值（亿元）
	工业增加值占地区生产总值比重（%）
	装备制造业营业收入（亿元）
	装备制造业营业收入占营业收入比重（%）
	人均地区生产总值（元）
	城镇登记失业人员数（万人）
	城镇登记失业率（%）
	客运量（亿人）
	旅客周转量（亿人公里）
	货运量（亿吨）
	货物周转量（亿吨公里）
创新资源	研究与试验发展（R&D）经费支出（亿元）
	R&D经费支出与地区生产总值之比（%）
	R&D经费中基础研究经费支出（亿元）
	R&D经费中应用研究经费支出（亿元）
	R&D经费中试验发展经费支出（亿元）
	R&D经费中基础研究经费支出占比重（%）
	R&D经费中应用研究经费支出占比重（%）
	R&D经费中试验发展经费支出占比重（%）
	R&D经费中政府资金经费支出（亿元）
	R&D经费中企业资金经费支出（亿元）
	R&D经费中政府资金经费支出占比重（%）
	R&D经费中企业资金经费支出占比重（%）
	高校R&D经费支出（亿元）

区域创新能力监测指标体系（3）

一级指标	指标名称
创新资源	研发机构R&D经费支出（亿元）
	高校R&D经费支出占全社会R&D经费比重（%）
	研发机构R&D经费支出占全社会R&D经费比重（%）
	高新技术企业R&D经费支出（亿元）
	高新技术企业R&D经费支出占全社会R&D经费比重（%）
	财政性教育经费支出（亿元）
	财政性教育经费支出与地区生产总值比值（万元/亿元）
	地方财政科技支出（亿元）
	地方财政科技支出占地方财政支出比重（%）
	地方财政科技支出与地区生产总值比值（万元/亿元）
	R&D人员全时当量（人年）
	万人R&D人员全时当量（人年）
	R&D人员中基础研究人员数（人年）
	R&D人员中应用研究人员数（人年）
	R&D人员中试验发展人员数（人年）
	R&D人员中基础研究人员占比重（%）
	R&D人员中应用研究人员占比重（%）
	R&D人员中试验发展人员占比重（%）
	R&D研究人员全时当量（人年）
	R&D研究人员占全社会R&D人员比重（%）
	高校R&D人员全时当量（人年）
	研发机构R&D人员全时当量（人年）
	高校R&D人员占全社会R&D人员比重（%）
	研发机构R&D人员占全社会R&D人员比重（%）
	高技术产业R&D经费支出（亿元）
	高技术产业R&D经费支出占全社会R&D经费比重（%）
	高技术产业R&D经费支出占营业收入比重（%）
	高技术产业引进技术经费支出（万元）
	高技术产业消化吸收经费支出（万元）
	高技术产业购买境内技术经费支出（万元）
	高技术产业技术改造经费支出（万元）

区域创新能力监测指标体系（4）

一级指标	指标名称
创新资源	高技术产业技术获取和技术改造经费支出占营业收入比重（%）
	高技术产业新产品研发经费支出（亿元）
	高技术产业新产品研发经费支出占新产品销售收入比重（%）
	高技术产业R&D人员全时当量（人年）
	高技术产业R&D人员占全社会R&D人员比重（%）
	高新技术企业R&D人员全时当量（人年）
	高新技术企业R&D人员占全社会R&D人员比重（%）
	科学研究和技术服务业新增固定资产（亿元）
	科学研究和技术服务业新增固定资产占比重（%）
企业创新	开展创新活动的企业数（个）
	开展创新活动的企业占比重（%）
	实现创新的企业数（个）
	实现创新企业占比重（%）
	企业创新费用支出（亿元）
	企业R&D经费支出（亿元）
	企业R&D经费支出占创新费用支出比重（%）
	企业R&D经费支出占全社会R&D经费比重（%）
	企业R&D经费支出占营业收入比重（%）
	企业引进技术经费支出（亿元）
	企业消化吸收经费支出（亿元）
	企业购买境内技术经费支出（亿元）
	企业技术改造经费支出（亿元）
	企业技术获取和技术改造经费支出（亿元）
	企业技术获取和技术改造经费支出占营业收入比重（%）
	企业科学研究经费支出占企业R&D经费支出比重（%）
	研发机构来源于企业的R&D经费支出（亿元）
	高校来源于企业的R&D经费支出（亿元）
	研发机构和高校R&D经费支出中企业资金占比重（%）
	企业平均吸纳技术成交额（万元）
	企业R&D人员全时当量（人年）

区域创新能力监测指标体系（5）

一级指标	指标名称
企业创新	企业R&D研究人员全时当量（人年）
	企业R&D研究人员占全社会R&D研究人员比重（%）
	万名企业就业人员中R&D人员数（人年）
	有R&D活动的企业数（个）
	有R&D活动的企业占工业企业比重（%）
	有研发机构的企业数（个）
	有研发机构的企业占工业企业比重（%）
	企业专利申请数（件）
	企业发明专利申请数（件）
	企业发明专利拥有量（件）
	万名企业就业人员发明专利拥有量（件）
创新产出	发明专利申请数（件）
	实用新型专利申请数（件）
	外观设计专利申请数（件）
	研发机构专利申请数（件）
	研发机构发明专利申请数（件）
	高校专利申请数（件）
	高校发明专利申请数（件）
	万人发明专利申请数（件）
	亿元R&D经费支出发明专利申请数（件）
	发明专利授权数（件）
	实用新型专利授权数（件）
	外观设计专利授权数（件）
	万人发明专利授权数（件）
	亿元R&D经费支出发明专利授权数（件）
	发明专利拥有量（件）
	实用新型专利拥有量（件）
	外观设计专利拥有量（件）
	研发机构发明专利拥有量（件）
	高校发明专利拥有量（件）

区域创新能力监测指标体系（6）

一级指标	指标名称
创新产出	万人发明专利拥有量（件）
	国内科技论文数（篇）
	万人国内科技论文数（篇）
	SCI 收录科技论文数（篇）
	EI 收录科技论文数（篇）
	CPCI-S 收录科技论文数（篇）
	万人国际科技论文数（篇）
	技术市场成交合同数（项）
	技术市场输出技术成交额（亿元）
	万人输出技术成交额（万元）
	国外技术引进合同数（项）
	国外技术合同成交额（亿美元）
	万人国外技术引进合同成交额（万美元）
	国外技术引进合同成交额中技术经费（亿美元）
	国外技术引进合同成交额中技术经费占比重（%）
	百万人技术国际收入（万美元）
	高技术产业有效发明专利数（件）
	万名高技术产业就业人员有效发明专利数（件）
	高技术产业营业收入（亿元）
	高技术产业营业收入占工业营业收入比重（%）
	高技术产业新产品销售收入（亿元）
	高技术产业新产品销售收入占营业收入比重（%）
	万元地区生产总值高技术产业营业收入（万元）
	新产品销售收入（亿元）
	新产品销售收入占营业收入比重（%）
创新绩效	商品出口额（亿美元）
	商品出口额与地区生产总值比值（万美元/亿元）
	高技术产品出口额（亿美元）
	高技术产品出口额占商品出口额比重（%）

区域创新能力监测指标体系（7）

一级指标	指标名称
创新绩效	第三产业增加值（亿元）
	第三产业增加值占地区生产总值比重（%）
	高新技术企业数（个）
	高新技术企业年末从业人员数（万人）
	高新技术企业营业收入（亿元）
	高新技术企业技术收入（亿元）
	高新技术企业技术收入占营业收入比重（%）
	高新技术企业净利润（亿元）
	高新技术企业利润率（%）
	高新技术企业出口总额（亿元）
	劳动生产率（万元/人）
	固定资本形成总额（亿元）
	资本生产率（万元/万元）
	综合能耗产出率（元/千克标准煤）
	空气达到二级以上天数（天）
	空气达到二级以上天数占比重（%）
	废水中化学需氧量排放量（万吨）
	废水中化学需氧量排放降低率（%）
	二氧化硫排放量（万吨）
	二氧化硫排放降低率（%）
	万元地区生产总值用水量（立方米）
	万元地区生产总值用水量降低率（%）
	废水中氨氮排放量（万吨）
	废水中氨氮排放降低率（%）
	固体废物产生量（万吨）
	固体废物综合利用量（万吨）
	固体废物综合治理率（%）
	生活垃圾无害化处理率（%）
	污水处理率（%）
	建成区绿化覆盖率（%）

二、全国创新能力监测指标

全国创新能力监测指标（1）

指标名称	2015	2016	2017	2018	2019
大专以上学历人数（万人）	17054.77	15964.49	17911.77	18183.41	18996.15
万人大专以上学历人数（人）	1332.84	1293.67	1387.47	1401.10	1457.77
高校数（个）	2560	2596	2631	2663	2688
高校在校学生数（万人）	3469.54	3498.81	3580.85	3708.92	3999.80
十万人高校在校学生数（人）	2524.00	2530.40	2576.00	2658.00	2856.90
高校（机构）硕士毕业生数（人）	497744	508927	520013	543644	577088
十万人硕士毕业生数（人）	36.21	36.81	37.41	38.96	41.22
高校（机构）博士毕业生数（人）	53778	55011	58032	60724	62578
十万人博士毕业生数（人）	3.91	3.98	4.17	4.35	4.47
研发机构数（个）	3650	3611	3547	3306	3217
科技企业孵化器管理机构从业人员数（人）	42121	53858	63205	72955	73432
国家级孵化器管理机构从业人员数（人）	14617	16869	19644	20938	22956
国家大学科技园管理机构从业人员数（人）	2732	2775	2787	2768	2608
火炬计划特色产业基地企业从业人员数（人）	9928049	11161212	11540900	11655604	11576387
国家级示范生产力促进中心人员数（人）	10429	8670	8742	7665	6570
众创空间服务人员数（人）	—	128241	105218	145412	94999
众创空间数（个）	—	4298	5739	6959	8000
科技企业孵化器数（个）	2533	3255	4063	4849	5206
国家级科技企业孵化器数（个）	733	859	976	967	1155
科技企业孵化器在孵企业数（个）	102170	133286	177542	206024	216828
科技企业孵化器累计毕业企业数（个）	74853	89694	110701	139396	160850
科技企业孵化器总收入（亿元）	316.85	308.15	366.76	450.71	449.87
企业研究开发费用加计扣除减免税额（亿元）	449.27	489.09	569.90	881.46	1399.69
高新技术企业减免税额（亿元）	702.34	842.78	1062.27	1225.02	1423.80
信息传输、软件和信息技术服务业固定资产投资（亿元）	5516.37	6318.66	6987.43	7270.14	7895.48
信息传输、软件和信息技术服务业固定资产投资占比重（%）	1.00	1.06	1.11	1.09	1.12
邮政业务总量（亿元）	5078.72	7397.24	9763.71	12345.19	16229.63
电信业务总量（亿元）	23346.30	15616.95	27596.74	65633.91	106810.67
邮电业务总量与地区生产总值比值（万元/亿元）	412.64	308.34	449.02	848.26	1247.22
固定电话和移动电话用户数（万户）	15.02	15.29	16.11	17.58	17.92

全国创新能力监测指标（2）

指标名称	2015	2016	2017	2018	2019
百人固定电话和移动电话用户数（户）	109.30	110.55	115.91	126.00	128.02
移动互联网用户数（万户）	9.64	10.94	12.72	12.75	13.19
万人移动互联网用户数（万户）	0.70	0.79	0.91	0.91	0.94
有效商标注册数（万件）	920.40	1114.35	1359.41	1804.88	2354.35
百万人有效商标注册数（件）	6695.68	8059.16	9779.37	12934.69	16816.19
地区生产总值（亿元）	688858.20	746395.10	832035.90	919281.10	986515.20
第二产业增加值（亿元）	281338.90	295427.80	331580.50	364835.20	380670.60
第二产业增加值占地区生产总值比重（%）	40.84	39.58	39.85	39.69	38.59
工业增加值（亿元）	234968.90	245406.40	275119.30	301089.30	311858.70
工业增加值占地区生产总值比重（%）	34.11	32.88	33.07	32.75	31.61
装备制造业营业收入（亿元）[①]	343565.77	370278.94	371986.80	336133.90	350775.91
装备制造业营业收入占营业收入比重（%）[②]	30.95	31.95	32.83	32.88	32.86
人均地区生产总值（元）	50237	54139	60014	66006	70581
城镇登记失业人员数（万人）	966.00	982.00	972.00	974.00	945.00
城镇登记失业率（%）	4.05	4.02	3.90	3.80	3.62
客运量（亿人）	194.33	190.02	184.86	179.38	176.04
旅客周转量（亿人公里）	30058.90	31258.46	32812.80	34218.15	35349.24
货运量（亿吨）	417.59	438.68	480.49	515.27	471.36
货物周转量（亿吨公里）	178355.90	186629.48	197372.65	204686.24	199394.33
研究与试验发展（R&D）经费支出（亿元）	14169.90	15676.70	17606.10	19677.93	22143.58
R&D经费支出与地区生产总值之比（%）	2.06	2.10	2.12	2.14	2.24
R&D经费中基础研究经费支出（亿元）	716.12	822.89	975.49	1090.37	1335.57
R&D经费中应用研究经费支出（亿元）	1528.64	1610.49	1849.21	2190.87	2498.46
R&D经费中试验发展经费支出（亿元）	11925.13	13243.36	14781.43	16396.69	18309.55
R&D经费中基础研究经费支出占比重（%）	5.05	5.25	5.54	5.54	6.03
R&D经费中应用研究经费支出占比重（%）	10.79	10.27	10.50	11.13	11.28
R&D经费中试验发展经费支出占比重（%）	84.16	84.48	83.96	83.33	82.69
R&D经费中政府资金经费支出（亿元）	3013.20	3140.81	3487.45	3978.64	4537.31
R&D经费中企业资金经费支出（亿元）	10588.58	11923.54	13464.94	15079.30	16887.15
R&D经费中政府资金经费支出占比重（%）	21.26	20.03	19.81	20.22	20.49
R&D经费中企业资金经费支出占比重（%）	74.73	76.06	76.48	76.63	76.26
高校R&D经费支出（亿元）	998.59	1072.24	1265.96	1457.88	1796.62

① 2015—2018年为装备制造业主营业务收入数据，下同。
② 2015—2018年为装备制造业主营业务收入占主营业务收入比重数据，下同。

全国创新能力监测指标（3）

指标名称	2015	2016	2017	2018	2019
研发机构R&D经费支出（亿元）	2136.49	2260.18	2435.70	2698.35	3080.83
高校R&D经费支出占全社会R&D经费比重（%）	7.05	6.84	7.19	7.41	8.11
研发机构R&D经费支出占全社会R&D经费比重（%）	15.08	14.42	13.83	13.71	13.91
高新技术企业R&D经费支出（亿元）	6304.04	7806.05	9279.49	10846.67	11850.07
高新技术企业R&D经费支出占全社会R&D经费比重（%）	44.49	49.79	52.71	55.12	53.51
财政性教育经费支出（亿元）	26271.88	28072.78	30153.18	32169.47	32961.06
财政性教育经费支出与地区生产总值比值（万元/亿元）	381.38	376.11	362.40	349.94	334.12
地方财政科技支出（亿元）	3384.18	3877.86	4440.02	5206.38	5954.61
地方财政科技支出占地方财政支出比重（%）	2.25	2.42	2.56	2.77	2.92
地方财政科技支出与地区生产总值比值（万元/亿元）	49.13	51.95	53.36	56.64	60.36
R&D人员全时当量（人年）	3758848	3878057	4033597	4381444	4800768
万人R&D人员全时当量（人年）	27.34	28.05	29.02	31.40	34.29
R&D人员中基础研究人员数（人年）	253155	274748	290090	304989	391972
R&D人员中应用研究人员数（人年）	430449	438877	489635	538817	615395
R&D人员中试验发展人员数（人年）	3075291	3164434	3253907	3537720	3793700
R&D人员中基础研究人员占比重（%）	6.73	7.08	7.19	6.96	8.16
R&D人员中应用研究人员占比重（%）	11.45	11.32	12.14	12.30	12.82
R&D人员中试验发展人员占比重（%）	81.81	81.60	80.67	80.74	79.02
R&D研究人员全时当量（人年）	1619028	1692176	1740442	1866109	2109460
R&D研究人员占全社会R&D人员比重（%）	43.07	43.63	43.15	42.59	43.94
高校R&D人员全时当量（人年）	354861	360049	382160	410893	565478
研发机构R&D人员全时当量（人年）	383597	390110	405711	412998	424640
高校R&D人员占全社会R&D人员比重（%）	9.44	9.28	9.47	9.38	11.78
研发机构R&D人员占全社会R&D人员比重（%）	10.21	10.06	10.06	9.43	8.85
高技术产业R&D经费支出（亿元）	2626.66	2915.75	3182.57	3559.12	3803.96
高技术产业R&D经费支出占全社会R&D经费比重（%）	18.54	18.60	18.08	18.09	17.18
高技术产业R&D经费支出占营业收入比重（%）[①]	1.88	1.90	2.00	2.27	2.39
高技术产业引进技术经费支出（亿元）	75.69	103.21	64.62	139.61	109.40
高技术产业消化吸收经费支出（亿元）	13.92	9.32	5.53	11.85	9.57
高技术产业购买境内技术经费支出（亿元）	67.63	81.12	77.36	239.43	286.57
高技术产业技术改造经费支出（亿元）	400.86	451.65	476.02	556.60	562.01

① 2015—2017年为高技术产业主营业务收入数据。

全国创新能力监测指标（4）

指标名称	2015	2016	2017	2018	2019
高技术产业技术获取和技术改造经费支出占营业收入比重（%）①	0.40	0.42	0.39	0.60	0.61
高技术产业新产品研发经费支出（亿元）	3030.58	3558.93	4097.34	4638.93	5407.48
高技术产业新产品研发经费支出占新产品销售收入比重（%）	7.32	7.43	7.65	8.15	9.14
高技术产业R&D人员全时当量（人年）	726983	730681	747310	852467	860961
高技术产业R&D人员占全社会R&D人员比重（%）	19.34	18.84	18.53	19.46	17.93
高新技术企业R&D人员全时当量（人年）	2054722	2126529	2633467	2857665	2860041
高新技术企业R&D人员占全社会R&D人员比重（%）	54.66	54.83	65.29	65.22	59.57
科学研究和技术服务业新增固定资产（亿元）	3770.15	3636.88	3931.59	4464.84	5261.94
科学研究和技术服务业新增固定资产占比重（%）	1.17	1.23	1.21	1.30	1.45
开展创新活动的企业数（个）	—	183619	188542	196236	223737
开展创新活动的企业占比重（%）	—	48.50	50.60	52.36	59.20
实现创新的企业数（个）	—	166462	170713	179974	201431
实现创新企业占比重（%）	—	44.00	45.82	48.02	53.30
企业创新费用支出（亿元）	—	17479.20	19146.00	20861.60	23184.60
企业R&D经费支出（亿元）	10881.35	12143.96	13660.23	15233.72	16921.79
企业R&D经费支出占创新费用支出比重（%）	—	62.62	62.74	62.10	60.26
企业R&D经费支出占全社会R&D经费比重（%）	76.79	77.47	77.59	77.42	76.42
企业R&D经费支出占营业收入比重（%）②	0.90	0.94	1.06	1.23	1.31
企业引进技术经费支出（亿元）	414.06	475.42	399.32	465.27	476.69
企业消化吸收经费支出（亿元）	108.39	109.25	118.54	91.01	96.77
企业购买境内技术经费支出（亿元）	229.94	208.00	200.87	440.17	537.41
企业技术改造经费支出（亿元）	3147.64	3016.61	3103.38	3233.41	3740.15
企业技术获取和技术改造经费支出（亿元）	3900.04	3809.27	3822.10	4229.86	4851.02
企业技术获取和技术改造经费支出占营业收入比重（%）②	0.35	0.33	0.34	0.40	0.45
企业科学研究经费支出占企业R&D经费支出比重（%）	2.59	2.71	2.79	3.32	2.90
研发机构来源于企业的R&D经费支出（亿元）	65.36	90.44	91.85	102.64	118.66
高校来源于企业的R&D经费支出（亿元）	301.50	310.49	360.36	387.16	470.97
研发机构和高校R&D经费支出中企业资金占比重（%）	11.70	12.03	12.22	11.78	12.09
企业平均吸纳技术成交额（万元）	256.71	301.31	360.16	467.64	592.84
企业R&D人员全时当量（人年）	2910787	3012081	3119809	3424780	3668433

① 2015—2017年为高技术产业主营业务收入数据。
② 2015—2017年为企业主营业务收入数据。

全国创新能力监测指标（5）

指标名称	2015	2016	2017	2018	2019
企业R&D研究人员全时当量（人年）	1014614	1048147	1055746	1143157	1216670
企业R&D研究人员占全社会R&D研究人员比重（%）	62.67	61.94	60.66	61.26	57.68
万名企业就业人员中R&D人员数（人年）	276.06	282.77	305.46	375.36	397.50
有R&D活动的企业数（个）	73570	86891	102218	104820	129198
有R&D活动的企业占工业企业比重（%）	19.20	22.95	27.42	27.70	34.20
有研发机构的企业数（个）	52833	61765	70636	72607	85274
有研发机构的企业占工业企业比重（%）	13.79	16.31	18.95	19.19	22.57
企业专利申请数（件）	638513	715397	817037	957298	1059808
企业发明专利申请数（件）	245688	286987	320626	371569	398802
企业发明专利拥有量（件）	573765	769847	933990	1094200	1218074
万名企业就业人员发明专利拥有量（件）	60.04	80.55	104.26	137.77	153.62
发明专利申请数（件）	957291	1193382	1233592	1380668	1231093
实用新型专利申请数（件）	1111068	1459752	1671928	2055495	2252811
外观设计专利申请数（件）	548324	628084	607754	685312	688583
研发机构专利申请数（件）	46559	52331	56267	61404	67302
研发机构发明专利申请数（件）	35092	39854	43426	47740	52185
高校专利申请数（件）	190351	236665	277524	320790	340685
高校发明专利申请数（件）	109911	137755	157131	191964	210885
万人发明专利申请数（件）	6.96	8.63	8.87	9.89	8.79
亿元R&D经费支出发明专利申请数（件）	67.56	76.12	70.07	70.16	55.60
发明专利授权数（件）	256400	294817	320242	339615	354111
实用新型专利授权数（件）	860316	890515	961521	1464979	1567242
外观设计专利授权数（件）	461525	426579	423348	514615	536288
万人发明专利授权数（件）	1.87	2.13	2.30	2.43	2.53
亿元R&D经费支出发明专利授权数（件）	18.09	18.81	18.19	17.26	15.99
发明专利拥有量（件）	871607	1103226	1355846	1601903	1862381
实用新型专利拥有量（件）	2647791	3068716	3517603	4317274	5173261
外观设计专利拥有量（件）	1154137	1234542	1330558	1479570	1655877
研发机构发明专利拥有量（件）	86367	107718	124518	151327	162097
高校发明专利拥有量（件）	201492	245289	303283	357010	414032

全国创新能力监测指标（6）

指标名称	2015	2016	2017	2018	2019
万人发明专利拥有量（件）	6.34	7.98	9.75	11.48	13.30
国内科技论文数（篇）	618575	600987	563624	508408	501088
万人国内科技论文数（篇）	4.50	4.35	4.05	3.64	3.58
SCI 收录科技论文数（篇）	296044	324189	361257	376354	450215
EI 收录科技论文数（篇）	217313	226495	228060	250767	271240
CPCI-S 收录科技论文数（篇）	41657	78236	73625	61462	51207
万人国际科技论文数（篇）	4.04	4.55	4.77	4.93	5.52
技术市场成交合同数（项）	307132	320437	367586	411985	484077
技术市场输出技术成交额（亿元）	9835.79	11406.98	13424.22	17697.42	22398.39
万人输出技术成交额（万元）	715.53	824.97	965.72	1268.29	1599.83
国外技术引进合同数（项）	7676	6806	7361	7147	7360
国外技术合同成交额（亿美元）	281.54	307.28	328.27	331.34	352.01
万人国外技术引进合同成交额（万美元）	20.48	22.22	23.62	23.75	25.14
国外技术引进合同成交额中技术经费（亿美元）	272.67	301.57	318.98	322.71	314.34
国外技术引进合同成交额中技术经费占比重（%）	96.85	98.14	97.17	97.39	89.30
百万人技术国际收入（万美元）	3092.43	3080.33	3257.47	3686.21	4181.09
高技术产业有效发明专利数（件）	241404	316694	379615	425137	471949
万名高技术产业就业人员有效发明专利数（件）	178.25	236.02	275.29	322.64	366.41
高技术产业营业收入（亿元）①	139968.65	153796.33	159375.81	157000.97	158848.97
高技术产业营业收入占工业营业收入比重（%）②	12.61	13.27	14.06	14.96	14.88
高技术产业新产品销售收入（亿元）	41413.49	47924.24	53547.11	56894.15	59164.22
高技术产业新产品销售收入占营业收入比重（%）①	29.59	31.16	33.60	36.24	37.25
万元地区生产总值高技术产业营业收入（万元）①	—	0.21	0.19	0.17	0.16
新产品销售收入（亿元）	150856.55	174604.15	191568.69	197094.07	212060.26
新产品销售收入占营业收入比重（%）③	13.59	15.07	16.91	18.78	19.87
商品出口额（亿美元）	22734.68	20976.31	22633.71	24866.82	24994.82
商品出口额与地区生产总值比值（万美元/亿元）	330.03	281.03	272.03	270.50	253.36
高技术产品出口额（亿美元）	6552.97	6041.74	6708.15	7430.44	7307.14
高技术产品出口额占商品出口额比重（%）	28.82	28.80	29.64	29.88	29.23

① 2015—2017年为高技术产业主营业务收入数据。
② 2015—2017年为高技术产业主营业务收入占工业主营业务收入比重数据。
③ 2015—2017年为新产品销售收入占主营业务收入比重数据。

全国创新能力监测指标（7）

指标名称	2015	2016	2017	2018	2019
第三产业增加值（亿元）	349744.70	390828.10	438355.90	489700.80	535371.00
第三产业增加值占地区生产总值比重（%）	50.77	52.36	52.68	53.27	54.27
高新技术企业数（个）	76141	100012	130632	172262	218544
高新技术企业年末从业人员数（万人）	2045.24	2360.67	2735.48	3131.56	3436.99
高新技术企业营业收入（亿元）	222234.13	261093.94	318374.09	389203.73	450957.74
高新技术企业技术收入（亿元）	20317.04	25583.64	34249.51	44877.22	56956.29
高新技术企业技术收入占营业收入比重（%）	9.14	9.80	10.76	11.53	12.63
高新技术企业净利润（亿元）	14894.78	18859.69	23217.15	26140.30	27340.65
高新技术企业利润率（%）	6.70	7.22	7.29	6.72	6.06
高新技术企业出口总额（亿元）	—	31174.25	37830.98	45007.62	49076.34
劳动生产率（万元/人）	8.12	8.81	8.50	9.14	9.71
固定资本形成总额（亿元）	301960.75	318911.53	346441.00	380771.75	422018.80
资本生产率（万元/万元）	0.33	0.34	0.30	0.30	0.30
综合能耗产出率（元/千克标准煤）	15.07	15.86	16.47	17.00	17.45
空气达到二级以上天数（天）	274	280	280	276	282
空气达到二级以上天数占比重（%）	75.00	76.84	76.62	75.58	77.28
废水中化学需氧量排放量（万吨）	2223.50	658.10	608.90	584.22	567.14
废水中化学需氧量排放降低率（%）	3.10	70.40	7.48	4.05	2.92
二氧化硫排放量（万吨）	1859.12	854.90	610.80	516.10	457.29
二氧化硫排放降低率（%）	5.84	54.02	28.55	15.50	11.40
万元生产总值用水量（立方米）	88.97	81.62	73.63	66.82	60.77
万元生产总值用水量降低率（%）	6.39	8.26	9.78	9.26	9.05
废水中氨氮排放量（万吨）	229.91	56.80	50.90	49.44	46.25
废水中氨氮排放降低率（%）	3.61	75.30	10.39	2.88	6.44
固体废物产生量（亿吨）	32.71	40.78	38.67	37.12	44.08
固体废物综合利用量（亿吨）	19.88	21.69	20.61	21.10	23.21
固体废物综合治理率（%）	83.11	78.51	77.69	79.79	77.68
生活垃圾无害化处理率（%）	94.10	96.62	97.74	98.96	99.20
污水处理率（%）	91.90	93.44	94.54	95.49	94.81
建成区绿化覆盖率（%）	40.12	40.30	40.91	41.11	41.51

三、全国各子系统创新能力监测指标
创新环境监测指标（1）

地　区	大专以上学历人数（万人）	万人大专以上学历人数（人）	高校数（个）	高校在校学生数（万人）	十万人高校在校学生数（人）
北　京	1018.97	5048.59	93	114.57	5320.00
天　津	427.95	2886.79	56	65.82	4214.00
河　北	795.64	1131.53	122	197.09	2596.00
山　西	528.72	1515.06	82	93.78	2515.00
内蒙古	492.18	2055.25	53	52.14	2053.00
辽　宁	714.87	1715.01	115	136.47	3136.00
吉　林	333.21	1294.26	62	90.76	3373.00
黑龙江	521.54	1436.85	81	94.95	2531.00
上　海	704.62	3073.48	64	86.98	3582.00
江　苏	1329.62	1755.83	167	267.20	3311.00
浙　江	901.03	1644.86	108	146.78	2509.00
安　徽	716.54	1219.93	120	155.77	2447.00
福　建	409.10	1120.87	90	102.38	2577.00
江　西	523.72	1214.18	103	140.45	3010.00
山　东	1236.41	1339.89	146	287.50	2855.00
河　南	952.95	1074.32	141	280.81	2913.00
湖　北	812.05	1470.42	128	192.51	3248.00
湖　南	840.13	1321.41	125	198.77	2873.00
广　东	1530.77	1438.99	154	316.94	2751.00
广　西	426.15	945.63	78	143.20	2887.00
海　南	127.56	1470.15	20	23.59	2497.00
重　庆	448.72	1541.85	65	101.79	3258.00
四　川	1103.46	1413.60	126	213.23	2546.00
贵　州	273.85	832.07	72	88.87	2453.00
云　南	506.03	1127.75	81	116.64	2401.00
西　藏	26.67	849.67	7	5.57	1588.00
陕　西	495.90	1370.66	95	147.76	3812.00
甘　肃	291.92	1192.77	49	63.43	2396.00
青　海	76.67	1375.34	12	9.03	1486.00
宁　夏	89.49	1413.81	19	17.93	2581.00
新　疆	340.13	1487.69	54	53.14	2106.00

创新环境监测指标（2）

地 区	高校（机构）硕士毕业生数（人）	十万人硕士毕业生数（人）	高校（机构）博士毕业生数（人）	十万人博士毕业生数（人）	研发机构数（个）
北 京	79242	367.95	18653	86.61	383
天 津	16786	107.48	1734	11.10	57
河 北	13413	17.67	461	0.61	74
山 西	9517	25.52	461	1.24	143
内蒙古	6225	24.51	218	0.86	87
辽 宁	30871	70.94	2240	5.15	33
吉 林	17312	64.34	1938	7.20	103
黑龙江	18826	50.19	1923	5.13	112
上 海	40288	165.92	5752	23.69	131
江 苏	45134	55.93	4975	6.16	128
浙 江	18853	32.23	2022	3.46	95
安 徽	16456	25.85	1609	2.53	91
福 建	12282	30.91	1019	2.56	97
江 西	10382	22.25	239	0.51	115
山 东	25928	25.75	1712	1.70	184
河 南	15772	16.36	335	0.35	115
湖 北	35108	59.23	3965	6.69	101
湖 南	19628	28.37	1790	2.59	105
广 东	27093	23.52	3085	2.68	187
广 西	9668	19.49	199	0.40	108
海 南	1597	16.90	47	0.50	28
重 庆	15567	49.83	1110	3.55	31
四 川	25973	31.01	2531	3.02	160
贵 州	5447	15.03	112	0.31	76
云 南	10390	21.39	405	0.83	112
西 藏	563	16.06	14	0.40	18
陕 西	29427	75.92	3043	7.85	103
甘 肃	9708	36.67	690	2.61	98
青 海	1273	20.94	15	0.25	22
宁 夏	1936	27.87	61	0.88	18
新 疆	6423	25.46	220	0.87	102

创新环境监测指标（3）

地　区	科技企业孵化器管理机构从业人员数（人）	国家级孵化器管理机构从业人员数（人）	国家大学科技园管理机构从业人员数（人）	火炬计划特色产业基地企业从业人员数（人）	国家级示范生产力促进中心人员数（人）
北　京	2797	1399	484	53359	256
天　津	1078	463	6	139434	119
河　北	3439	665	71	291398	449
山　西	1091	399	22	38712	171
内蒙古	1571	1041	37	41531	103
辽　宁	1232	705	119	166322	30
吉　林	1774	553	24	49503	127
黑龙江	2272	406	155	162063	353
上　海	2412	1038	322	210003	18
江　苏	11205	3409	280	2997034	647
浙　江	4305	1393	133	1233445	0
安　徽	1859	509	65	461849	139
福　建	1842	323	26	287304	279
江　西	1420	570	46	166241	336
山　东	4888	1581	85	1573254	140
河　南	2602	907	61	229912	285
湖　北	2917	919	78	339213	173
湖　南	1644	629	66	208302	193
广　东	11713	2473	53	2348622	900
广　西	1114	292	19	8966	241
海　南	192	102	21	0	0
重　庆	938	275	28	135601	162
四　川	2244	577	140	72143	286
贵　州	1051	268	29	87031	112
云　南	632	256	73	24896	59
西　藏	8	8	0	0	14
陕　西	2370	952	86	162086	387
甘　肃	1508	259	36	21534	154
青　海	372	247	14	0	69
宁　夏	239	85	14	12739	58
新　疆	513	187	15	47565	285

创新环境监测指标（4）

地　区	众创空间 服务 人员数 （人）	众创 空间数 （个）	科技企业 孵化器数 （个）	国家级 科技企业 孵化器数 （个）	科技企业 孵化器 在孵企业数 （个）	科技企业 孵化器 累计毕业 企业数 （个）
北　京	5294	245	130	61	9444	15091
天　津	1965	191	81	33	4309	2479
河　北	5819	513	251	33	7725	4401
山　西	4470	314	62	14	2543	2025
内蒙古	2288	148	50	12	1842	1890
辽　宁	2529	194	67	30	3947	4114
吉　林	1458	110	93	22	3230	2114
黑龙江	487	54	182	19	6313	3345
上　海	1748	164	175	55	8384	3837
江　苏	8941	836	832	201	34800	26197
浙　江	7353	709	363	82	16690	13893
安　徽	2941	272	170	32	6220	3720
福　建	3648	352	135	15	3493	3772
江　西	3054	174	62	21	3507	2647
山　东	7576	626	358	96	16315	12529
河　南	3096	229	167	44	8987	6698
湖　北	3464	337	216	53	11286	8409
湖　南	2155	186	89	24	5672	4189
广　东	7988	952	1013	150	32918	18858
广　西	1837	136	106	15	3417	1952
海　南	260	24	8	2	754	171
重　庆	2523	214	77	19	2733	2756
四　川	2050	175	168	34	8190	5464
贵　州	1332	82	42	8	1251	789
云　南	1893	122	40	13	2280	1416
西　藏	13	2	1	1	17	60
陕　西	3449	284	122	33	4730	4728
甘　肃	3866	207	79	10	2570	1358
青　海	420	46	14	6	471	502
宁　夏	55	6	15	4	558	387
新　疆	710	63	29	9	1690	811

创新环境监测指标（5）

地 区	科技企业孵化器总收入（亿元）	企业研究开发费用加计扣除减免税额（亿元）	高新技术企业减免税额（亿元）	高新技术企业减免税额占全国比重（％）	信息传输、软件和信息技术服务业固定资产投资（亿元）	信息传输、软件和信息技术服务业固定资产投资占比重（％）
北 京	45.33	27.32	52.19	3.67	322.60	4.21
天 津	4.09	17.28	23.09	1.62	115.70	0.96
河 北	13.82	23.79	49.38	3.47	509.88	1.37
山 西	7.42	14.98	14.40	1.01	43.07	0.65
内蒙古	4.17	9.73	12.34	0.87	208.64	1.97
辽 宁	4.74	23.67	27.98	1.97	74.86	1.12
吉 林	5.12	20.08	13.47	0.95	176.28	1.58
黑龙江	4.25	11.45	6.63	0.47	212.49	1.89
上 海	20.55	95.28	63.86	4.49	161.73	2.02
江 苏	75.76	176.42	233.32	16.39	494.46	0.84
浙 江	31.06	145.51	165.30	11.61	385.64	1.05
安 徽	5.59	62.46	56.98	4.00	213.35	0.61
福 建	8.74	37.73	44.29	3.11	429.61	1.39
江 西	6.46	36.43	37.79	2.65	276.99	1.05
山 东	16.96	89.16	101.70	7.14	435.85	0.84
河 南	8.38	50.94	41.27	2.90	366.77	0.72
湖 北	13.12	58.40	38.98	2.74	367.85	0.94
湖 南	7.85	71.72	47.38	3.33	635.82	1.68
广 东	107.50	329.94	337.27	23.69	537.65	1.17
广 西	3.91	11.88	7.55	0.53	319.47	1.32
海 南	0.68	2.87	4.37	0.31	69.33	2.12
重 庆	3.08	24.02	4.20	0.30	113.15	0.57
四 川	14.31	22.23	15.37	1.08	507.09	1.36
贵 州	9.12	3.68	3.60	0.25	156.90	0.88
云 南	1.67	5.39	4.87	0.34	103.61	0.46
西 藏	0	0.00	0.00	0.00	5.33	0.25
陕 西	14.57	16.03	8.51	0.60	173.11	0.65
甘 肃	4.76	3.38	1.39	0.10	56.04	0.96
青 海	2.14	0.92	1.12	0.08	106.51	2.48
宁 夏	0.51	4.69	0.70	0.05	42.83	1.60
新 疆	2.51	2.33	4.51	0.32	150.38	1.66

创新环境监测指标（6）

地　区	邮政业务总量（亿元）	电信业务总量（亿元）	邮电业务总量与地区生产总值比值（万元/亿元）	固定电话和移动电话用户数（万户）	百人固定电话和移动电话用户数（户）	移动互联网用户数（万户）
北　京	460.11	2681.99	886.47	4562.92	211.87	3289.20
天　津	148.80	1194.60	955.78	2053.84	131.50	1450.71
河　北	557.38	4741.94	1515.02	9020.80	118.82	6915.15
山　西	116.35	2375.20	1468.93	4253.39	114.06	3142.31
内蒙古	50.37	2075.81	1235.25	3226.05	127.03	2606.15
辽　宁	202.70	2723.21	1177.18	5512.24	126.67	4062.30
吉　林	94.55	1769.31	1589.40	3355.07	124.69	2304.81
黑龙江	114.68	1732.45	1363.76	4268.93	113.80	2901.75
上　海	770.04	2240.43	792.49	4651.30	191.56	3197.44
江　苏	1426.94	7545.40	909.45	11495.02	142.44	8452.60
浙　江	3177.67	6717.01	1584.11	10046.13	171.73	7047.00
安　徽	440.76	4006.72	1207.06	6415.08	100.77	4790.84
福　建	646.01	3235.45	917.03	5484.03	138.03	3915.76
江　西	230.18	2838.50	1244.03	4614.59	98.90	3506.44
山　东	717.99	5786.39	922.08	11970.73	118.87	8855.06
河　南	590.45	5999.12	1226.70	10598.91	109.95	8245.69
湖　北	458.51	3370.84	842.93	6206.95	104.72	4635.62
湖　南	321.79	4248.82	1145.68	7271.22	105.10	5489.68
广　东	4403.44	12046.36	1523.31	18836.33	163.50	14200.29
广　西	159.44	3587.75	1764.46	5458.17	110.04	4450.21
海　南	25.37	873.99	1687.10	1306.73	138.32	931.51
重　庆	166.31	2603.00	1173.15	4282.99	137.09	3016.09
四　川	447.76	5164.95	1210.58	11315.29	135.11	7277.70
贵　州	76.05	3874.72	2355.95	4279.46	118.12	3520.08
云　南	118.32	4185.22	1853.07	5150.79	106.03	3829.35
西　藏	4.79	301.37	1803.31	393.12	112.13	267.34
陕　西	193.12	3366.91	1380.22	5282.23	136.27	3839.85
甘　肃	38.63	1958.88	2291.17	3082.92	116.45	2323.06
青　海	8.10	636.98	2193.32	798.41	131.36	564.67
宁　夏	19.98	743.92	2037.90	882.22	127.00	685.74
新　疆	43.02	2006.00	1506.96	3161.89	125.31	2138.19

创新环境监测指标（7）

地　区	万人移动互联网用户数（万户）	有效商标注册数（万件）	百万人有效商标注册数（件）	地区生产总值（亿元）	第二产业增加值数（亿元）
北　京	1.53	192.20	89244.89	35445.10	5667.40
天　津	0.93	24.58	15739.74	14055.50	4947.20
河　北	0.91	67.97	8953.43	34978.60	13393.70
山　西	0.84	18.16	4870.61	16961.60	7466.30
内蒙古	1.03	20.22	7961.93	17212.50	6763.10
辽　宁	0.93	39.78	9140.54	24855.30	9475.90
吉　林	0.86	21.63	8037.08	11726.80	4134.80
黑龙江	0.77	27.28	7272.97	13544.40	3640.10
上　海	1.32	147.26	60648.36	37987.60	10193.60
江　苏	1.05	154.54	19149.69	98656.80	43507.50
浙　江	1.20	250.36	42796.99	62462.00	26299.50
安　徽	0.75	60.85	9559.10	36845.50	14970.00
福　建	0.99	128.26	32282.31	42326.60	20065.50
江　西	0.75	40.25	8626.74	24667.30	10820.30
山　东	0.88	129.78	12887.16	70540.50	28171.80
河　南	0.86	87.37	9063.73	53717.80	23035.60
湖　北	0.78	54.69	9226.66	45429.00	18723.10
湖　南	0.79	57.86	8363.82	39894.10	15401.70
广　东	1.23	447.71	38860.42	107986.90	43368.20
广　西	0.90	23.56	4749.35	21237.10	7046.40
海　南	0.99	9.99	10572.97	5330.80	1083.80
重　庆	0.97	48.46	15511.47	23605.80	9392.00
四　川	0.87	83.37	9954.53	46363.80	17187.90
贵　州	0.97	21.22	5857.11	16769.30	5971.50
云　南	0.79	36.01	7411.71	23223.80	8060.40
西　藏	0.76	3.08	8774.39	1697.80	635.60
陕　西	0.99	40.29	10395.31	25793.20	11779.50
甘　肃	0.88	9.89	3736.79	8718.30	2862.40
青　海	0.93	4.06	6678.29	2941.10	1153.90
宁　夏	0.99	5.56	8009.96	3748.50	1587.10
新　疆	0.85	18.60	7369.71	13597.10	4784.40

创新环境监测指标（8）

地　区	第二产业增加值占地区生产总值比重（％）	工业增加值（亿元）	工业增加值占地区生产总值比重（％）	装备制造业营业收入（亿元）
北　京	15.99	4243.30	11.97	11284.92
天　津	35.20	4372.30	31.11	6905.34
河　北	38.29	11310.40	32.34	6753.86
山　西	44.02	6582.70	38.81	2325.17
内蒙古	39.29	5458.60	31.71	474.16
辽　宁	38.12	8052.20	32.40	7472.41
吉　林	35.26	3347.80	28.55	8195.37
黑龙江	26.88	3334.00	24.62	1317.59
上　海	26.83	9565.10	25.18	22327.99
江　苏	44.10	37225.70	37.73	52089.70
浙　江	42.10	22520.90	36.06	27083.63
安　徽	40.63	11181.70	30.35	11869.38
福　建	47.41	15654.00	36.98	11742.39
江　西	43.86	8774.20	35.57	9658.04
山　东	39.94	22755.10	32.26	16145.23
河　南	42.88	17938.20	33.39	13715.50
湖　北	41.21	15707.60	34.58	14987.47
湖　南	38.61	11995.80	30.07	11087.84
广　东	40.16	39141.80	36.25	75912.45
广　西	33.18	5246.60	24.70	4162.55
海　南	20.33	597.90	11.22	81.24
重　庆	39.79	6551.80	27.76	11786.98
四　川	37.07	13165.90	28.40	12909.82
贵　州	35.61	4459.00	26.59	1314.68
云　南	34.71	5400.50	23.25	1105.43
西　藏	37.44	131.70	7.76	0.57
陕　西	45.67	9459.90	36.68	6515.54
甘　肃	32.83	2319.80	26.61	426.04
青　海	39.23	821.90	27.95	156.83
宁　夏	42.34	1272.50	33.95	327.37
新　疆	35.19	3831.00	28.18	640.43

创新环境监测指标（9）

地　区	装备制造业营业收入占营业收入比重（%）	人均地区生产总值（元）	城镇登记失业人员数（万人）	城镇登记失业率（%）
北　京	48.19	164563	7.37	1.30
天　津	36.40	90058	26.09	3.53
河　北	16.43	46182	35.98	3.12
山　西	10.90	45549	21.26	2.71
内蒙古	2.82	67852	28.13	3.70
辽　宁	23.72	57067	45.63	4.16
吉　林	58.69	43475	23.91	3.11
黑龙江	13.10	36001	34.69	3.53
上　海	55.91	156587	19.34	3.55
江　苏	43.96	122398	35.09	3.03
浙　江	35.63	107814	34.43	2.52
安　徽	31.77	58072	26.77	2.63
福　建	20.40	106966	16.81	3.50
江　西	27.59	52865	27.49	2.93
山　东	19.41	70129	44.22	3.29
河　南	27.39	55825	49.43	3.17
湖　北	32.97	76712	37.63	2.44
湖　南	29.24	57746	31.09	2.73
广　东	51.74	94448	36.87	2.25
广　西	23.87	42964	19.66	2.60
海　南	3.51	56740	5.57	2.25
重　庆	54.97	75828	17.46	2.62
四　川	29.26	55472	50.40	3.31
贵　州	13.46	46433	15.33	3.11
云　南	7.53	47944	22.93	3.25
西　藏	0.19	48902	2.14	2.86
陕　西	25.04	66649	23.80	3.23
甘　肃	5.61	32995	10.83	3.00
青　海	6.55	48570	3.10	2.24
宁　夏	6.63	54217	5.05	3.74
新　疆	5.56	54280	8.36	2.14

创新环境监测指标（10）

地　区	客运量 （亿人）	旅客 周转量 （亿人公里）	货运量 （亿吨）	货物 周转量 （亿吨公里）
北　京	6.30	263.68	2.28	1089.40
天　津	1.77	287.40	5.01	2662.45
河　北	4.47	1311.11	24.24	13563.38
山　西	2.23	395.57	19.22	5466.48
内蒙古	1.22	313.25	18.84	4689.49
辽　宁	7.03	945.22	17.83	8921.43
吉　林	3.16	424.89	4.32	1802.73
黑龙江	2.98	429.00	5.05	1615.08
上　海	1.64	226.94	12.11	30324.90
江　苏	12.03	1565.76	26.27	9947.68
浙　江	10.19	1128.60	28.90	12391.92
安　徽	5.93	1164.81	36.82	10245.79
福　建	4.58	588.89	13.44	8292.13
江　西	5.81	984.24	15.09	3860.27
山　东	6.89	1337.98	30.95	10166.42
河　南	10.93	1798.68	21.90	8658.54
湖　北	8.74	1200.36	18.81	6132.40
湖　南	10.14	1442.96	18.97	2593.58
广　东	14.23	2125.72	35.84	27373.67
广　西	4.71	817.45	18.30	3989.18
海　南	1.42	130.36	1.85	1648.03
重　庆	6.02	487.95	11.30	3614.15
四　川	9.17	872.68	17.73	2710.83
贵　州	9.38	832.94	8.34	1235.32
云　南	3.84	441.48	12.27	1552.05
西　藏	0.14	45.31	0.40	154.38
陕　西	7.08	803.83	15.47	3482.15
甘　肃	4.21	647.07	6.36	2496.28
青　海	0.63	128.23	1.51	398.43
宁　夏	0.58	87.04	4.25	650.99
新　疆	2.03	414.53	8.44	1948.19

创新资源监测指标（1）

地 区	研究与试验发展（R&D）经费支出（亿元）	RR&D经费支出与地区生产总值之比（%）	R&D经费中基础研究经费支出（亿元）	R&D经费中应用研究经费支出（亿元）	R&D经费中试验发展经费支出（亿元）
北　京	2233.59	6.30	355.45	563.90	1314.24
天　津	462.97	3.29	24.67	49.16	389.14
河　北	566.73	1.62	14.88	58.01	493.83
山　西	191.22	1.13	10.44	19.48	161.30
内蒙古	147.81	0.86	4.51	16.49	126.81
辽　宁	508.46	2.05	32.09	97.52	378.86
吉　林	148.38	1.27	20.22	31.49	96.68
黑龙江	146.55	1.08	25.66	33.58	87.31
上　海	1524.55	4.01	135.31	199.03	1190.22
江　苏	2779.52	2.82	76.20	188.04	2515.27
浙　江	1669.80	2.67	47.83	91.58	1530.38
安　徽	754.03	2.05	39.55	60.79	653.68
福　建	753.75	1.78	36.13	50.87	666.75
江　西	384.31	1.56	15.35	21.41	347.56
山　东	1494.72	2.12	57.34	99.34	1338.03
河　南	793.04	1.48	19.14	72.24	701.65
湖　北	957.88	2.11	43.23	119.38	795.27
湖　南	787.16	1.97	31.51	86.97	668.68
广　东	3098.49	2.87	141.86	247.28	2709.36
广　西	167.13	0.79	14.99	16.86	135.28
海　南	29.91	0.56	5.71	7.36	16.84
重　庆	469.57	1.99	28.15	45.91	395.51
四　川	870.95	1.88	51.15	128.40	691.40
贵　州	144.68	0.86	13.97	20.35	110.37
云　南	220.05	0.95	21.65	23.71	174.68
西　藏	4.33	0.26	0.86	1.33	2.15
陕　西	584.58	2.27	36.06	105.40	443.12
甘　肃	110.24	1.26	18.56	23.96	67.72
青　海	20.57	0.70	2.29	4.36	13.92
宁　夏	54.51	1.45	3.95	5.84	44.71
新　疆	64.10	0.47	6.84	8.43	48.84

创新资源监测指标（2）

地 区	R&D经费中基础研究经费支出占比重（%）	R&D经费中应用研究经费支出占比重（%）	R&D经费中试验发展经费支出占比重（%）	R&D经费中政府资金经费支出（亿元）	R&D经费中企业资金经费支出（亿元）
北　京	15.91	25.25	58.84	1069.22	986.76
天　津	5.33	10.62	84.05	76.55	362.27
河　北	2.63	10.24	87.14	67.97	487.41
山　西	5.46	10.18	84.35	31.41	154.93
内蒙古	3.05	11.16	85.79	19.83	121.24
辽　宁	6.31	19.18	74.51	134.57	363.49
吉　林	13.63	21.22	65.15	85.71	57.20
黑龙江	17.51	22.91	59.58	52.38	83.77
上　海	8.88	13.05	78.07	549.02	910.50
江　苏	2.74	6.77	90.49	275.01	2449.22
浙　江	2.86	5.48	91.65	136.33	1506.98
安　徽	5.25	8.06	86.69	102.99	626.18
福　建	4.79	6.75	88.46	83.78	654.75
江　西	3.99	5.57	90.44	59.20	318.99
山　东	3.84	6.65	89.52	146.53	1325.23
河　南	2.41	9.11	88.48	78.01	686.76
湖　北	4.51	12.46	83.02	179.32	741.50
湖　南	4.00	11.05	84.95	88.59	681.28
广　东	4.58	7.98	87.44	397.26	2649.95
广　西	8.97	10.09	80.94	45.05	116.15
海　南	19.10	24.60	56.30	12.99	14.43
重　庆	5.99	9.78	84.23	77.81	373.36
四　川	5.87	14.74	79.38	318.11	510.45
贵　州	9.66	14.06	76.28	35.72	105.02
云　南	9.84	10.78	79.38	55.53	153.89
西　藏	19.78	30.68	49.55	3.32	0.80
陕　西	6.17	18.03	75.80	264.16	293.46
甘　肃	16.84	21.73	61.43	53.35	51.90
青　海	11.14	21.19	67.67	7.39	12.70
宁　夏	7.25	10.72	82.03	13.27	40.14
新　疆	10.66	13.15	76.19	16.93	46.44

创新资源监测指标（3）

地 区	R&D经费中政府资金经费支出占比重（%）	R&D经费中企业资金经费支出占比重（%）	高校R&D经费支出（亿元）	研发机构R&D经费支出（亿元）	高校R&D经费支出占全社会R&D经费比重（%）
北 京	47.87	44.18	280.81	994.24	12.57
天 津	16.53	78.25	52.47	52.69	11.33
河 北	11.99	86.00	25.38	48.78	4.48
山 西	16.43	81.02	15.99	16.54	8.36
内蒙古	13.42	82.03	7.34	16.01	4.97
辽 宁	26.47	71.49	65.56	97.20	12.89
吉 林	57.76	38.55	28.59	46.16	19.27
黑龙江	35.74	57.16	51.22	18.78	34.95
上 海	36.01	59.72	154.81	378.84	10.15
江 苏	9.89	88.12	155.45	187.26	5.59
浙 江	8.16	90.25	93.00	55.22	5.57
安 徽	13.66	83.04	42.71	61.80	5.66
福 建	11.11	86.87	56.29	34.09	7.47
江 西	15.40	83.00	24.56	25.13	6.39
山 东	9.80	88.66	67.63	60.04	4.52
河 南	9.84	86.60	41.22	52.60	5.20
湖 北	18.72	77.41	104.69	108.10	10.93
湖 南	11.25	86.55	66.92	39.02	8.50
广 东	12.82	85.52	185.78	112.16	6.00
广 西	26.96	69.50	23.72	19.49	14.19
海 南	43.44	48.25	2.70	12.30	9.04
重 庆	16.57	79.51	46.25	35.11	9.85
四 川	36.52	58.61	78.59	285.92	9.02
贵 州	24.68	72.58	17.53	14.49	12.12
云 南	25.24	69.94	16.27	35.84	7.39
西 藏	76.62	18.53	0.91	2.02	20.92
陕 西	45.19	50.20	62.97	216.71	10.77
甘 肃	48.39	47.08	14.35	36.15	13.01
青 海	35.95	61.73	2.44	4.02	11.88
宁 夏	24.35	73.64	6.05	3.14	11.10
新 疆	26.42	72.45	4.42	10.98	6.90

创新资源监测指标（4）

地　区	研发机构R&D经费支出占全社会R&D经费比重（％）	高新技术企业R&D经费支出（亿元）	高新技术企业R&D经费支出占全社会R&D经费比重（％）	财政性教育经费支出（亿元）	财政性教育经费支出与地区生产总值比值（万元/亿元）
北　京	44.51	1032.02	46.20	1137.18	320.83
天　津	11.38	246.18	53.17	467.63	332.70
河　北	8.61	359.93	63.51	1537.09	439.44
山　西	8.65	86.62	45.30	696.28	410.50
内蒙古	10.83	80.18	54.24	609.97	354.37
辽　宁	19.12	209.68	41.24	702.38	282.59
吉　林	31.11	42.32	28.52	500.53	426.82
黑龙江	12.81	55.03	37.55	555.13	409.86
上　海	24.85	571.17	37.46	995.70	262.11
江　苏	6.74	1530.99	55.08	2213.84	224.40
浙　江	3.31	972.78	58.26	1764.69	282.52
安　徽	8.20	332.92	44.15	1222.21	331.71
福　建	4.52	258.50	34.30	968.54	228.83
江　西	6.54	347.20	90.35	1148.50	465.60
山　东	4.02	587.25	39.29	2156.14	305.66
河　南	6.63	211.66	26.69	1810.71	337.08
湖　北	11.29	554.64	57.90	1147.10	252.50
湖　南	4.96	405.07	51.46	1270.02	318.35
广　东	3.62	2894.92	93.43	3210.51	297.31
广　西	11.66	104.00	62.23	1014.52	477.71
海　南	41.11	8.69	29.07	273.50	513.06
重　庆	7.48	215.61	45.92	728.26	308.51
四　川	32.83	265.02	30.43	1578.88	340.54
贵　州	10.02	45.04	31.13	1067.62	636.65
云　南	16.29	94.81	43.09	1069.85	460.67
西　藏	46.55	3.25	75.09	263.26	1550.59
陕　西	37.07	288.22	49.30	951.23	368.79
甘　肃	32.79	9.96	9.03	636.05	729.56
青　海	19.55	6.55	31.86	221.37	752.67
宁　夏	5.76	15.73	28.85	179.33	478.40
新　疆	17.13	14.11	22.01	863.07	634.74

创新资源监测指标（5）

地　区	地方财政科技支出（亿元）	地方财政科技支出占地方财政支出比重（%）	地方财政科技支出与地区生产总值比值（万元/亿元）	R&D人员全时当量（人年）	万人R&D人员全时当量（人年）
北　京	433.42	5.85	122.28	313986	145.80
天　津	109.93	3.09	78.21	92502	59.23
河　北	90.70	1.09	25.93	111799	14.73
山　西	57.72	1.23	34.03	46853	12.56
内蒙古	28.49	0.56	16.55	24897	9.80
辽　宁	74.03	1.29	29.78	99880	22.95
吉　林	39.18	1.00	33.41	42323	15.73
黑龙江	42.16	0.84	31.13	44394	11.83
上　海	389.54	4.76	102.54	198646	81.81
江　苏	572.04	4.55	57.98	635279	78.72
浙　江	516.06	5.13	82.62	534724	91.41
安　徽	377.95	5.11	102.58	175318	27.54
福　建	133.41	2.63	31.52	171452	43.15
江　西	182.92	2.86	74.15	105593	22.63
山　东	305.76	2.85	43.34	278787	27.68
河　南	211.07	2.08	39.29	191570	19.87
湖　北	319.28	4.01	70.28	178330	30.09
湖　南	171.92	2.14	43.09	157277	22.73
广　东	1168.79	6.76	108.23	803208	69.72
广　西	72.33	1.24	34.06	47420	9.56
海　南	30.10	1.62	56.47	8903	9.42
重　庆	79.23	1.63	33.57	97602	31.24
四　川	184.95	1.79	39.89	170777	20.39
贵　州	114.13	1.92	68.06	37757	10.42
云　南	59.00	0.87	25.41	57157	11.77
西　藏	7.28	0.33	42.89	1751	4.99
陕　西	71.38	1.25	27.68	115319	29.75
甘　肃	29.39	0.74	33.71	25956	9.80
青　海	10.37	0.56	35.25	5476	9.01
宁　夏	31.26	2.17	83.39	12016	17.30
新　疆	40.81	0.77	30.02	13820	5.48

创新资源监测指标（6）

地　区	R&D人员中基础研究人员数（人年）	R&D人员中应用研究人员数（人年）	R&D人员中试验发展人员数（人年）	R&D人员中基础研究人员占比重（%）	R&D人员中应用研究人员占比重（%）
北　京	63478	92521	158059	20.22	29.47
天　津	9518	14509	68481	10.29	15.68
河　北	7061	22415	82327	6.32	20.05
山　西	6174	9366	31322	13.18	19.99
内蒙古	2302	5305	17289	9.25	21.31
辽　宁	13583	20793	65505	13.60	20.82
吉　林	14486	11658	16181	34.23	27.54
黑龙江	14797	10888	18709	33.33	24.53
上　海	29252	34104	135333	14.73	17.17
江　苏	24530	41329	569431	3.86	6.51
浙　江	13595	28618	492517	2.54	5.35
安　徽	16135	20164	139017	9.20	11.50
福　建	7666	18242	145545	4.47	10.64
江　西	5334	7250	93009	5.05	6.87
山　东	21374	32796	224622	7.67	11.76
河　南	7421	22196	161967	3.87	11.59
湖　北	13131	25393	139823	7.36	14.24
湖　南	13342	21670	122285	8.48	13.78
广　东	30104	58978	714161	3.75	7.34
广　西	8436	10923	28061	17.79	23.03
海　南	1779	2398	4728	19.98	26.94
重　庆	7955	15603	74049	8.15	15.99
四　川	16127	33042	121625	9.44	19.35
贵　州	5282	6689	25791	13.99	17.71
云　南	9705	8940	38520	16.98	15.64
西　藏	492	603	656	28.12	34.42
陕　西	16931	25077	73329	14.68	21.75
甘　肃	6270	7008	12678	24.16	27.00
青　海	788	1304	3386	14.38	23.81
宁　夏	1559	1755	8704	12.98	14.61
新　疆	3366	3861	6594	24.36	27.94

创新资源监测指标（7）

地　区	R&D人员中试验发展人员占比重（%）	R&D研究人员全时当量（人年）	R&D研究人员占全社会R&D人员比重（%）	高校R&D人员全时当量（人年）	研发机构R&D人员全时当量（人年）
北　京	50.34	207995	66.24	63119	108309
天　津	74.03	48280	52.19	17267	9120
河　北	73.64	50456	45.13	12885	10916
山　西	66.85	23897	51.00	10435	4749
内蒙古	69.44	12876	51.72	4309	3221
辽　宁	65.58	56605	56.67	22849	13082
吉　林	38.23	28543	67.44	19524	7755
黑龙江	42.14	32070	72.24	20744	5942
上　海	68.13	110610	55.68	38725	31311
江　苏	89.63	245470	38.64	42574	27310
浙　江	92.11	153123	28.64	26832	8761
安　徽	79.29	76363	43.56	21066	11001
福　建	84.89	68051	39.69	16127	5464
江　西	88.08	39152	37.08	8295	5585
山　东	80.57	122797	44.05	30763	12569
河　南	84.55	76108	39.73	13783	11175
湖　北	78.41	82325	46.16	26431	12055
湖　南	77.75	74126	47.13	23109	7186
广　东	88.91	280061	34.87	36914	18240
广　西	59.17	26068	54.97	13218	4462
海　南	53.10	4935	55.43	1709	2266
重　庆	75.87	44130	45.21	12120	10183
四　川	71.22	91965	53.85	27127	39091
贵　州	68.31	17106	45.31	5693	4037
云　南	67.39	27502	48.12	9473	7369
西　藏	37.47	1225	69.98	510	664
陕　西	63.59	73048	63.34	26432	31413
甘　肃	48.84	17586	67.75	7329	6500
青　海	61.83	2872	52.45	664	956
宁　夏	72.43	5106	42.49	1915	648
新　疆	47.71	9010	65.20	3538	3300

创新资源监测指标（8）

地　区	高校R&D人员占全社会R&D人员比重（%）	研发机构R&D人员占全社会R&D人员比重（%）	高技术产业R&D经费支出（亿元）	高技术产业R&D经费支出占全社会R&D经费比重（%）	高技术产业R&D经费支出占营业收入比重（%）
北　京	20.10	34.49	147.31	6.60	2.52
天　津	18.67	9.86	52.50	11.34	1.93
河　北	11.52	9.76	34.02	6.00	2.16
山　西	22.27	10.14	13.33	6.97	1.05
内蒙古	17.31	12.94	4.69	3.18	1.29
辽　宁	22.88	13.10	37.50	7.38	1.94
吉　林	46.13	18.32	7.97	5.37	1.29
黑龙江	46.73	13.38	10.08	6.88	2.40
上　海	19.49	15.76	163.54	10.73	2.20
江　苏	6.70	4.30	570.63	20.53	2.38
浙　江	5.02	1.64	297.30	17.80	3.55
安　徽	12.02	6.27	113.79	15.09	2.82
福　建	9.41	3.19	178.01	23.62	2.71
江　西	7.86	5.29	82.57	21.48	1.58
山　东	11.03	4.51	195.91	13.11	3.31
河　南	7.19	5.83	85.86	10.83	1.40
湖　北	14.82	6.76	152.94	15.97	3.45
湖　南	14.69	4.57	85.85	10.91	2.14
广　东	4.60	2.27	1204.03	38.86	2.58
广　西	27.87	9.41	4.95	2.96	0.32
海　南	19.20	25.45	3.99	13.34	1.54
重　庆	12.42	10.43	68.86	14.67	1.19
四　川	15.88	22.89	134.82	15.48	1.74
贵　州	15.08	10.69	24.85	17.18	2.16
云　南	16.57	12.89	9.01	4.09	1.05
西　藏	29.13	37.92	0.40	9.14	2.45
陕　西	22.92	27.24	97.80	16.73	3.03
甘　肃	28.24	25.04	8.86	8.04	3.19
青　海	12.12	17.46	1.41	6.88	1.08
宁　夏	15.94	5.39	8.98	16.48	4.94
新　疆	25.60	23.88	2.20	3.44	2.02

创新资源监测指标（9）

地 区	高技术产业引进技术经费支出（万元）	高技术产业消化吸收经费支出（万元）	高技术产业购买境内技术经费支出（万元）	高技术产业技术改造经费支出（万元）	高技术产业技术获取和技术改造经费支出占营业收入比重（%）
北　京	38880.10	0	79664.90	15392.60	0.23
天　津	2709.50	14.20	6231.10	49442.30	0.21
河　北	1291.00	985.00	37343.30	25268.30	0.41
山　西	17.20	30.00	2230.30	9790.50	0.09
内蒙古	0	0	0	2265.20	0.06
辽　宁	0	26.80	6891.60	54253.70	0.32
吉　林	150.00	0	4344.20	4746.10	0.15
黑龙江	82.00	0	950.30	64809.30	1.57
上　海	111063.30	47119.70	127663.10	120472.50	0.55
江　苏	57622.70	7740.70	40091.90	608882.60	0.30
浙　江	5184.70	4413.60	55206.80	325244.60	0.47
安　徽	1083.90	0	13340.10	240842.40	0.63
福　建	38205.70	10059.10	40908.50	491154.50	0.88
江　西	1046.80	0	2575.60	74262.70	0.15
山　东	20273.40	105.00	74450.10	283320.20	0.64
河　南	1141.70	132.80	11078.20	58323.50	0.12
湖　北	2961.30	305.00	9497.50	102666.90	0.26
湖　南	1769.90	15572.40	19622.50	139679.80	0.44
广　东	756215.80	5876.10	2253307.10	2169100.00	1.11
广　西	42.90	401.50	4108.60	7985.30	0.08
海　南	0	0	1635.00	3407.40	0.20
重　庆	9056.70	0	8788.70	75051.20	0.16
四　川	34647.40	2836.20	46479.00	329917.80	0.53
贵　州	1211.50	81.10	2661.60	139997.80	1.25
云　南	2993.80	0	1434.10	8895.10	0.16
西　藏	0	0	0	0	0
陕　西	5346.40	0	11809.70	201658.50	0.68
甘　肃	1015.00	0	1039.70	1923.80	0.14
青　海	0	0	0	1086.10	0.08
宁　夏	0	0	0	8075.40	0.44
新　疆	0	0	2394.70	2151.00	0.42

创新资源监测指标（10）

地　区	高技术产业新产品研发经费支出（亿元）	高技术产业新产品研发经费支出占新产品销售收入比重（％）	高技术产业R&D人员全时当量（人年）	高技术产业R&D人员占全社会R&D人员比重（％）
北　京	216.77	9.90	20692	6.59
天　津	62.51	7.59	11493	12.42
河　北	49.80	7.99	9977	8.92
山　西	16.08	5.80	4582	9.78
内蒙古	5.30	14.65	949	3.81
辽　宁	47.71	14.34	9280	9.29
吉　林	19.78	13.39	2138	5.05
黑龙江	18.21	9.93	3898	8.78
上　海	223.33	13.91	21887	11.02
江　苏	747.14	8.51	134419	21.16
浙　江	359.15	7.76	89542	16.75
安　徽	130.12	6.84	28177	16.07
福　建	180.76	8.28	34417	20.07
江　西	135.85	7.57	25669	24.31
山　东	202.51	10.19	35706	12.81
河　南	79.06	3.29	27439	14.32
湖　北	183.99	10.00	27319	15.32
湖　南	122.19	10.61	19524	12.41
广　东	2165.25	9.84	277561	34.56
广　西	8.69	4.78	1879	3.96
海　南	6.53	80.01	616	6.92
重　庆	77.67	5.84	14334	14.69
四　川	165.11	10.48	27133	15.89
贵　州	27.15	14.24	5601	14.83
云　南	11.91	10.67	4080	7.14
西　藏	0.38	0	29	1.66
陕　西	121.57	19.29	19707	17.09
甘　肃	12.11	16.69	1131	4.36
青　海	2.62	8.34	446	8.15
宁　夏	6.62	5.87	1009	8.40
新　疆	1.60	10.24	327	2.37

创新资源监测指标（11）

地 区	高新技术企业R&D人员全时当量（人年）	高新技术企业R&D人员占全社会R&D人员比重（%）	科学研究和技术服务业新增固定资产（亿元）	科学研究和技术服务业新增固定资产占比重（%）
北 京	177438	56.51	30.40	1.52
天 津	61172	66.13	168.76	2.86
河 北	66797	59.75	359.31	1.62
山 西	23849	50.90	13.50	0.41
内蒙古	15391	61.82	23.01	0.31
辽 宁	55050	55.12	21.59	1.07
吉 林	12201	28.83	151.64	1.87
黑龙江	16835	37.92	485.40	5.75
上 海	116675	58.74	41.55	2.07
江 苏	411865	64.83	651.49	1.79
浙 江	253506	47.41	262.56	1.74
安 徽	91537	52.21	195.83	1.04
福 建	79093	46.13	79.83	0.43
江 西	80980	76.69	188.78	1.39
山 东	155957	55.94	763.87	2.87
河 南	74296	38.78	251.99	0.92
湖 北	153801	86.25	174.74	0.95
湖 南	91025	57.88	786.22	3.51
广 东	646014	80.43	87.36	0.48
广 西	24169	50.97	157.20	1.18
海 南	2624	29.47	9.46	2.88
重 庆	48057	49.24	29.41	0.28
四 川	75748	44.36	111.86	0.63
贵 州	13448	35.62	56.31	0.63
云 南	18066	31.61	14.29	0.13
西 藏	631	36.04	11.81	1.25
陕 西	78340	67.93	99.39	0.84
甘 肃	6343	24.44	12.91	0.49
青 海	2077	37.93	15.77	0.65
宁 夏	2889	24.04	5.64	0.45
新 疆	4167	30.15	11.03	0.26

企业创新监测指标（1）

地　区	开展创新活动的企业数（个）	开展创新活动的企业占比重（％）	实现创新的企业数（个）	实现创新企业占比重（％）	企业创新费用支出（亿元）
北　京	2203	70.63	2038	65.34	494.10
天　津	2824	58.70	2705	56.23	304.70
河　北	6159	46.73	5938	45.05	710.70
山　西	1877	39.16	1769	36.91	269.30
内蒙古	1093	36.88	1032	34.82	177.80
辽　宁	3623	47.67	3313	43.59	525.90
吉　林	1246	40.96	1143	37.57	616.90
黑龙江	1334	37.73	1271	35.95	143.90
上　海	5064	57.73	4812	54.86	1240.30
江　苏	36360	78.90	30065	65.24	3148.20
浙　江	31765	69.52	29142	63.78	1798.50
安　徽	10599	59.72	9554	53.83	932.90
福　建	9202	50.11	8764	47.72	795.40
江　西	6856	52.56	6529	50.05	543.90
山　东	14125	52.07	13056	48.13	1680.10
河　南	8772	44.96	8253	42.30	800.40
湖　北	9279	59.78	7880	50.77	897.60
湖　南	11340	68.46	8358	50.46	926.60
广　东	34819	62.87	32440	58.58	4556.00
广　西	2236	36.21	2101	34.02	329.00
海　南	199	48.30	175	42.48	22.90
重　庆	4156	62.11	3893	58.18	472.70
四　川	7219	49.44	6797	46.55	630.30
贵　州	2500	53.35	2161	46.12	182.90
云　南	2321	53.16	2145	49.13	259.70
西　藏	73	49.32	68	45.95	1.40
陕　西	3540	50.41	3313	47.18	375.50
甘　肃	911	50.14	810	44.58	120.80
青　海	268	45.89	250	42.81	25.00
宁　夏	640	53.51	594	49.67	94.10
新　疆	1134	35.85	1062	33.58	107.50

企业创新监测指标（2）

地　区	企业R&D经费支出（亿元）	企业R&D经费支出占创新费用支出比重（%）	企业R&D经费支出占全社会R&D经费比重（%）	企业R&D 经费支出占营业收入比重（%）	企业引进技术经费支出（亿元）
北　京	285.19	57.72	12.77	1.22	19.04
天　津	213.43	70.05	46.10	1.13	3.91
河　北	438.58	61.71	77.39	1.07	2.45
山　西	138.08	51.27	72.21	0.65	1.99
内蒙古	118.36	66.57	80.08	0.70	3.78
辽　宁	310.25	58.99	61.02	0.98	9.18
吉　林	68.41	11.09	46.10	0.49	48.24
黑龙江	71.49	49.68	48.78	0.71	0.76
上　海	590.65	47.62	38.74	1.48	142.28
江　苏	2206.16	70.08	79.37	1.86	20.70
浙　江	1274.23	70.85	76.31	1.68	9.43
安　徽	576.54	61.80	76.46	1.54	2.40
福　建	598.51	75.25	79.41	1.04	8.94
江　西	320.22	58.87	83.32	0.91	2.70
山　东	1210.95	72.08	81.02	1.46	12.89
河　南	608.72	76.05	76.76	1.22	1.32
湖　北	586.51	65.34	61.23	1.29	4.82
湖　南	593.15	64.01	75.35	1.56	12.17
广　东	2314.86	50.81	74.71	1.58	142.55
广　西	104.47	31.76	62.51	0.60	0.67
海　南	10.82	47.23	36.16	0.47	0
重　庆	335.89	71.06	71.53	1.57	9.90
四　川	387.86	61.54	44.53	0.88	6.37
贵　州	91.02	49.77	62.91	0.93	0.12
云　南	129.77	49.97	58.98	0.88	8.33
西　藏	0.56	39.81	12.86	0.19	0.01
陕　西	240.80	64.13	41.19	0.93	1.52
甘　肃	50.55	41.85	45.86	0.67	0.10
青　海	9.37	37.48	45.56	0.39	0.09
宁　夏	41.57	44.18	76.27	0.84	0.00
新　疆	44.13	41.06	68.85	0.38	0.04

企业创新监测指标（3）

地　区	企业消化吸收经费支出（亿元）	企业购买境内技术经费支出（亿元）	企业技术改造经费支出（亿元）	企业技术获取和技术改造经费支出（亿元）	企业技术获取和技术改造经费支出占营业收入比重（％）
北　京	0.14	11.68	32.67	63.53	0.27
天　津	0.09	1.46	32.66	38.11	0.20
河　北	0.69	6.86	104.81	114.81	0.28
山　西	0.54	1.87	64.70	69.10	0.32
内蒙古	1.54	0.68	21.78	27.77	0.17
辽　宁	1.08	21.38	101.20	132.84	0.42
吉　林	0	20.13	389.73	458.10	3.28
黑龙江	0.47	6.66	32.98	40.87	0.41
上　海	77.73	42.27	196.10	458.38	1.15
江　苏	2.50	16.34	356.28	395.82	0.33
浙　江	0.85	24.71	203.32	238.31	0.31
安　徽	0.44	5.63	195.21	203.68	0.55
福　建	1.35	8.08	122.10	140.48	0.24
江　西	0.26	12.09	72.52	87.57	0.25
山　东	1.52	30.78	231.60	276.80	0.33
河　南	0.13	9.00	106.21	116.65	0.23
湖　北	0.09	4.30	108.81	118.01	0.26
湖　南	3.37	3.88	152.69	172.12	0.45
广　东	2.16	259.74	564.63	969.08	0.66
广　西	0.04	2.00	174.88	177.59	1.02
海　南	0	0.62	1.67	2.29	0.10
重　庆	0.49	1.82	72.33	84.54	0.39
四　川	1.14	8.64	111.12	127.27	0.29
贵　州	0.01	12.41	48.28	60.82	0.62
云　南	0.10	11.67	70.00	90.10	0.61
西　藏	0	0	0.00	0.01	0.00
陕　西	0.04	3.63	48.66	53.86	0.21
甘　肃	0	8.55	51.88	60.53	0.80
青　海	0	0.01	7.01	7.10	0.30
宁　夏	0	0.14	41.70	41.84	0.85
新　疆	0.00	0.36	22.63	23.04	0.20

企业创新监测指标（4）

地 区	企业科学研究经费支出占企业R&D经费支出比重（%）	研发机构来源于企业的R&D经费支出（亿元）	高校来源于企业的R&D经费支出（亿元）	研发机构和高校R&D经费支出中企业资金占比重（%）	企业平均吸纳技术成交额（万元）
北 京	6.67	34.10	77.57	8.76	10329.33
天 津	2.26	5.04	18.09	21.99	958.90
河 北	7.29	1.16	6.14	9.85	442.74
山 西	4.73	0.61	3.63	13.03	926.78
内蒙古	2.77	0.80	0.91	7.33	605.26
辽 宁	5.42	10.64	26.81	23.01	467.61
吉 林	3.56	1.09	5.71	9.10	1531.62
黑龙江	3.93	0.05	16.70	23.93	328.90
上 海	0.97	9.77	37.77	8.91	1003.52
江 苏	1.45	5.20	54.22	17.34	383.46
浙 江	0.77	6.90	24.96	21.49	244.04
安 徽	2.16	3.89	7.23	10.64	343.46
福 建	0.82	1.22	10.00	12.41	228.67
江 西	1.47	0.09	5.89	12.04	229.47
山 东	3.12	2.55	13.85	12.85	409.52
河 南	3.73	0.56	10.43	11.72	212.91
湖 北	2.97	3.93	29.99	15.94	608.71
湖 南	5.97	4.02	16.20	19.09	207.54
广 东	3.69	5.57	33.29	13.04	564.27
广 西	1.19	0.20	1.50	3.93	512.08
海 南	0.30	0.14	0.28	2.80	1724.40
重 庆	1.39	1.32	11.92	16.28	376.93
四 川	3.53	9.40	27.20	10.04	558.07
贵 州	6.40	0.09	2.41	7.82	851.30
云 南	1.86	1.25	1.80	5.85	492.46
西 藏	0	0	0.10	3.54	7582.94
陕 西	6.40	6.56	21.37	9.99	984.27
甘 肃	3.90	2.19	3.37	11.01	1312.63
青 海	4.69	0.20	0.24	6.87	1791.72
宁 夏	2.41	0.01	0.75	8.20	424.51
新 疆	4.05	0.10	0.62	4.68	552.54

企业创新监测指标（5）

地　区	企业R&D人员全时当量（人年）	企业R&D研究人员全时当量（人年）	企业R&D研究人员占全社会R&D研究人员比重（%）	万名企业就业人员中R&D人员数（人年）
北　京	44241	20667	9.94	509.63
天　津	45685	16286	33.73	464.28
河　北	76096	22947	45.48	275.06
山　西	27478	9225	38.60	146.91
内蒙古	15001	5733	44.52	168.53
辽　宁	52104	19865	35.09	269.73
吉　林	11849	5447	19.08	133.12
黑龙江	15054	6901	21.52	176.09
上　海	80694	32882	29.73	418.78
江　苏	508375	154847	63.08	600.50
浙　江	451752	99363	64.89	665.39
安　徽	124491	39045	51.13	465.60
福　建	126089	38899	57.16	286.66
江　西	85032	24521	62.63	361.95
山　东	198205	66849	54.44	358.00
河　南	140361	43513	57.17	286.95
湖　北	115743	38347	46.58	344.61
湖　南	106946	38911	52.49	346.77
广　东	642490	186054	66.43	463.70
广　西	22102	8348	32.02	176.79
海　南	1779	603	12.22	167.67
重　庆	62424	20603	46.69	403.26
四　川	78289	28177	30.64	261.96
贵　州	23164	6872	40.17	288.58
云　南	29440	8303	30.19	347.21
西　藏	264	128	10.45	118.92
陕　西	42983	18999	26.01	254.88
甘　肃	8547	3669	20.86	174.93
青　海	2379	943	32.83	148.04
宁　夏	8073	2238	43.83	272.09
新　疆	4698	1919	21.30	66.46

企业创新监测指标（6）

地 区	有R&D活动的企业数（个）	有R&D活动的企业占工业企业比重（%）	有研发机构的企业数（个）	有研发机构的企业占工业企业比重（%）
北 京	1127	36.11	447	14.32
天 津	1298	26.97	433	9.00
河 北	2351	17.84	1849	14.03
山 西	530	11.05	466	9.71
内蒙古	292	9.85	93	3.14
辽 宁	1629	21.41	487	6.40
吉 林	323	10.62	136	4.47
黑龙江	330	9.35	133	3.77
上 海	2349	26.77	642	7.32
江 苏	27365	59.37	21303	46.22
浙 江	20217	44.24	13274	29.05
安 徽	5925	33.36	4812	27.09
福 建	5305	28.87	1703	9.27
江 西	4335	33.29	3467	26.62
山 东	7114	26.22	2566	9.46
河 南	4458	22.84	1626	8.33
湖 北	4877	31.42	2012	12.96
湖 南	7122	43.00	1772	10.70
广 东	20922	37.77	23592	42.59
广 西	615	9.94	263	4.25
海 南	76	18.45	33	8.01
重 庆	2581	38.56	995	14.86
四 川	3448	23.62	1237	8.47
贵 州	1078	23.00	520	11.10
云 南	1243	28.47	465	10.65
西 藏	9	6.08	5	3.38
陕 西	1250	17.76	459	6.52
甘 肃	416	22.79	133	7.29
青 海	99	16.92	29	4.96
宁 夏	361	30.18	239	19.98
新 疆	153	4.81	83	2.61

企业创新监测指标（7）

地　区	企业专利申请数（件）	企业发明专利申请数（件）	企业发明专利拥有量（件）	万名企业就业人员发明专利拥有量（件）
北　京	22552	11543	48656	560.49
天　津	15634	4676	20856	211.95
河　北	21570	8431	21487	77.67
山　西	6201	2543	8619	46.08
内蒙古	5064	2050	5491	61.69
辽　宁	13783	4995	22848	118.28
吉　林	6256	2386	4853	54.52
黑龙江	4449	2060	6232	72.90
上　海	35326	15239	53559	277.95
江　苏	175906	57429	180893	213.68
浙　江	114326	30914	75770	111.60
安　徽	55520	22975	54798	204.94
福　建	37196	11025	34668	78.82
江　西	27813	5768	13328	56.73
山　东	57339	21948	67896	122.64
河　南	30397	8734	30245	61.83
湖　北	35149	16366	38000	113.14
湖　南	30900	13356	39642	128.54
广　东	272616	121320	375515	271.02
广　西	6373	2634	8176	65.40
海　南	734	269	1501	141.47
重　庆	16650	5565	18281	118.09
四　川	29678	11250	39658	132.70
贵　州	6919	2985	7740	96.42
云　南	7611	2665	10131	119.48
西　藏	51	32	156	70.27
陕　西	12797	5593	18774	111.33
甘　肃	3393	1292	3413	69.85
青　海	1088	438	760	47.29
宁　夏	2885	1087	2777	93.60
新　疆	3632	1234	3351	47.40

创新产出监测指标（1）

地 区	发明专利申请数（件）	实用新型专利申请数（件）	外观设计专利申请数（件）	研发机构专利申请数（件）	研发机构发明专利申请数（件）
北　京	129930	73021	23162	17625	14491
天　津	24574	64871	6600	1586	1192
河　北	20536	63798	16940	1228	874
山　西	8424	20938	2343	808	558
内蒙古	4889	13895	2285	199	70
辽　宁	22592	41694	5446	3229	2636
吉　林	11269	17280	2503	1337	1230
黑龙江	13125	20406	3782	721	347
上　海	71398	80604	21584	5175	4379
江　苏	172409	373495	48345	4417	3372
浙　江	112981	218628	104274	2110	1592
安　徽	62743	90655	13473	1504	1055
福　建	30019	87345	35769	930	695
江　西	14101	53552	23821	683	502
山　东	69350	166858	27003	2807	2126
河　南	30260	96203	17547	1888	1445
湖　北	47450	81197	12674	2514	1868
湖　南	39104	48462	18547	614	470
广　东	203311	369143	235246	4351	2995
广　西	12412	22026	7462	1059	571
海　南	2183	6073	1046	350	225
重　庆	20103	39566	7602	938	668
四　川	39539	71474	20516	3625	2904
贵　州	10770	28364	5194	407	292
云　南	8996	22765	3451	775	524
西　藏	456	1296	552	42	11
陕　西	34812	40395	16880	4475	3824
甘　肃	6056	19226	2355	1041	829
青　海	1232	3396	389	133	120
宁　夏	2525	6249	501	185	55
新　疆	3544	9936	1291	546	265

创新产出监测指标（2）

地　区	高校专利 申请数 （件）	高校 发明专利 申请数 （件）	万人发明 专利申请数 （件）	亿元R&D经费 支出发明专利 申请数 （件）	发明专利 授权数 （件）
北　京	19848	16799	60.33	58.17	53127
天　津	9666	7258	15.73	53.08	5025
河　北	6074	2670	2.70	36.24	5130
山　西	3822	2363	2.26	44.05	2300
内蒙古	1502	421	1.93	33.08	911
辽　宁	12115	8044	5.19	44.43	7501
吉　林	6173	3945	4.19	75.95	3006
黑龙江	9081	6596	3.50	89.56	4144
上　海	14235	11559	29.40	46.83	22735
江　苏	48844	32292	21.36	62.03	39681
浙　江	23356	15735	19.31	67.66	33964
安　徽	15211	8933	9.86	83.21	14958
福　建	9347	5411	7.56	39.83	8963
江　西	7408	2245	3.02	36.69	2744
山　东	17847	10762	6.89	46.40	20652
河　南	12824	5524	3.14	38.16	6991
湖　北	18475	12436	8.01	49.54	14178
湖　南	15843	8487	5.65	49.68	8479
广　东	27042	16514	17.65	65.62	59742
广　西	5944	2896	2.50	74.26	3413
海　南	541	284	2.31	72.99	530
重　庆	6920	4711	6.43	42.81	6988
四　川	15546	7979	4.72	45.40	12053
贵　州	4412	1714	2.97	74.44	1900
云　南	3848	1726	1.85	40.88	2174
西　藏	62	21	1.30	105.20	79
陕　西	18665	11717	8.98	59.55	9843
甘　肃	3196	849	2.29	54.93	1154
青　海	562	218	2.03	59.90	292
宁　夏	646	263	3.63	46.33	598
新　疆	1630	513	1.40	55.29	856

创新产出监测指标（3）

地　区	实用新型专利授权数（件）	外观设计专利授权数（件）	万人发明专利授权数（件）	亿元R&D经费支出发明专利授权数（件）	发明专利拥有量（件）
北　京	58393	20196	24.67	23.79	284288
天　津	48252	4522	3.22	10.85	34726
河　北	40562	12117	0.68	9.05	28868
山　西	12758	1540	0.62	12.03	14298
内蒙古	8768	1380	0.36	6.16	5895
辽　宁	28237	4299	1.72	14.75	42282
吉　林	10926	1647	1.12	20.26	14696
黑龙江	13308	2537	1.10	28.28	24526
上　海	61640	16212	9.36	14.91	129768
江　苏	233114	41600	4.92	14.28	242803
浙　江	168340	83038	5.81	20.34	160609
安　徽	57511	10055	2.35	19.84	74812
福　建	61530	28462	2.26	11.89	43791
江　西	37564	18832	0.59	7.14	13210
山　东	106429	19400	2.05	13.82	100892
河　南	65341	13915	0.73	8.82	37311
湖　北	50159	9603	2.39	14.80	59379
湖　南	32699	13507	1.23	10.77	46736
广　东	282741	184907	5.19	19.28	295869
广　西	14130	5144	0.69	20.42	22347
海　南	3065	828	0.56	17.72	3150
重　庆	30648	6236	2.24	14.88	32443
四　川	51521	18492	1.44	13.84	60231
贵　州	19392	3437	0.52	13.13	11218
云　南	17405	2745	0.45	9.88	13703
西　藏	625	316	0.23	18.23	688
陕　西	26574	7684	2.54	16.84	46190
甘　肃	11722	2018	0.44	10.47	7432
青　海	2452	302	0.48	14.20	1636
宁　夏	4644	313	0.86	10.97	3205
新　疆	6792	1004	0.34	13.35	5379

创新产出监测指标（4）

地 区	实用新型 专利拥有量 （件）	外观设计 专利拥有量 （件）	研发机构 发明专利 拥有量 （件）	高校 发明专利 拥有量 （件）	万人发明 专利拥有量 （件）
北 京	291646	77119	56429	59498	132.01
天 津	149930	14290	2625	12388	22.23
河 北	129271	37238	2351	4769	3.80
山 西	41711	5645	1690	4748	3.83
内蒙古	25529	4833	230	1135	2.32
辽 宁	96529	13613	6910	14267	9.72
吉 林	33330	6040	3294	6202	5.46
黑龙江	42501	7712	1336	17013	6.54
上 海	252308	61434	13463	25991	53.44
江 苏	732163	128959	8929	55199	30.09
浙 江	584454	278047	4581	33047	27.45
安 徽	193140	34058	3490	10262	11.75
福 建	194986	82293	2028	9694	11.02
江 西	94991	40650	902	3099	2.83
山 东	319432	65528	6305	23091	10.02
河 南	180601	38054	3935	9975	3.87
湖 北	155996	29177	6286	21243	10.02
湖 南	110785	37450	2012	13352	6.76
广 东	960233	547773	8316	20938	25.68
广 西	42207	13696	1468	6703	4.51
海 南	7901	2352	879	374	3.33
重 庆	100880	24853	1826	11621	10.38
四 川	175550	56492	7938	15684	7.19
贵 州	49697	9583	762	1845	3.10
云 南	52261	8932	1835	4419	2.82
西 藏	1264	827	39	28	1.96
陕 西	82669	17840	8418	24457	11.92
甘 肃	29001	4543	2205	1663	2.81
青 海	6303	1008	534	134	2.69
宁 夏	12632	1104	97	158	4.61
新 疆	23360	4734	984	1035	2.13

创新产出监测指标（5）

地　区	国内科技论文数（篇）	万人国内科技论文数（篇）	SCI 收录科技论文数（篇）	EI 收录科技论文数（篇）	CPCI-S 收录科技论文数（篇）
北　京	73028	33.91	66310	46622	12009
天　津	14205	9.10	13127	8020	1599
河　北	15284	2.01	5968	4075	615
山　西	9088	2.44	5099	3380	239
内蒙古	4582	1.80	1718	981	215
辽　宁	18372	4.22	16070	11343	1396
吉　林	9248	3.44	10902	6377	645
黑龙江	10633	2.83	11730	9131	1368
上　海	32471	13.37	35349	20198	4767
江　苏	43125	5.34	47225	29642	4320
浙　江	19718	3.37	23033	12185	2276
安　徽	12865	2.02	11946	7626	1448
福　建	9156	2.30	9457	4993	739
江　西	7095	1.52	5711	3335	358
山　东	22069	2.19	25117	11011	1855
河　南	18628	1.93	11364	5942	802
湖　北	26445	4.46	24219	15471	2525
湖　南	13609	1.97	16345	10687	1173
广　东	28718	2.49	32633	13606	3914
广　西	8403	1.69	4063	1951	331
海　南	3625	3.84	1319	412	101
重　庆	12122	3.88	10070	6113	979
四　川	23216	2.77	20505	12217	2618
贵　州	6875	1.90	2598	1066	219
云　南	8371	1.72	4584	2007	390
西　藏	410	1.17	79	20	8
陕　西	28676	7.40	24440	17967	3683
甘　肃	8434	3.19	5785	3338	347
青　海	2205	3.63	503	200	47
宁　夏	1974	2.84	719	327	66
新　疆	6880	2.73	2227	997	155

创新产出监测指标（6）

地　区	万人国际科技论文数（篇）	技术市场成交合同数（项）	技术市场输出技术成交额（亿元）	万人输出技术成交额（万元）	国外技术引进合同数（项）
北　京	58.01	83171	5695.28	26445.41	479
天　津	14.56	13885	909.25	5821.73	119
河　北	1.40	7262	381.19	502.10	76
山　西	2.34	965	109.52	293.71	9
内蒙古	1.15	1201	22.48	88.52	6
辽　宁	6.62	16578	557.59	1281.32	201
吉　林	6.66	4548	474.13	1762.10	65
黑龙江	5.93	3793	232.88	620.80	20
上　海	24.84	35928	1422.35	5857.79	2209
江　苏	10.06	49210	1471.52	1823.44	980
浙　江	6.41	18996	888.01	1517.96	819
安　徽	3.30	19538	449.61	706.27	346
福　建	3.82	8642	139.59	351.34	110
江　西	2.02	2799	148.61	318.49	139
山　东	3.77	35167	1110.02	1102.28	433
河　南	1.88	9293	231.89	240.55	56
湖　北	7.12	39136	1429.84	2412.41	198
湖　南	4.08	9023	490.69	709.26	94
广　东	4.35	33321	2223.08	1929.59	514
广　西	1.28	2647	77.56	156.37	35
海　南	1.94	398	9.11	96.41	3
重　庆	5.49	3760	56.65	181.33	158
四　川	4.22	13203	1211.95	1447.11	185
贵　州	1.07	2906	227.18	627.05	8
云　南	1.44	3324	82.70	170.24	41
西　藏	0.31	40	0.96	27.32	1
陕　西	11.89	52999	1467.35	3785.52	10
甘　肃	3.58	5921	196.42	741.92	1
青　海	1.23	836	9.10	149.66	0
宁　夏	1.60	1922	14.90	214.54	3
新　疆	1.34	687	7.82	31.00	39

创新产出监测指标（7）

地　区	国外技术合同成交额（亿美元）	万人国外技术引进合同成交额（万美元）	国外技术引进合同成交额中技术经费（亿美元）	国外技术引进合同成交额中技术经费占比重（%）	百万人技术国际收入（万美元）
北　京	68.81	319.53	39.40	57.25	49196.05
天　津	7.51	48.10	7.51	99.96	6470.28
河　北	1.50	1.98	1.48	98.71	121.52
山　西	0.75	2.00	0.64	86.40	37.97
内蒙古	0.37	1.45	0.37	99.32	95.82
辽　宁	4.17	9.57	4.16	99.75	3039.16
吉　林	1.28	4.75	1.27	99.66	320.43
黑龙江	6.72	17.90	6.67	99.30	95.88
上　海	65.62	270.24	64.99	99.04	78852.21
江　苏	42.31	52.43	42.03	99.35	4773.92
浙　江	25.25	43.17	25.16	99.62	5208.87
安　徽	5.86	9.20	4.70	80.18	351.92
福　建	2.54	6.38	2.48	97.76	2041.38
江　西	1.76	3.77	1.43	81.29	414.58
山　东	19.58	19.44	18.04	92.16	840.28
河　南	1.60	1.66	1.60	100.00	116.24
湖　北	10.27	17.33	10.27	100.00	743.16
湖　南	3.61	5.22	2.14	59.26	172.62
广　东	66.06	57.34	64.48	97.61	11151.83
广　西	1.64	3.31	1.64	100.00	58.31
海　南	0.86	9.14	0.81	94.16	532.04
重　庆	7.59	24.29	7.50	98.89	1504.84
四　川	3.66	4.38	3.55	96.88	2527.68
贵　州	0.17	0.46	0.17	100.00	78.90
云　南	0.10	0.21	0.10	100.00	199.05
西　藏	0	0	0	0	7.41
陕　西	1.65	4.27	1.37	82.88	1347.81
甘　肃	0.15	0.57	0.15	100.00	88.48
青　海	0	0	0	0	37.34
宁　夏	0.05	0.75	0.05	100.00	69.05
新　疆	0.58	2.31	0.19	32.04	1469.80

创新产出监测指标（8）

地　区	高技术产业有效发明专利数（件）	万名高技术产业就业人员有效发明专利数（件）	高技术产业营业收入（亿元）	高技术产业营业收入占工业营业收入比重（%）	高技术产业新产品销售收入（亿元）
北　京	27149	1054.77	5850.12	24.98	2189.31
天　津	5540	309.88	2720.16	14.34	823.82
河　北	3716	201.02	1575.72	3.83	623.08
山　西	1138	79.84	1273.83	5.97	276.99
内蒙古	394	118.80	364.21	2.17	36.20
辽　宁	4879	310.20	1929.18	6.12	332.81
吉　林	1295	187.29	616.53	4.42	147.69
黑龙江	1482	278.99	420.24	4.18	183.49
上　海	20036	435.11	7438.40	18.63	1605.18
江　苏	47535	233.66	23964.02	20.23	8783.71
浙　江	23874	296.61	8384.34	11.03	4630.96
安　徽	8902	273.01	4034.02	10.80	1903.15
福　建	12064	266.55	6563.20	11.40	2182.34
江　西	4946	100.86	5233.22	14.95	1795.34
山　东	18387	339.27	5910.64	7.11	1987.35
河　南	6469	101.62	6118.46	12.22	2405.64
湖　北	13660	388.58	4433.94	9.75	1840.40
湖　南	7647	208.24	4015.77	10.59	1151.85
广　东	230537	604.91	46723.44	31.84	22005.08
广　西	1335	111.27	1535.67	8.80	181.61
海　南	690	358.16	258.45	11.18	8.16
重　庆	4211	129.36	5777.27	26.94	1330.40
四　川	13595	251.68	7761.08	17.59	1574.87
贵　州	3044	257.41	1150.63	11.78	190.66
云　南	1237	202.33	854.15	5.82	111.62
西　藏	74	402.61	16.18	5.47	0
陕　西	7170	265.51	3225.90	12.40	630.07
甘　肃	476	163.39	277.79	3.66	72.55
青　海	155	123.94	131.35	5.48	31.43
宁　夏	190	119.48	181.99	3.69	112.87
新　疆	122	92.52	109.09	0.95	15.58

创新产出监测指标（9）

地 区	高技术产业新产品销售收入占营业收入比重（%）	万元地区生产总值高技术产业营业收入（万元）	新产品销售收入（亿元）	新产品销售收入占营业收入比重（%）
北　京	37.42	0.17	5220.20	22.29
天　津	30.29	0.19	3846.62	20.28
河　北	39.54	0.05	6484.73	15.78
山　西	21.74	0.08	1989.26	9.32
内蒙古	9.94	0.02	1127.44	6.71
辽　宁	17.25	0.08	4283.60	13.60
吉　林	23.96	0.05	2627.59	18.82
黑龙江	43.66	0.03	733.62	7.29
上　海	21.58	0.20	10140.95	25.39
江　苏	36.65	0.24	30101.94	25.41
浙　江	55.23	0.13	26099.37	34.33
安　徽	47.18	0.11	9698.55	25.96
福　建	33.25	0.16	5789.31	10.06
江　西	34.31	0.21	6328.15	18.08
山　东	33.62	0.08	13480.08	16.21
河　南	39.32	0.11	6788.35	13.56
湖　北	41.51	0.10	9707.67	21.35
湖　南	28.68	0.10	8105.36	21.38
广　东	47.10	0.43	42970.06	29.29
广　西	11.83	0.07	1838.24	10.54
海　南	3.16	0.05	93.55	4.05
重　庆	23.03	0.24	4365.41	20.36
四　川	20.29	0.17	4211.83	9.55
贵　州	16.57	0.07	818.83	8.39
云　南	13.07	0.04	939.55	6.40
西　藏	0	0.01	23.01	7.77
陕　西	19.53	0.13	2566.04	9.86
甘　肃	26.12	0.03	552.71	7.28
青　海	23.93	0.04	123.39	5.15
宁　夏	62.02	0.05	447.69	9.07
新　疆	14.29	0.01	557.14	4.83

创新绩效监测指标（1）

地 区	商品出口额 （亿美元）	商品出口额 与地区生产 总值比值 （万美元/亿元）	高技术产品 出口额 （亿美元）	高技术产品 出口额占 商品出口额 比重（%）	第三产业 增加值 （亿元）
北　京	265.07	74.78	157.48	59.41	29663.40
天　津	412.52	293.49	133.08	32.26	8922.90
河　北	480.58	137.39	30.48	6.34	18066.50
山　西	147.33	86.86	74.27	50.41	8670.00
内蒙古	73.77	42.86	6.47	8.77	8586.10
辽　宁	558.04	224.51	88.07	15.78	13201.40
吉　林	52.80	45.02	4.20	7.96	6304.70
黑龙江	56.27	41.55	4.50	7.99	6721.10
上　海	1700.97	447.77	818.13	48.10	27686.90
江　苏	4029.78	408.46	1442.78	35.80	50852.10
浙　江	3395.83	543.66	232.78	6.85	34075.80
安　徽	398.54	108.17	107.28	26.92	18959.50
福　建	1088.16	257.09	142.10	13.06	19665.60
江　西	291.76	118.28	102.35	35.08	11789.30
山　东	1710.44	242.48	133.31	7.79	37251.70
河　南	592.94	110.38	335.89	56.65	26046.50
湖　北	318.75	70.16	115.74	36.31	22896.50
湖　南	263.28	66.00	60.37	22.93	20845.20
广　东	7199.15	666.67	2192.90	30.46	60268.10
广　西	193.23	90.99	76.62	39.65	10801.00
海　南	48.49	90.96	6.44	13.27	3168.10
重　庆	497.18	210.62	389.75	78.39	12662.20
四　川	527.81	113.84	389.32	73.76	24368.30
贵　州	52.10	31.07	14.30	27.46	8517.30
云　南	144.75	62.33	27.85	19.24	12125.70
西　藏	5.55	32.69	0.14	2.56	924.00
陕　西	265.76	103.03	210.25	79.12	12022.60
甘　肃	22.14	25.40	3.51	15.84	4796.60
青　海	2.30	7.84	0.04	1.90	1485.30
宁　夏	27.84	74.26	1.65	5.91	1881.40
新　疆	171.68	126.26	5.07	2.96	7030.90

创新绩效监测指标（2）

地　区	第三产业增加值占地区生产总值比重（％）	高新技术企业数（个）	高新技术企业年末从业人员数（万人）	高新技术企业营业收入（亿元）	高新技术企业技术收入（亿元）
北　京	83.69	23190	256.54	38024.65	14143.68
天　津	63.48	6013	64.50	10042.51	1728.28
河　北	51.65	7611	128.80	19766.26	900.47
山　西	51.12	2485	42.37	5546.56	180.73
内蒙古	49.88	896	29.77	5724.41	160.47
辽　宁	53.11	5147	74.20	9926.40	488.48
吉　林	53.76	1691	23.18	2782.24	100.32
黑龙江	49.62	1230	22.36	2466.95	180.89
上　海	72.88	12619	178.48	30281.19	7167.31
江　苏	51.54	23946	381.00	48971.87	2231.50
浙　江	54.55	16152	321.73	36365.39	4661.36
安　徽	51.46	6547	111.21	13080.25	664.89
福　建	46.46	4767	83.87	8034.91	485.53
江　西	47.79	5066	94.41	12683.73	386.61
山　东	52.81	11358	202.66	27445.31	1188.52
河　南	48.49	4749	98.05	10330.40	640.63
湖　北	50.40	7686	131.46	21296.12	3672.40
湖　南	52.25	6209	117.64	16251.81	2123.58
广　东	55.81	49991	707.73	82884.37	8905.86
广　西	50.86	2366	41.02	7037.82	591.28
海　南	59.43	563	6.77	766.12	78.03
重　庆	53.64	3105	69.26	9176.30	733.35
四　川	52.56	5594	94.31	10664.02	2167.66
贵　州	50.79	1620	21.61	2436.58	216.69
云　南	52.21	1454	23.74	4450.56	420.57
西　藏	54.42	66	1.68	231.34	40.41
陕　西	46.61	4357	66.86	9006.31	1952.56
甘　肃	55.02	1045	15.67	1622.62	137.82
青　海	50.50	176	4.93	698.34	202.07
宁　夏	50.19	201	5.23	559.27	7.81
新　疆	51.71	644	15.95	2403.16	396.53

创新绩效监测指标（3）

地　区	高新技术企业技术收入占营业收入比重（％）	高新技术企业净利润（亿元）	高新技术企业利润率（％）	高新技术企业出口额（亿元）
北　京	37.20	1919.73	5.05	1273.10
天　津	17.21	456.05	4.54	878.74
河　北	4.56	880.02	4.45	910.67
山　西	3.26	215.09	3.88	383.52
内蒙古	2.80	337.13	5.89	204.14
辽　宁	4.92	407.37	4.10	655.11
吉　林	3.61	218.40	7.85	85.76
黑龙江	7.33	106.59	4.32	125.23
上　海	23.67	2138.35	7.06	2972.18
江　苏	4.56	3041.88	6.21	8425.28
浙　江	12.82	3902.37	10.73	5945.02
安　徽	5.08	735.05	5.62	1077.53
福　建	6.04	670.27	8.34	1293.69
江　西	3.05	534.32	4.21	1210.60
山　东	4.33	1554.42	5.66	3240.15
河　南	6.20	504.05	4.88	692.16
湖　北	17.24	1471.06	6.91	1134.53
湖　南	13.07	881.51	5.42	886.59
广　东	10.74	5672.10	6.84	15323.11
广　西	8.40	225.39	3.20	269.55
海　南	10.19	51.13	6.67	37.94
重　庆	7.99	251.45	2.74	648.01
四　川	20.33	590.83	5.54	645.20
贵　州	8.89	68.19	2.80	73.90
云　南	9.45	264.66	5.95	80.88
西　藏	17.47	41.44	17.91	2.56
陕　西	21.68	490.06	5.44	388.91
甘　肃	8.49	94.01	5.79	79.27
青　海	28.94	-552.39	-79.10	2.27
宁　夏	1.40	38.08	6.81	41.05
新　疆	16.50	132.06	5.50	89.69

创新绩效监测指标（4）

地　区	劳动生产率 （万元/人）	固定资本 形成总额 （亿元）	资本生产率 （万元／万 元）	综合能耗 产出率 （元/千克 标准煤）
北　京	20.56	12633.92	0.35	32.20
天　津	22.65	7578.51	0.25	20.96
河　北	9.49	19075.09	0.27	11.84
山　西	8.99	7465.83	0.25	7.71
内蒙古	17.46	10973.40	0.20	7.80
辽　宁	13.60	9926.69	0.31	11.06
吉　林	11.27	7646.81	0.21	17.88
黑龙江	10.70	8017.00	0.25	13.04
上　海	23.08	13778.88	0.37	25.14
江　苏	18.04	40863.75	0.36	24.99
浙　江	14.03	25497.26	0.40	23.35
安　徽	6.43	18041.82	0.31	19.50
福　建	12.04	22424.60	0.30	22.09
江　西	8.22	11921.40	0.33	22.03
山　东	13.28	33393.29	0.31	17.16
河　南	7.48	36347.95	0.22	18.02
湖　北	10.11	25564.26	0.28	16.42
湖　南	9.71	18814.42	0.29	17.66
广　东	12.68	44218.42	0.49	24.96
广　西	7.05	10319.08	0.20	18.15
海　南	7.13	3215.34	0.24	17.69
重　庆	11.58	11648.01	0.34	15.60
四　川	7.93	21570.39	0.43	14.65
贵　州	5.82	10860.60	0.23	9.30
云　南	5.73	20287.38	0.18	12.57
西　藏	4.62	1709.14	0.18	0
陕　西	11.01	16093.26	0.21	15.74
甘　肃	5.52	4204.23	0.26	10.59
青　海	9.01	2430.29	0.12	7.04
宁　夏	9.32	4071.44	0.12	4.52
新　疆	8.88	12877.84	0.16	6.71

创新绩效监测指标（5）

地　区	空气达到二级以上天数（天）	空气达到二级以上天数占比重（%）	废水中化学需氧量排放量（万吨）	废水中化学需氧量排放降低率（%）
北　京	240	65.75	4.25	7.10
天　津	219	60.00	3.78	9.51
河　北	210	57.45	22.38	6.01
山　西	229	62.84	10.92	3.19
内蒙古	328	89.92	5.89	10.67
辽　宁	293	80.25	13.11	2.63
吉　林	317	86.82	7.65	5.07
黑龙江	330	90.53	15.87	-2.22
上　海	309	84.66	5.56	10.42
江　苏	261	71.64	47.41	2.85
浙　江	321	88.07	20.62	5.18
安　徽	250	68.44	34.19	1.22
福　建	358	98.06	25.16	5.14
江　西	330	90.48	32.22	-1.70
山　东	210	57.61	27.57	5.61
河　南	196	53.81	25.19	6.73
湖　北	270	73.99	26.76	7.83
湖　南	306	83.90	31.22	-1.70
广　东	331	90.80	63.48	1.47
广　西	335	91.78	32.73	-1.73
海　南	352	96.37	4.49	9.34
重　庆	309	84.66	5.15	3.97
四　川	312	85.52	32.94	-0.97
贵　州	351	96.16	12.42	-1.78
云　南	355	97.14	11.06	-2.73
西　藏	362	99.24	1.82	-3.33
陕　西	262	71.75	9.84	4.62
甘　肃	338	92.47	5.95	11.50
青　海	347	95.11	1.97	10.49
宁　夏	323	88.61	9.01	1.87
新　疆	291	79.62	16.54	10.78

创新绩效监测指标（6）

地　区	二氧化硫排放量（万吨）	二氧化硫排放降低率（%）	万元地区生产总值用水量（立方米）	万元地区生产总值用水量降低率（%）
北　京	0.19	28.03	11.79	9.05
天　津	1.78	6.29	20.14	-33.36
河　北	28.69	16.40	51.93	-2.52
山　西	22.86	18.89	44.64	-1.04
内蒙古	35.24	3.01	110.91	0.18
辽　宁	26.31	18.09	52.31	-1.63
吉　林	9.84	-9.81	98.41	-24.14
黑龙江	13.49	7.64	228.02	-8.49
上　海	0.75	32.30	26.44	16.42
江　苏	28.46	10.19	62.14	2.81
浙　江	7.78	10.50	26.59	14.02
安　徽	15.10	7.16	74.82	21.44
福　建	12.54	-15.50	41.87	19.79
江　西	22.71	8.96	102.31	10.31
山　东	28.15	17.51	31.70	-13.98
河　南	10.44	14.91	43.83	10.22
湖　北	11.68	3.33	66.16	12.28
湖　南	19.13	16.62	83.77	9.46
广　东	12.04	20.24	38.29	11.50
广　西	9.51	5.47	133.45	5.63
海　南	0.69	15.05	87.40	6.36
重　庆	7.50	18.29	32.41	14.52
四　川	18.82	1.84	54.14	14.99
贵　州	23.37	28.21	64.46	10.63
云　南	23.58	4.69	66.70	23.40
西　藏	0.34	5.01	188.48	12.15
陕　西	14.33	2.69	35.90	6.37
甘　肃	11.29	10.03	126.17	7.35
青　海	4.32	7.02	88.34	3.03
宁　夏	12.50	4.29	186.48	-4.37
新　疆	23.86	11.82	432.22	3.92

创新绩效监测指标（7）

地　区	废水中氨氮排放量（万吨）	废水中氨氮排放降低率（％）	固体废物产生量（万吨）	固体废物综合利用量（万吨）
北　京	0.28	6.41	690	427
天　津	0.17	4.95	1968	1939
河　北	1.83	12.64	32744	17661
山　西	1.12	3.11	52037	18440
内蒙古	0.34	16.55	42671	11469
辽　宁	0.96	29.64	22621	10527
吉　林	0.53	20.44	5362	2885
黑龙江	1.37	7.54	9799	4560
上　海	0.73	9.87	1826	1676
江　苏	3.35	6.68	13610	11822
浙　江	1.34	7.18	5722	5355
安　徽	1.97	4.22	16571	13230
福　建	1.56	10.16	9418	6380
江　西	2.80	-4.23	13049	6968
山　东	2.34	6.00	32129	25230
河　南	2.06	10.45	24965	11976
湖　北	2.25	8.44	13368	10060
湖　南	2.97	4.21	7510	5206
广　东	4.48	9.18	10111	7331
广　西	2.47	-1.48	10278	5408
海　南	0.47	4.55	609	398
重　庆	0.49	9.00	2730	1935
四　川	3.39	-0.77	18722	7632
贵　州	1.56	-9.05	12734	7078
云　南	1.30	-3.89	20797	10694
西　藏	0.22	-8.26	3238	129
陕　西	0.92	7.43	14846	5411
甘　肃	0.50	8.96	6485	2550
青　海	0.28	17.87	15603	8685
宁　夏	0.33	14.13	6423	2552
新　疆	1.88	14.97	12176	6465

创新绩效监测指标（8）

地　区	固体废物综合治理率（％）	生活垃圾无害化处理率（％）	污水处理率（％）	建成区绿化覆盖率（％）
北　京	99.57	99.98	99.31	48.46
天　津	99.80	100.00	95.97	37.48
河　北	69.33	99.43	98.34	42.28
山　西	88.10	100.00	95.78	42.29
内蒙古	72.38	99.81	97.41	40.52
辽　宁	84.15	99.42	96.20	40.76
吉　林	82.90	90.24	95.19	39.18
黑龙江	60.71	95.49	92.78	36.39
上　海	99.95	100.00	96.27	36.84
江　苏	94.15	100.00	96.14	43.38
浙　江	99.46	100.00	96.95	41.46
安　徽	89.32	100.00	97.06	42.72
福　建	87.31	99.95	95.25	44.53
江　西	64.06	100.00	95.39	45.55
山　东	85.68	99.94	97.99	41.80
河　南	69.83	99.65	97.72	41.03
湖　北	93.71	99.98	100.00	38.88
湖　南	82.30	99.98	97.09	41.24
广　东	81.65	99.95	96.72	43.31
广　西	65.64	100.00	97.47	40.76
海　南	98.19	100.00	93.71	41.75
重　庆	89.41	88.82	97.19	41.82
四　川	52.68	99.82	95.29	41.85
贵　州	69.96	96.59	96.84	39.42
云　南	87.06	99.77	95.73	39.73
西　藏	10.84	98.34	94.94	37.61
陕　西	81.62	99.71	95.54	39.32
甘　肃	67.45	100.00	97.11	36.03
青　海	57.70	96.28	95.15	35.21
宁　夏	85.99	99.89	95.85	41.34
新　疆	76.00	96.26	97.81	39.90

四、各地区创新能力监测指标
北京创新能力监测指标（1）

指标名称	2019	2018
大专以上学历人数（万人）	1018.97	990.37
万人大专以上学历人数（人）	5048.59	4865.50
高校数（个）	93	92
高校在校学生数（万人）	114.57	113.47
十万人高校在校学生数（人）	5320.00	5268.00
高校（机构）硕士毕业生数（人）	79242	74253
十万人硕士毕业生数（人）	367.95	344.72
高校（机构）博士毕业生数（人）	18653	18354
十万人博士毕业生数（人）	86.61	85.21
研发机构数（个）	383	382
科技企业孵化器管理机构从业人员数（人）	2797	3119
国家级孵化器管理机构从业人员数（人）	1399	1503
国家大学科技园管理机构从业人员数（人）	484	509
火炬计划特色产业基地企业从业人员数（人）	53359	45836
国家级示范生产力促进中心人员数（人）	256	18
众创空间服务人员数（人）	5294	4426
众创空间数（个）	245	147
科技企业孵化器数（个）	130	152
国家级科技企业孵化器数（个）	61	55
科技企业孵化器在孵企业数（个）	9444	9629
科技企业孵化器累计毕业企业数（个）	15091	14986
科技企业孵化器总收入（亿元）	45.33	41.62
企业研究开发费用加计扣除减免税额（亿元）	27.32	17.49
高新技术企业减免税额（亿元）	52.19	49.04
高新技术企业减免税额占全国比重（%）	3.67	4.00
信息传输、软件和信息技术服务业固定资产投资（亿元）	322.60	372.03
信息传输、软件和信息技术服务业固定资产投资占比重（%）	4.21	4.74
邮政业务总量（亿元）	460.11	397.93
电信业务总量（亿元）	2681.99	1755.46
邮电业务总量与地区生产总值比值（万元/亿元）	886.47	650.45
固定电话和移动电话用户数（万户）	4562.92	4586.63

北京创新能力监测指标（2）

指标名称	2019	2018
百人固定电话和移动电话用户数（户）	211.87	212.94
移动互联网用户数（万户）	3289.20	3291.13
万人移动互联网用户数（万户）	1.53	1.53
有效商标注册数（万件）	192.20	150.05
百万人有效商标注册数（件）	89244.89	69660.91
地区生产总值（亿元）	35445.10	33105.97
第二产业增加值（亿元）	5667.40	5477.35
第二产业增加值占地区生产总值比重（%）	15.99	16.54
工业增加值（亿元）	4243.30	4139.90
工业增加值占地区生产总值比重（%）	11.97	12.50
装备制造业营业收入（亿元）	11284.92	10182.80
装备制造业营业收入占营业收入比重（%）	48.19	47.50
人均地区生产总值（元）	164563	153095
城镇登记失业人员数（万人）	7.37	7.91
城镇登记失业率（%）	1.30	1.40
客运量（亿人）	6.30	5.89
旅客周转量（亿人公里）	263.68	254.43
货运量（亿吨）	2.28	2.09
货物周转量（亿吨公里）	1089.40	1034.22
研究与试验发展（R&D）经费支出（亿元）	2233.59	1870.77
R&D经费支出与地区生产总值之比（%）	6.30	5.65
R&D经费中基础研究经费支出（亿元）	355.45	277.78
R&D经费中应用研究经费支出（亿元）	563.90	412.83
R&D经费中试验发展经费支出（亿元）	1314.24	1180.17
R&D经费中基础研究经费支出占比重（%）	15.91	14.85
R&D经费中应用研究经费支出占比重（%）	25.25	22.07
R&D经费中试验发展经费支出占比重（%）	58.84	63.08
R&D经费中政府资金经费支出（亿元）	1069.22	920.57
R&D经费中企业资金经费支出（亿元）	986.76	830.44
R&D经费中政府资金经费支出占比重（%）	47.87	49.21
R&D经费中企业资金经费支出占比重（%）	44.18	44.39
高校R&D经费支出（亿元）	280.81	215.49

北京创新能力监测指标（3）

指标名称	2019	2018
研发机构R&D经费支出（亿元）	994.24	828.27
高校R&D经费支出占全社会R&D经费比重（%）	12.57	11.52
研发机构R&D经费支出占全社会R&D经费比重（%）	44.51	44.27
高新技术企业R&D经费支出（亿元）	1032.02	939.79
高新技术企业R&D经费支出占全社会R&D经费比重（%）	46.20	50.24
财政性教育经费支出（亿元）	1137.18	1025.51
财政性教育经费支出与地区生产总值比值（万元/亿元）	320.83	309.76
地方财政科技支出（亿元）	433.42	425.87
地方财政科技支出占地方财政支出比重（%）	5.85	5.70
地方财政科技支出与地区生产总值比值（万元/亿元）	122.28	128.64
R&D人员全时当量（人年）	313986	267338
万人R&D人员全时当量（人年）	145.80	124.11
R&D人员中基础研究人员数（人年）	63478	50048
R&D人员中应用研究人员数（人年）	92521	70880
R&D人员中试验发展人员数（人年）	158059	146431
R&D人员中基础研究人员占比重（%）	20.22	18.72
R&D人员中应用研究人员占比重（%）	29.47	26.51
R&D人员中试验发展人员占比重（%）	50.34	54.77
R&D研究人员全时当量（人年）	207995	167304
R&D研究人员占全社会R&D人员比重（%）	66.24	62.58
高校R&D人员全时当量（人年）	63119	36546
研发机构R&D人员全时当量（人年）	108309	105812
高校R&D人员占全社会R&D人员比重（%）	20.10	13.67
研发机构R&D人员占全社会R&D人员比重（%）	34.49	39.58
高技术产业R&D经费支出（亿元）	147.31	134.20
高技术产业R&D经费支出占全社会R&D经费比重（%）	6.60	7.17
高技术产业R&D经费支出占营业收入比重（%）	2.52	2.53
高技术产业引进技术经费支出（万元）	38880.10	53926.10
高技术产业消化吸收经费支出（万元）	0	0
高技术产业购买境内技术经费支出（万元）	79664.90	144374.50
高技术产业技术改造经费支出（万元）	15392.60	8778.40

北京创新能力监测指标（4）

指标名称	2019	2018
高技术产业技术获取和技术改造经费支出占营业收入比重（%）	0.23	0.39
高技术产业新产品研发经费支出（亿元）	216.77	174.57
高技术产业新产品研发经费支出占新产品销售收入比重（%）	9.90	8.61
高技术产业R&D人员全时当量（人年）	20692	21991
高技术产业R&D人员占全社会R&D人员比重（%）	6.59	8.23
高新技术企业R&D人员全时当量（人年）	177438	168979
高新技术企业R&D人员占全社会R&D人员比重（%）	56.51	63.21
科学研究和技术服务业新增固定资产（亿元）	30.40	23.94
科学研究和技术服务业新增固定资产占比重（%）	1.52	1.17
开展创新活动的企业数（个）	2203	2075
开展创新活动的企业占比重（%）	70.63	66.74
实现创新的企业数（个）	2038	1856
实现创新企业占比重（%）	65.34	59.70
企业创新费用支出（亿元）	494.10	494.40
企业R&D经费支出（亿元）	285.19	274.01
企业R&D经费支出占创新费用支出比重（%）	57.72	55.42
企业R&D经费支出占全社会R&D经费比重（%）	12.77	14.65
企业R&D经费支出占营业收入比重（%）	1.22	1.25
企业引进技术经费支出（亿元）	19.04	23.32
企业消化吸收经费支出（亿元）	0.14	1.06
企业购买境内技术经费支出（亿元）	11.68	16.57
企业技术改造经费支出（亿元）	32.67	68.00
企业技术获取和技术改造经费支出（亿元）	63.53	108.95
企业技术获取和技术改造经费支出占营业收入比重（%）	0.27	0.50
企业科学研究经费支出占企业R&D经费支出比重（%）	6.67	3.04
研发机构来源于企业的R&D经费支出（亿元）	34.10	40.12
高校来源于企业的R&D经费支出（亿元）	77.57	60.77
研发机构和高校R&D经费支出中企业资金占比重（%）	8.76	9.67
企业平均吸纳技术成交额（万元）	10329.33	7028.94
企业R&D人员全时当量（人年）	44241	46929

北京创新能力监测指标（5）

指标名称	2019	2018
企业R&D研究人员全时当量（人年）	20667	21317
企业R&D研究人员占全社会R&D研究人员比重（%）	9.94	12.74
万名企业就业人员中R&D人员数（人年）	509.63	523.18
有R&D活动的企业数（个）	1127	1127
有R&D活动的企业占工业企业比重（%）	36.11	35.25
有研发机构的企业数（个）	447	483
有研发机构的企业占工业企业比重（%）	14.32	15.11
企业专利申请数（件）	22552	20655
企业发明专利申请数（件）	11543	10386
企业发明专利拥有量（件）	48656	42851
万名企业就业人员发明专利拥有量（件）	560.49	477.71
发明专利申请数（件）	129930	117664
实用新型专利申请数（件）	73021	70507
外观设计专利申请数（件）	23162	23041
研发机构专利申请数（件）	17625	15991
研发机构发明专利申请数（件）	14491	13681
高校专利申请数（件）	19848	17479
高校发明专利申请数（件）	16799	14550
万人发明专利申请数（件）	60.33	54.63
亿元R&D经费支出发明专利申请数（件）	58.17	62.90
发明专利授权数（件）	53127	46978
实用新型专利授权数（件）	58393	59219
外观设计专利授权数（件）	20196	17299
万人发明专利授权数（件）	24.67	21.81
亿元R&D经费支出发明专利授权数（件）	23.79	25.11
发明专利拥有量（件）	284288	241282
实用新型专利拥有量（件）	291646	263909
外观设计专利拥有量（件）	77119	64738
研发机构发明专利拥有量（件）	56429	49502
高校发明专利拥有量（件）	59498	52806

北京创新能力监测指标（6）

指标名称	2019	2018
万人发明专利拥有量（件）	132.01	112.02
国内科技论文数（篇）	73028	75267
万人国内科技论文数（篇）	33.91	34.94
SCI 收录科技论文数（篇）	66310	59229
EI 收录科技论文数（篇）	46622	41271
CPCI-S 收录科技论文数（篇）	12009	13586
万人国际科技论文数（篇）	58.01	52.96
技术市场成交合同数（项）	83171	82486
技术市场输出技术成交额（亿元）	5695.28	4957.82
万人输出技术成交额（万元）	26445.41	23016.83
国外技术引进合同数（项）	479	510
国外技术合同成交额（亿美元）	68.81	26.91
万人国外技术引进合同成交额（万美元）	319.53	124.93
国外技术引进合同成交额中技术经费（亿美元）	39.40	24.36
国外技术引进合同成交额中技术经费占比重（%）	57.25	90.51
百万人技术国际收入（万美元）	49196.05	44959.12
高技术产业有效发明专利数（件）	27149	24753
万名高技术产业就业人员有效发明专利数（件）	1054.77	947.61
高技术产业营业收入（亿元）	5850.12	5313.62
高技术产业营业收入占工业营业收入比重（%）	24.98	24.20
高技术产业新产品销售收入（亿元）	2189.31	2028.08
高技术产业新产品销售收入占营业收入比重（%）	37.42	38.17
万元地区生产总值高技术产业营业收入（万元）	0.17	0.16
新产品销售收入（亿元）	5220.20	4136.62
新产品销售收入占营业收入比重（%）	22.29	18.84
商品出口额（亿美元）	265.07	283.08
商品出口额与地区生产总值比值（万美元/亿元）	74.78	85.51
高技术产品出口额（亿美元）	157.48	150.31
高技术产品出口额占商品出口额比重（%）	59.41	53.10

北京创新能力监测指标（7）

指标名称	2019	2018
第三产业增加值（亿元）	29663.40	27508.06
第三产业增加值占地区生产总值比重（%）	83.69	83.09
高新技术企业数（个）	23190	18749
高新技术企业年末从业人员数（万人）	256.54	232.27
高新技术企业营业收入（亿元）	38024.65	32082.01
高新技术企业技术收入（亿元）	14143.68	11399.45
高新技术企业技术收入占营业收入比重（%）	37.20	35.53
高新技术企业净利润（亿元）	1919.73	2185.40
高新技术企业利润率（%）	5.05	6.81
高新技术企业出口总额（亿元）	1273.10	1226.05
劳动生产率（万元/人）	20.56	19.93
固定资本形成总额（亿元）	12633.92	11218.41
资本生产率（万元/万元）	0.35	0.34
综合能耗产出率（元/千克标准煤）	32.20	30.74
空气达到二级以上天数（天）	240	227
空气达到二级以上天数占比重（%）	65.75	62.19
废水中化学需氧量排放量（万吨）	4.25	4.58
废水中化学需氧量排放降低率（%）	7.10	-14.69
二氧化硫排放量（万吨）	0.19	0.27
二氧化硫排放降低率（%）	28.03	59.14
万元地区生产总值用水量（立方米）	11.79	12.96
万元地区生产总值用水量降低率（%）	9.05	8.07
废水中氨氮排放量（万吨）	0.28	0.30
废水中氨氮排放降低率（%）	6.41	-191.72
固体废物产生量（万吨）	690	694
固体废物综合利用量（万吨）	427	463
固体废物综合治理率（%）	99.57	100.00
生活垃圾无害化处理率（%）	99.98	100.00
污水处理率（%）	99.31	98.60
建成区绿化覆盖率（%）	48.46	48.44

天津创新能力监测指标（1）

指标名称	2019	2018
大专以上学历人数（万人）	427.95	421.71
万人大专以上学历人数（人）	2886.79	2829.09
高校数（个）	56	56
高校在校学生数（万人）	65.82	64.74
十万人高校在校学生数（人）	4214.00	4150.00
高校（机构）硕士毕业生数（人）	16786	15451
十万人硕士毕业生数（人）	107.48	99.04
高校（机构）博士毕业生数（人）	1734	1731
十万人博士毕业生数（人）	11.10	11.10
研发机构数（个）	57	61
科技企业孵化器管理机构从业人员数（人）	1078	909
国家级孵化器管理机构从业人员数（人）	463	490
国家大学科技园管理机构从业人员数（人）	6	6
火炬计划特色产业基地企业从业人员数（人）	139434	133568
国家级示范生产力促进中心人员数（人）	119	144
众创空间服务人员数（人）	1965	2039
众创空间数（个）	191	151
科技企业孵化器数（个）	81	72
国家级科技企业孵化器数（个）	33	33
科技企业孵化器在孵企业数（个）	4309	4263
科技企业孵化器累计毕业企业数（个）	2479	2220
科技企业孵化器总收入（亿元）	4.09	3.90
企业研究开发费用加计扣除减免税额（亿元）	17.28	11.62
高新技术企业减免税额（亿元）	23.09	18.98
高新技术企业减免税额占全国比重（%）	1.62	1.55
信息传输、软件和信息技术服务业固定资产投资（亿元）	115.70	171.71
信息传输、软件和信息技术服务业固定资产投资占比重（%）	0.96	1.61
邮政业务总量（亿元）	148.80	115.34
电信业务总量（亿元）	1194.60	737.82
邮电业务总量与地区生产总值比值（万元/亿元）	955.78	638.45
固定电话和移动电话用户数（万户）	2053.84	1985.55

天津创新能力监测指标（2）

指标名称	2019	2018
百人固定电话和移动电话用户数（户）	131.50	127.28
移动互联网用户数（万户）	1450.71	1352.46
万人移动互联网用户数（万户）	0.93	0.87
有效商标注册数（万件）	24.58	19.63
百万人有效商标注册数（件）	15739.74	12584.55
地区生产总值（亿元）	14055.50	13362.92
第二产业增加值（亿元）	4947.20	4835.30
第二产业增加值占地区生产总值比重（%）	35.20	36.18
工业增加值（亿元）	4372.30	4276.90
工业增加值占地区生产总值比重（%）	31.11	32.01
装备制造业营业收入（亿元）	6905.34	6292.21
装备制造业营业收入占营业收入比重（%）	36.40	35.85
人均地区生产总值（元）	90058	85757
城镇登记失业人员数（万人）	26.09	25.81
城镇登记失业率（%）	3.53	3.51
客运量（亿人）	1.77	1.75
旅客周转量（亿人公里）	287.40	276.51
货运量（亿吨）	5.01	5.22
货物周转量（亿吨公里）	2662.45	2240.53
研究与试验发展（R&D）经费支出（亿元）	462.97	492.40
R&D经费支出与地区生产总值之比（%）	3.29	3.68
R&D经费中基础研究经费支出（亿元）	24.67	23.65
R&D经费中应用研究经费支出（亿元）	49.16	63.36
R&D经费中试验发展经费支出（亿元）	389.14	405.39
R&D经费中基础研究经费支出占比重（%）	5.33	4.80
R&D经费中应用研究经费支出占比重（%）	10.62	12.87
R&D经费中试验发展经费支出占比重（%）	84.05	82.33
R&D经费中政府资金经费支出（亿元）	76.55	102.23
R&D经费中企业资金经费支出（亿元）	362.27	370.34
R&D经费中政府资金经费支出占比重（%）	16.53	20.76
R&D经费中企业资金经费支出占比重（%）	78.25	75.21
高校R&D经费支出（亿元）	52.47	60.94

天津创新能力监测指标（3）

指标名称	2019	2018
研发机构R&D经费支出（亿元）	52.69	48.85
高校R&D经费支出占全社会R&D经费比重（%）	11.33	12.38
研发机构R&D经费支出占全社会R&D经费比重（%）	11.38	9.92
高新技术企业R&D经费支出（亿元）	246.18	290.12
高新技术企业R&D经费支出占全社会R&D经费比重（%）	53.17	58.92
财政性教育经费支出（亿元）	467.63	448.19
财政性教育经费支出与地区生产总值比值（万元/亿元）	332.70	335.40
地方财政科技支出（亿元）	109.93	106.68
地方财政科技支出占地方财政支出比重（%）	3.09	3.44
地方财政科技支出与地区生产总值比值（万元/亿元）	78.21	79.83
R&D人员全时当量（人年）	92502	99490
万人R&D人员全时当量（人年）	59.23	63.78
R&D人员中基础研究人员数（人年）	9518	6175
R&D人员中应用研究人员数（人年）	14509	13162
R&D人员中试验发展人员数（人年）	68481	80154
R&D人员中基础研究人员占比重（%）	10.29	6.21
R&D人员中应用研究人员占比重（%）	15.68	13.23
R&D人员中试验发展人员占比重（%）	74.03	80.56
R&D研究人员全时当量（人年）	48280	47684
R&D研究人员占全社会R&D人员比重（%）	52.19	47.93
高校R&D人员全时当量（人年）	17267	11752
研发机构R&D人员全时当量（人年）	9120	8552
高校R&D人员占全社会R&D人员比重（%）	18.67	11.81
研发机构R&D人员占全社会R&D人员比重（%）	9.86	8.60
高技术产业R&D经费支出（亿元）	52.50	68.11
高技术产业R&D经费支出占全社会R&D经费比重（%）	11.34	13.83
高技术产业R&D经费支出占营业收入比重（%）	1.93	2.55
高技术产业引进技术经费支出（万元）	2709.50	30155.70
高技术产业消化吸收经费支出（万元）	14.20	0
高技术产业购买境内技术经费支出（万元）	6231.10	2083.20
高技术产业技术改造经费支出（万元）	49442.30	13115.80

天津创新能力监测指标（4）

指标名称	2019	2018
高技术产业技术获取和技术改造经费支出占营业收入比重（%）	0.21	0.17
高技术产业新产品研发经费支出（亿元）	62.51	68.70
高技术产业新产品研发经费支出占新产品销售收入比重（%）	7.59	6.34
高技术产业R&D人员全时当量（人年）	11493	13550
高技术产业R&D人员占全社会R&D人员比重（%）	12.42	13.62
高新技术企业R&D人员全时当量（人年）	61172	77017
高新技术企业R&D人员占全社会R&D人员比重（%）	66.13	77.41
科学研究和技术服务业新增固定资产（亿元）	168.76	164.10
科学研究和技术服务业新增固定资产占比重（%）	2.86	3.14
开展创新活动的企业数（个）	2824	2506
开展创新活动的企业占比重（%）	58.70	57.44
实现创新的企业数（个）	2705	2339
实现创新企业占比重（%）	56.23	53.61
企业创新费用支出（亿元）	304.70	333.30
企业R&D经费支出（亿元）	213.43	252.88
企业R&D经费支出占创新费用支出比重（%）	70.05	75.87
企业R&D经费支出占全社会R&D经费比重（%）	46.10	51.36
企业R&D经费支出占营业收入比重（%）	1.13	1.40
企业引进技术经费支出（亿元）	3.91	6.05
企业消化吸收经费支出（亿元）	0.09	0.61
企业购买境内技术经费支出（亿元）	1.46	0.54
企业技术改造经费支出（亿元）	32.66	46.15
企业技术获取和技术改造经费支出（亿元）	38.11	53.35
企业技术获取和技术改造经费支出占营业收入比重（%）	0.20	0.29
企业科学研究经费支出占企业R&D经费支出比重（%）	2.26	1.44
研发机构来源于企业的R&D经费支出（亿元）	5.04	1.14
高校来源于企业的R&D经费支出（亿元）	18.09	16.33
研发机构和高校R&D经费支出中企业资金占比重（%）	21.99	15.91
企业平均吸纳技术成交额（万元）	958.90	809.87
企业R&D人员全时当量（人年）	45685	53280

天津创新能力监测指标（5）

指标名称	2019	2018
企业R&D研究人员全时当量（人年）	16286	19112
企业R&D研究人员占全社会R&D研究人员比重（%）	33.73	40.08
万名企业就业人员中R&D人员数（人年）	464.28	527.52
有R&D活动的企业数（个）	1298	1387
有R&D活动的企业占工业企业比重（%）	26.97	32.32
有研发机构的企业数（个）	433	403
有研发机构的企业占工业企业比重（%）	9.00	9.39
企业专利申请数（件）	15634	15051
企业发明专利申请数（件）	4676	4939
企业发明专利拥有量（件）	20856	23407
万名企业就业人员发明专利拥有量（件）	211.95	231.75
发明专利申请数（件）	24574	26661
实用新型专利申请数（件）	64871	66535
外观设计专利申请数（件）	6600	5842
研发机构专利申请数（件）	1586	1594
研发机构发明专利申请数（件）	1192	1164
高校专利申请数（件）	9666	10012
高校发明专利申请数（件）	7258	6964
万人发明专利申请数（件）	15.73	17.09
亿元R&D经费支出发明专利申请数（件）	53.08	54.15
发明专利授权数（件）	5025	5626
实用新型专利授权数（件）	48252	44683
外观设计专利授权数（件）	4522	4371
万人发明专利授权数（件）	3.22	3.61
亿元R&D经费支出发明专利授权数（件）	10.85	11.43
发明专利拥有量（件）	34726	32066
实用新型专利拥有量（件）	149930	123971
外观设计专利拥有量（件）	14290	12842
研发机构发明专利拥有量（件）	2625	2606
高校发明专利拥有量（件）	12388	10171

天津创新能力监测指标（6）

指标名称	2019	2018
万人发明专利拥有量（件）	22.23	20.56
国内科技论文数（篇）	14205	14347
万人国内科技论文数（篇）	9.10	9.20
SCI 收录科技论文数（篇）	13127	11411
EI 收录科技论文数（篇）	8020	8728
CPCI-S 收录科技论文数（篇）	1599	1817
万人国际科技论文数（篇）	14.56	14.07
技术市场成交合同数（项）	13885	11214
技术市场输出技术成交额（亿元）	909.25	685.59
万人输出技术成交额（万元）	5821.73	4394.79
国外技术引进合同数（项）	119	147
国外技术合同成交额（亿美元）	7.51	9.18
万人国外技术引进合同成交额（万美元）	48.10	58.86
国外技术引进合同成交额中技术经费（亿美元）	7.51	8.93
国外技术引进合同成交额中技术经费占比重（%）	99.96	97.27
百万人技术国际收入（万美元）	6470.28	7349.51
高技术产业有效发明专利数（件）	5540	6504
万名高技术产业就业人员有效发明专利数（件）	309.88	347.91
高技术产业营业收入（亿元）	2720.16	2666.83
高技术产业营业收入占工业营业收入比重（%）	14.34	14.73
高技术产业新产品销售收入（亿元）	823.82	1084.42
高技术产业新产品销售收入占营业收入比重（%）	30.29	40.66
万元地区生产总值高技术产业营业收入（万元）	0.19	0.20
新产品销售收入（亿元）	3846.62	3855.66
新产品销售收入占营业收入比重（%）	20.28	21.29
商品出口额（亿美元）	412.52	460.52
商品出口额与地区生产总值比值（万美元/亿元）	293.49	344.63
高技术产品出口额（亿美元）	133.08	158.08
高技术产品出口额占商品出口额比重（%）	32.26	34.33

天津创新能力监测指标（7）

指标名称	2019	2018
第三产业增加值（亿元）	8922.90	8352.32
第三产业增加值占地区生产总值比重（%）	63.48	62.50
高新技术企业数（个）	6013	4889
高新技术企业年末从业人员数（万人）	64.50	60.35
高新技术企业营业收入（亿元）	10042.51	8817.12
高新技术企业技术收入（亿元）	1728.28	1283.28
高新技术企业技术收入占营业收入比重（%）	17.21	14.55
高新技术企业净利润（亿元）	456.05	407.70
高新技术企业利润率（%）	4.54	4.62
高新技术企业出口总额（亿元）	878.74	856.75
劳动生产率（万元/人）	22.65	21.61
固定资本形成总额（亿元）	7578.51	9952.70
资本生产率（万元/万元）	0.25	0.25
综合能耗产出率（元/千克标准煤）	20.96	20.68
空气达到二级以上天数（天）	219	207
空气达到二级以上天数占比重（%）	60.00	56.71
废水中化学需氧量排放量（万吨）	3.78	4.17
废水中化学需氧量排放降低率（%）	9.51	5.76
二氧化硫排放量（万吨）	1.78	1.90
二氧化硫排放降低率（%）	6.29	24.33
万元地区生产总值用水量（立方米）	20.14	15.10
万元地区生产总值用水量降低率（%）	-33.36	-1.84
废水中氨氮排放量（万吨）	0.17	0.18
废水中氨氮排放降低率（%）	4.95	4.20
固体废物产生量（万吨）	1968	1874
固体废物综合利用量（万吨）	1939	1849
固体废物综合治理率（%）	99.80	100.00
生活垃圾无害化处理率（%）	100.00	94.48
污水处理率（%）	95.97	93.79
建成区绿化覆盖率（%）	37.48	38.03

河北创新能力监测指标（1）

指标名称	2019	2018
大专以上学历人数（万人）	795.64	783.78
万人大专以上学历人数（人）	1131.53	1119.86
高校数（个）	122	122
高校在校学生数（万人）	197.09	185.65
十万人高校在校学生数（人）	2596.00	2457.00
高校（机构）硕士毕业生数（人）	13413	13228
十万人硕士毕业生数（人）	17.67	17.51
高校（机构）博士毕业生数（人）	461	441
十万人博士毕业生数（人）	0.61	0.58
研发机构数（个）	74	75
科技企业孵化器管理机构从业人员数（人）	3439	3438
国家级孵化器管理机构从业人员数（人）	665	494
国家大学科技园管理机构从业人员数（人）	71	83
火炬计划特色产业基地企业从业人员数（人）	291398	304259
国家级示范生产力促进中心人员数（人）	449	467
众创空间服务人员数（人）	5819	6083
众创空间数（个）	513	493
科技企业孵化器数（个）	251	228
国家级科技企业孵化器数（个）	33	23
科技企业孵化器在孵企业数（个）	7725	6788
科技企业孵化器累计毕业企业数（个）	4401	3535
科技企业孵化器总收入（亿元）	13.82	12.36
企业研究开发费用加计扣除减免税额（亿元）	23.79	11.06
高新技术企业减免税额（亿元）	49.38	30.72
高新技术企业减免税额占全国比重（%）	3.47	2.51
信息传输、软件和信息技术服务业固定资产投资（亿元）	509.88	275.34
信息传输、软件和信息技术服务业固定资产投资占比重（%）	1.37	0.79
邮政业务总量（亿元）	557.38	380.11
电信业务总量（亿元）	4741.94	2790.14
邮电业务总量与地区生产总值比值（万元/亿元）	1515.02	975.62
固定电话和移动电话用户数（万户）	9020.80	8893.60

河北创新能力监测指标（2）

指标名称	2019	2018
百人固定电话和移动电话用户数（户）	118.82	117.70
移动互联网用户数（万户）	6915.15	6505.32
万人移动互联网用户数（万户）	0.91	0.86
有效商标注册数（万件）	67.97	50.09
百万人有效商标注册数（件）	8953.43	6628.68
地区生产总值（亿元）	34978.60	32494.61
第二产业增加值（亿元）	13393.70	12904.06
第二产业增加值占地区生产总值比重（%）	38.29	39.71
工业增加值（亿元）	11310.40	10930.30
工业增加值占地区生产总值比重（%）	32.34	33.64
装备制造业营业收入（亿元）	6753.86	7097.21
装备制造业营业收入占营业收入比重（%）	16.43	18.76
人均地区生产总值（元）	46182	43108
城镇登记失业人员数（万人）	35.98	38.04
城镇登记失业率（%）	3.12	3.30
客运量（亿人）	4.47	4.73
旅客周转量（亿人公里）	1311.11	1289.20
货运量（亿吨）	24.24	24.93
货物周转量（亿吨公里）	13563.38	13873.03
研究与试验发展（R&D）经费支出（亿元）	566.73	499.74
R&D经费支出与地区生产总值之比（%）	1.62	1.54
R&D经费中基础研究经费支出（亿元）	14.88	13.15
R&D经费中应用研究经费支出（亿元）	58.01	59.73
R&D经费中试验发展经费支出（亿元）	493.83	426.86
R&D经费中基础研究经费支出占比重（%）	2.63	2.63
R&D经费中应用研究经费支出占比重（%）	10.24	11.95
R&D经费中试验发展经费支出占比重（%）	87.14	85.42
R&D经费中政府资金经费支出（亿元）	67.97	68.16
R&D经费中企业资金经费支出（亿元）	487.41	420.25
R&D经费中政府资金经费支出占比重（%）	11.99	13.64
R&D经费中企业资金经费支出占比重（%）	86.00	84.09
高校R&D经费支出（亿元）	25.38	24.18

河北创新能力监测指标（3）

指标名称	2019	2018
研发机构R&D经费支出（亿元）	48.78	49.81
高校R&D经费支出占全社会R&D经费比重（%）	4.48	4.84
研发机构R&D经费支出占全社会R&D经费比重（%）	8.61	9.97
高新技术企业R&D经费支出（亿元）	359.93	322.16
高新技术企业R&D经费支出占全社会R&D经费比重（%）	63.51	64.47
财政性教育经费支出（亿元）	1537.09	1385.59
财政性教育经费支出与地区生产总值比值（万元/亿元）	439.44	426.41
地方财政科技支出（亿元）	90.70	77.04
地方财政科技支出占地方财政支出比重（%）	1.09	1.00
地方财政科技支出与地区生产总值比值（万元/亿元）	25.93	23.71
R&D人员全时当量（人年）	111799	103275
万人R&D人员全时当量（人年）	14.73	13.67
R&D人员中基础研究人员数（人年）	7061	5751
R&D人员中应用研究人员数（人年）	22415	19399
R&D人员中试验发展人员数（人年）	82327	78126
R&D人员中基础研究人员占比重（%）	6.32	5.57
R&D人员中应用研究人员占比重（%）	20.05	18.78
R&D人员中试验发展人员占比重（%）	73.64	75.65
R&D研究人员全时当量（人年）	50456	48083
R&D研究人员占全社会R&D人员比重（%）	45.13	46.56
高校R&D人员全时当量（人年）	12885	11828
研发机构R&D人员全时当量（人年）	10916	10560
高校R&D人员占全社会R&D人员比重（%）	11.52	11.45
研发机构R&D人员占全社会R&D人员比重（%）	9.76	10.23
高技术产业R&D经费支出（亿元）	34.02	43.63
高技术产业R&D经费支出占全社会R&D经费比重（%）	6.00	8.73
高技术产业R&D经费支出占营业收入比重（%）	2.16	2.73
高技术产业引进技术经费支出（万元）	1291.00	4289.30
高技术产业消化吸收经费支出（万元）	985.00	3762.40
高技术产业购买境内技术经费支出（万元）	37343.30	9452.20
高技术产业技术改造经费支出（万元）	25268.30	42652.20

河北创新能力监测指标（4）

指标名称	2019	2018
高技术产业技术获取和技术改造经费支出占营业收入比重（%）	0.41	0.38
高技术产业新产品研发经费支出（亿元）	49.80	50.35
高技术产业新产品研发经费支出占新产品销售收入比重（%）	7.99	9.57
高技术产业R&D人员全时当量（人年）	9977	10482
高技术产业R&D人员占全社会R&D人员比重（%）	8.92	10.15
高新技术企业R&D人员全时当量（人年）	66797	72917
高新技术企业R&D人员占全社会R&D人员比重（%）	59.75	70.60
科学研究和技术服务业新增固定资产（亿元）	359.31	351.72
科学研究和技术服务业新增固定资产占比重（%）	1.62	1.68
开展创新活动的企业数（个）	6159	5439
开展创新活动的企业占比重（%）	46.73	39.72
实现创新的企业数（个）	5938	5294
实现创新企业占比重（%）	45.05	38.66
企业创新费用支出（亿元）	710.70	611.70
企业R&D经费支出（亿元）	438.58	381.99
企业R&D经费支出占创新费用支出比重（%）	61.71	62.45
企业R&D经费支出占全社会R&D经费比重（%）	77.39	76.44
企业R&D经费支出占营业收入比重（%）	1.07	0.97
企业引进技术经费支出（亿元）	2.45	3.54
企业消化吸收经费支出（亿元）	0.69	0.91
企业购买境内技术经费支出（亿元）	6.86	6.54
企业技术改造经费支出（亿元）	104.81	114.17
企业技术获取和技术改造经费支出（亿元）	114.81	125.16
企业技术获取和技术改造经费支出占营业收入比重（%）	0.28	0.32
企业科学研究经费支出占企业R&D经费支出比重（%）	7.29	6.90
研发机构来源于企业的R&D经费支出（亿元）	1.16	0.01
高校来源于企业的R&D经费支出（亿元）	6.14	5.92
研发机构和高校R&D经费支出中企业资金占比重（%）	9.85	8.02
企业平均吸纳技术成交额（万元）	442.74	331.68
企业R&D人员全时当量（人年）	76096	68956

河北创新能力监测指标（5）

指标名称	2019	2018
企业R&D研究人员全时当量（人年）	22947	21863
企业R&D研究人员占全社会R&D研究人员比重（%）	45.48	45.47
万名企业就业人员中R&D人员数（人年）	275.06	241.78
有R&D活动的企业数（个）	2351	1748
有R&D活动的企业占工业企业比重（%）	17.84	11.70
有研发机构的企业数（个）	1849	900
有研发机构的企业占工业企业比重（%）	14.03	6.02
企业专利申请数（件）	21570	16707
企业发明专利申请数（件）	8431	6067
企业发明专利拥有量（件）	21487	18762
万名企业就业人员发明专利拥有量（件）	77.67	65.79
发明专利申请数（件）	20536	18954
实用新型专利申请数（件）	63798	51171
外观设计专利申请数（件）	16940	13660
研发机构专利申请数（件）	1228	1062
研发机构发明专利申请数（件）	874	777
高校专利申请数（件）	6074	5761
高校发明专利申请数（件）	2670	2222
万人发明专利申请数（件）	2.70	2.51
亿元R&D经费支出发明专利申请数（件）	36.24	37.93
发明专利授权数（件）	5130	5126
实用新型专利授权数（件）	40562	36210
外观设计专利授权数（件）	12117	10558
万人发明专利授权数（件）	0.68	0.68
亿元R&D经费支出发明专利授权数（件）	9.05	10.26
发明专利拥有量（件）	28868	24939
实用新型专利拥有量（件）	129271	103668
外观设计专利拥有量（件）	37238	31357
研发机构发明专利拥有量（件）	2351	2284
高校发明专利拥有量（件）	4769	4009

河北创新能力监测指标（6）

指标名称	2019	2018
万人发明专利拥有量（件）	3.80	3.30
国内科技论文数（篇）	15284	15293
万人国内科技论文数（篇）	2.01	2.02
SCI 收录科技论文数（篇）	5968	4637
EI 收录科技论文数（篇）	4075	3648
CPCI-S 收录科技论文数（篇）	615	759
万人国际科技论文数（篇）	1.40	1.20
技术市场成交合同数（项）	7262	6240
技术市场输出技术成交额（亿元）	381.19	275.98
万人输出技术成交额（万元）	502.10	365.25
国外技术引进合同数（项）	76	77
国外技术合同成交额（亿美元）	1.50	2.68
万人国外技术引进合同成交额（万美元）	1.98	3.54
国外技术引进合同成交额中技术经费（亿美元）	1.48	2.60
国外技术引进合同成交额中技术经费占比重（%）	98.71	97.15
百万人技术国际收入（万美元）	121.52	111.99
高技术产业有效发明专利数（件）	3716	3373
万名高技术产业就业人员有效发明专利数（件）	201.02	171.06
高技术产业营业收入（亿元）	1575.72	1595.95
高技术产业营业收入占工业营业收入比重（%）	3.83	4.03
高技术产业新产品销售收入（亿元）	623.08	526.17
高技术产业新产品销售收入占营业收入比重（%）	39.54	32.97
万元地区生产总值高技术产业营业收入（万元）	0.05	0.05
新产品销售收入（亿元）	6484.73	5228.87
新产品销售收入占营业收入比重（%）	15.78	13.22
商品出口额（亿美元）	480.58	494.95
商品出口额与地区生产总值比值（万美元/亿元）	137.39	152.32
高技术产品出口额（亿美元）	30.48	28.55
高技术产品出口额占商品出口额比重（%）	6.34	5.77

河北创新能力监测指标（7）

指标名称	2019	2018
第三产业增加值（亿元）	18066.50	16251.96
第三产业增加值占地区生产总值比重（%）	51.65	50.01
高新技术企业数（个）	7611	5020
高新技术企业年末从业人员数（万人）	128.80	111.16
高新技术企业营业收入（亿元）	19766.26	16382.97
高新技术企业技术收入（亿元）	900.47	678.33
高新技术企业技术收入占营业收入比重（%）	4.56	4.14
高新技术企业净利润（亿元）	880.02	888.40
高新技术企业利润率（%）	4.45	5.42
高新技术企业出口总额（亿元）	910.67	773.94
劳动生产率（万元/人）	9.49	8.86
固定资本形成总额（亿元）	19075.09	20073.45
资本生产率（万元/万元）	0.27	0.27
综合能耗产出率（元/千克标准煤）	11.84	11.22
空气达到二级以上天数（天）	210	192
空气达到二级以上天数占比重（%）	57.45	52.74
废水中化学需氧量排放量（万吨）	22.38	23.81
废水中化学需氧量排放降低率（%）	6.01	13.76
二氧化硫排放量（万吨）	28.69	34.32
二氧化硫排放降低率（%）	16.40	20.75
万元地区生产总值用水量（立方米）	51.93	50.65
万元地区生产总值用水量降低率（%）	-2.52	5.12
废水中氨氮排放量（万吨）	1.83	2.09
废水中氨氮排放降低率（%）	12.64	16.54
固体废物产生量（万吨）	32744	32100
固体废物综合利用量（万吨）	17661	17631
固体废物综合治理率（%）	69.33	69.88
生活垃圾无害化处理率（%）	99.43	99.80
污水处理率（%）	98.34	98.19
建成区绿化覆盖率（%）	42.28	41.57

山西创新能力监测指标（1）

指标名称	2019	2018
大专以上学历人数（万人）	528.72	542.07
万人大专以上学历人数（人）	1515.06	1554.36
高校数（个）	82	83
高校在校学生数（万人）	93.78	88.60
十万人高校在校学生数（人）	2515.00	2383.00
高校（机构）硕士毕业生数（人）	9517	9170
十万人硕士毕业生数（人）	25.52	24.66
高校（机构）博士毕业生数（人）	461	423
十万人博士毕业生数（人）	1.24	1.14
研发机构数（个）	143	158
科技企业孵化器管理机构从业人员数（人）	1091	1058
国家级孵化器管理机构从业人员数（人）	399	330
国家大学科技园管理机构从业人员数（人）	22	22
火炬计划特色产业基地企业从业人员数（人）	38712	39892
国家级示范生产力促进中心人员数（人）	171	180
众创空间服务人员数（人）	4470	9327
众创空间数（个）	314	217
科技企业孵化器数（个）	62	59
国家级科技企业孵化器数（个）	14	13
科技企业孵化器在孵企业数（个）	2543	2435
科技企业孵化器累计毕业企业数（个）	2025	1797
科技企业孵化器总收入（亿元）	7.42	4.38
企业研究开发费用加计扣除减免税额（亿元）	14.98	8.15
高新技术企业减免税额（亿元）	14.40	10.12
高新技术企业减免税额占全国比重（%）	1.01	0.83
信息传输、软件和信息技术服务业固定资产投资（亿元）	43.07	34.92
信息传输、软件和信息技术服务业固定资产投资占比重（%）	0.65	0.58
邮政业务总量（亿元）	116.35	94.06
电信业务总量（亿元）	2375.20	1372.93
邮电业务总量与地区生产总值比值（万元/亿元）	1468.93	919.28
固定电话和移动电话用户数（万户）	4253.39	4238.13

山西创新能力监测指标（2）

指标名称	2019	2018
百人固定电话和移动电话用户数（户）	114.06	113.99
移动互联网用户数（万户）	3142.31	3086.33
万人移动互联网用户数（万户）	0.84	0.83
有效商标注册数（万件）	18.16	14.00
百万人有效商标注册数（件）	4870.61	3764.85
地区生产总值（亿元）	16961.60	15958.13
第二产业增加值（亿元）	7466.30	7074.46
第二产业增加值占地区生产总值比重（%）	44.02	44.33
工业增加值（亿元）	6582.70	6260.20
工业增加值占地区生产总值比重（%）	38.81	39.23
装备制造业营业收入（亿元）	2325.17	2036.03
装备制造业营业收入占营业收入比重（%）	10.90	10.58
人均地区生产总值（元）	45549	43010
城镇登记失业人员数（万人）	21.26	24.56
城镇登记失业率（%）	2.71	3.26
客运量（亿人）	2.23	2.38
旅客周转量（亿人公里）	395.57	393.95
货运量（亿吨）	19.22	21.15
货物周转量（亿吨公里）	5466.48	4489.44
研究与试验发展（R&D）经费支出（亿元）	191.22	175.78
R&D经费支出与地区生产总值之比（%）	1.13	1.10
R&D经费中基础研究经费支出（亿元）	10.44	9.49
R&D经费中应用研究经费支出（亿元）	19.48	21.30
R&D经费中试验发展经费支出（亿元）	161.30	144.99
R&D经费中基础研究经费支出占比重（%）	5.46	5.40
R&D经费中应用研究经费支出占比重（%）	10.18	12.12
R&D经费中试验发展经费支出占比重（%）	84.35	82.48
R&D经费中政府资金经费支出（亿元）	31.41	28.49
R&D经费中企业资金经费支出（亿元）	154.93	142.99
R&D经费中政府资金经费支出占比重（%）	16.43	16.21
R&D经费中企业资金经费支出占比重（%）	81.02	81.34
高校R&D经费支出（亿元）	15.99	12.11

山西创新能力监测指标（3）

指标名称	2019	2018
研发机构R&D经费支出（亿元）	16.54	17.66
高校R&D经费支出占全社会R&D经费比重（%）	8.36	6.89
研发机构R&D经费支出占全社会R&D经费比重（%）	8.65	10.05
高新技术企业R&D经费支出（亿元）	86.62	59.17
高新技术企业R&D经费支出占全社会R&D经费比重（%）	45.30	33.66
财政性教育经费支出（亿元）	696.28	668.03
财政性教育经费支出与地区生产总值比值（万元/亿元）	410.50	418.61
地方财政科技支出（亿元）	57.72	59.08
地方财政科技支出占地方财政支出比重（%）	1.23	1.38
地方财政科技支出与地区生产总值比值（万元/亿元）	34.03	37.02
R&D人员全时当量（人年）	46853	44593
万人R&D人员全时当量（人年）	12.56	11.99
R&D人员中基础研究人员数（人年）	6174	5508
R&D人员中应用研究人员数（人年）	9366	9215
R&D人员中试验发展人员数（人年）	31322	29872
R&D人员中基础研究人员占比重（%）	13.18	12.35
R&D人员中应用研究人员占比重（%）	19.99	20.66
R&D人员中试验发展人员占比重（%）	66.85	66.99
R&D研究人员全时当量（人年）	23897	23363
R&D研究人员占全社会R&D人员比重（%）	51.00	52.39
高校R&D人员全时当量（人年）	10435	8021
研发机构R&D人员全时当量（人年）	4749	5135
高校R&D人员占全社会R&D人员比重（%）	22.27	17.99
研发机构R&D人员占全社会R&D人员比重（%）	10.14	11.52
高技术产业R&D经费支出（亿元）	13.33	13.52
高技术产业R&D经费支出占全社会R&D经费比重（%）	6.97	7.69
高技术产业R&D经费支出占营业收入比重（%）	1.05	1.04
高技术产业引进技术经费支出（万元）	17.20	1076.00
高技术产业消化吸收经费支出（万元）	30.00	0
高技术产业购买境内技术经费支出（万元）	2230.30	1544.00
高技术产业技术改造经费支出（万元）	9790.50	16296.30

山西创新能力监测指标（4）

指标名称	2019	2018
高技术产业技术获取和技术改造经费支出占营业收入比重（%）	0.09	0.15
高技术产业新产品研发经费支出（亿元）	16.08	16.50
高技术产业新产品研发经费支出占新产品销售收入比重（%）	5.80	9.15
高技术产业R&D人员全时当量（人年）	4582	3089
高技术产业R&D人员占全社会R&D人员比重（%）	9.78	6.93
高新技术企业R&D人员全时当量（人年）	23849	19159
高新技术企业R&D人员占全社会R&D人员比重（%）	50.90	42.96
科学研究和技术服务业新增固定资产（亿元）	13.50	7.85
科学研究和技术服务业新增固定资产占比重（%）	0.41	0.26
开展创新活动的企业数（个）	1877	1319
开展创新活动的企业占比重（%）	39.16	31.34
实现创新的企业数（个）	1769	1234
实现创新企业占比重（%）	36.91	29.32
企业创新费用支出（亿元）	269.30	236.60
企业R&D经费支出（亿元）	138.08	131.25
企业R&D经费支出占创新费用支出比重（%）	51.27	55.47
企业R&D经费支出占全社会R&D经费比重（%）	72.21	74.67
企业R&D经费支出占营业收入比重（%）	0.65	0.66
企业引进技术经费支出（亿元）	1.99	3.26
企业消化吸收经费支出（亿元）	0.54	0.58
企业购买境内技术经费支出（亿元）	1.87	2.90
企业技术改造经费支出（亿元）	64.70	47.53
企业技术获取和技术改造经费支出（亿元）	69.10	54.26
企业技术获取和技术改造经费支出占营业收入比重（%）	0.32	0.27
企业科学研究经费支出占企业R&D经费支出比重（%）	4.73	5.56
研发机构来源于企业的R&D经费支出（亿元）	0.61	2.13
高校来源于企业的R&D经费支出（亿元）	3.63	2.10
研发机构和高校R&D经费支出中企业资金占比重（%）	13.03	14.21
企业平均吸纳技术成交额（万元）	926.78	647.87
企业R&D人员全时当量（人年）	27478	27228

山西创新能力监测指标（5）

指标名称	2019	2018
企业R&D研究人员全时当量（人年）	9225	10916
企业R&D研究人员占全社会R&D研究人员比重（%）	38.60	46.72
万名企业就业人员中R&D人员数（人年）	146.91	145.53
有R&D活动的企业数（个）	530	445
有R&D活动的企业占工业企业比重（%）	11.05	11.48
有研发机构的企业数（个）	466	369
有研发机构的企业占工业企业比重（%）	9.71	9.52
企业专利申请数（件）	6201	5423
企业发明专利申请数（件）	2543	2416
企业发明专利拥有量（件）	8619	7917
万名企业就业人员发明专利拥有量（件）	46.08	42.31
发明专利申请数（件）	8424	9395
实用新型专利申请数（件）	20938	15788
外观设计专利申请数（件）	2343	1923
研发机构专利申请数（件）	808	925
研发机构发明专利申请数（件）	558	551
高校专利申请数（件）	3822	3146
高校发明专利申请数（件）	2363	2061
万人发明专利申请数（件）	2.26	2.53
亿元R&D经费支出发明专利申请数（件）	44.05	53.45
发明专利授权数（件）	2300	2284
实用新型专利授权数（件）	12758	11258
外观设计专利授权数（件）	1540	1518
万人发明专利授权数（件）	0.62	0.61
亿元R&D经费支出发明专利授权数（件）	12.03	12.99
发明专利拥有量（件）	14298	12983
实用新型专利拥有量（件）	41711	34782
外观设计专利拥有量（件）	5645	5084
研发机构发明专利拥有量（件）	1690	1784
高校发明专利拥有量（件）	4748	3739

山西创新能力监测指标（6）

指标名称	2019	2018
万人发明专利拥有量（件）	3.83	3.49
国内科技论文数（篇）	9088	8554
万人国内科技论文数（篇）	2.44	2.30
SCI收录科技论文数（篇）	5099	3957
EI收录科技论文数（篇）	3380	2970
CPCI-S收录科技论文数（篇）	239	334
万人国际科技论文数（篇）	2.34	1.95
技术市场成交合同数（项）	965	1046
技术市场输出技术成交额（亿元）	109.52	150.76
万人输出技术成交额（万元）	293.71	405.48
国外技术引进合同数（项）	9	6
国外技术合同成交额（亿美元）	0.75	1.46
万人国外技术引进合同成交额（万美元）	2.00	3.92
国外技术引进合同成交额中技术经费（亿美元）	0.64	1.43
国外技术引进合同成交额中技术经费占比重（%）	86.40	98.12
百万人技术国际收入（万美元）	37.97	29.46
高技术产业有效发明专利数（件）	1138	1012
万名高技术产业就业人员有效发明专利数（件）	79.84	65.98
高技术产业营业收入（亿元）	1273.83	1298.22
高技术产业营业收入占工业营业收入比重（%）	5.97	6.56
高技术产业新产品销售收入（亿元）	276.99	180.41
高技术产业新产品销售收入占营业收入比重（%）	21.74	13.90
万元地区生产总值高技术产业营业收入（万元）	0.08	0.08
新产品销售收入（亿元）	1989.26	1941.30
新产品销售收入占营业收入比重（%）	9.32	9.80
商品出口额（亿美元）	147.33	165.04
商品出口额与地区生产总值比值（万美元/亿元）	86.86	103.42
高技术产品出口额（亿美元）	74.27	75.44
高技术产品出口额占商品出口额比重（%）	50.41	45.71

山西创新能力监测指标（7）

指标名称	2019	2018
第三产业增加值（亿元）	8670.00	8142.92
第三产业增加值占地区生产总值比重（%）	51.12	51.03
高新技术企业数（个）	2485	1621
高新技术企业年末从业人员数（万人）	42.37	38.42
高新技术企业营业收入（亿元）	5546.56	4718.63
高新技术企业技术收入（亿元）	180.73	184.64
高新技术企业技术收入占营业收入比重（%）	3.26	3.91
高新技术企业净利润（亿元）	215.09	254.58
高新技术企业利润率（%）	3.88	5.40
高新技术企业出口总额（亿元）	383.52	302.24
劳动生产率（万元/人）	8.99	8.43
固定资本形成总额（亿元）	7465.83	7151.61
资本生产率（万元/万元）	0.25	0.23
综合能耗产出率（元/千克标准煤）	7.71	7.51
空气达到二级以上天数（天）	229	203
空气达到二级以上天数占比重（%）	62.84	55.66
废水中化学需氧量排放量（万吨）	10.92	11.28
废水中化学需氧量排放降低率（%）	3.19	1.60
二氧化硫排放量（万吨）	22.86	28.19
二氧化硫排放降低率（%）	18.89	17.38
万元地区生产总值用水量（立方米）	44.64	44.18
万元地区生产总值用水量降低率（%）	-1.04	8.41
废水中氨氮排放量（万吨）	1.12	1.15
废水中氨氮排放降低率（%）	3.11	-1.97
固体废物产生量（万吨）	52037	48294
固体废物综合利用量（万吨）	18440	16941
固体废物综合治理率（%）	88.10	88.09
生活垃圾无害化处理率（%）	100.00	99.83
污水处理率（%）	95.78	94.52
建成区绿化覆盖率（%）	42.29	41.28

内蒙古创新能力监测指标（1）

指标名称	2019	2018
大专以上学历人数（万人）	492.18	462.68
万人大专以上学历人数（人）	2055.25	1932.76
高校数（个）	53	53
高校在校学生数（万人）	52.14	50.27
十万人高校在校学生数（人）	2053.00	1984.00
高校（机构）硕士毕业生数（人）	6225	5759
十万人硕士毕业生数（人）	24.51	22.73
高校（机构）博士毕业生数（人）	218	212
十万人博士毕业生数（人）	0.86	0.84
研发机构数（个）	87	92
科技企业孵化器管理机构从业人员数（人）	1571	1896
国家级孵化器管理机构从业人员数（人）	1041	1269
国家大学科技园管理机构从业人员数（人）	37	22
火炬计划特色产业基地企业从业人员数（人）	41531	48708
国家级示范生产力促进中心人员数（人）	103	118
众创空间服务人员数（人）	2288	4973
众创空间数（个）	148	182
科技企业孵化器数（个）	50	51
国家级科技企业孵化器数（个）	12	10
科技企业孵化器在孵企业数（个）	1842	1926
科技企业孵化器累计毕业企业数（个）	1890	1621
科技企业孵化器总收入（亿元）	4.17	3.71
企业研究开发费用加计扣除减免税额（亿元）	9.73	2.27
高新技术企业减免税额（亿元）	12.34	7.56
高新技术企业减免税额占全国比重（%）	0.87	0.62
信息传输、软件和信息技术服务业固定资产投资（亿元）	208.64	201.60
信息传输、软件和信息技术服务业固定资产投资占比重（%）	1.97	2.03
邮政业务总量（亿元）	50.37	44.35
电信业务总量（亿元）	2075.81	1270.77
邮电业务总量与地区生产总值比值（万元/亿元）	1235.25	814.78
固定电话和移动电话用户数（万户）	3226.05	3257.90

内蒙古创新能力监测指标（2）

指标名称	2019	2018
百人固定电话和移动电话用户数（户）	127.03	128.57
移动互联网用户数（万户）	2606.15	2508.06
万人移动互联网用户数（万户）	1.03	0.99
有效商标注册数（万件）	20.22	15.35
百万人有效商标注册数（件）	7961.93	6056.35
地区生产总值（亿元）	17212.50	16140.76
第二产业增加值（亿元）	6763.10	6335.38
第二产业增加值占地区生产总值比重（%）	39.29	39.25
工业增加值（亿元）	5458.60	5104.20
工业增加值占地区生产总值比重（%）	31.71	31.62
装备制造业营业收入（亿元）	474.16	387.12
装备制造业营业收入占营业收入比重（%）	2.82	2.76
人均地区生产总值（元）	67852	63772
城镇登记失业人员数（万人）	28.13	27.04
城镇登记失业率（%）	3.70	3.58
客运量（亿人）	1.22	1.33
旅客周转量（亿人公里）	313.25	337.14
货运量（亿吨）	18.84	23.25
货物周转量（亿吨公里）	4689.49	5595.98
研究与试验发展（R&D）经费支出（亿元）	147.81	129.22
R&D经费支出与地区生产总值之比（%）	0.86	0.80
R&D经费中基础研究经费支出（亿元）	4.51	3.95
R&D经费中应用研究经费支出（亿元）	16.49	18.71
R&D经费中试验发展经费支出（亿元）	126.81	106.57
R&D经费中基础研究经费支出占比重（%）	3.05	3.05
R&D经费中应用研究经费支出占比重（%）	11.16	14.48
R&D经费中试验发展经费支出占比重（%）	85.79	82.47
R&D经费中政府资金经费支出（亿元）	19.83	20.25
R&D经费中企业资金经费支出（亿元）	121.24	103.22
R&D经费中政府资金经费支出占比重（%）	13.42	15.67
R&D经费中企业资金经费支出占比重（%）	82.03	79.88
高校R&D经费支出（亿元）	7.34	6.68

内蒙古创新能力监测指标（3）

指标名称	2019	2018
研发机构R&D经费支出（亿元）	16.01	13.52
高校R&D经费支出占全社会R&D经费比重（%）	4.97	5.17
研发机构R&D经费支出占全社会R&D经费比重（%）	10.83	10.46
高新技术企业R&D经费支出（亿元）	80.18	39.31
高新技术企业R&D经费支出占全社会R&D经费比重（%）	54.24	30.42
财政性教育经费支出（亿元）	609.97	576.33
财政性教育经费支出与地区生产总值比值（万元/亿元）	354.37	357.06
地方财政科技支出（亿元）	28.49	26.05
地方财政科技支出占地方财政支出比重（%）	0.56	0.54
地方财政科技支出与地区生产总值比值（万元/亿元）	16.55	16.14
R&D人员全时当量（人年）	24897	24906
万人R&D人员全时当量（人年）	9.80	9.83
R&D人员中基础研究人员数（人年）	2302	2061
R&D人员中应用研究人员数（人年）	5305	5217
R&D人员中试验发展人员数（人年）	17289	17628
R&D人员中基础研究人员占比重（%）	9.25	8.28
R&D人员中应用研究人员占比重（%）	21.31	20.95
R&D人员中试验发展人员占比重（%）	69.44	70.78
R&D研究人员全时当量（人年）	12876	12457
R&D研究人员占全社会R&D人员比重（%）	51.72	50.02
高校R&D人员全时当量（人年）	4309	3432
研发机构R&D人员全时当量（人年）	3221	3281
高校R&D人员占全社会R&D人员比重（%）	17.31	13.78
研发机构R&D人员占全社会R&D人员比重（%）	12.94	13.17
高技术产业R&D经费支出（亿元）	4.69	9.80
高技术产业R&D经费支出占全社会R&D经费比重（%）	3.18	7.58
高技术产业R&D经费支出占营业收入比重（%）	1.29	2.43
高技术产业引进技术经费支出（万元）	0	0
高技术产业消化吸收经费支出（万元）	0	0
高技术产业购买境内技术经费支出（万元）	0	20.00
高技术产业技术改造经费支出（万元）	2265.20	4400.10

内蒙古创新能力监测指标（4）

指标名称	2019	2018
高技术产业技术获取和技术改造经费支出占营业收入比重（%）	0.06	0.11
高技术产业新产品研发经费支出（亿元）	5.30	8.46
高技术产业新产品研发经费支出占新产品销售收入比重（%）	14.65	4.03
高技术产业R&D人员全时当量（人年）	949	1324
高技术产业R&D人员占全社会R&D人员比重（%）	3.81	5.31
高新技术企业R&D人员全时当量（人年）	15391	13015
高新技术企业R&D人员占全社会R&D人员比重（%）	61.82	52.26
科学研究和技术服务业新增固定资产（亿元）	23.01	24.31
科学研究和技术服务业新增固定资产占比重（%）	0.31	0.35
开展创新活动的企业数（个）	1093	894
开展创新活动的企业占比重（%）	36.88	33.17
实现创新的企业数（个）	1032	826
实现创新企业占比重（%）	34.82	30.65
企业创新费用支出（亿元）	177.80	154.90
企业R&D经费支出（亿元）	118.36	103.36
企业R&D经费支出占创新费用支出比重（%）	66.57	66.73
企业R&D经费支出占全社会R&D经费比重（%）	80.08	79.99
企业R&D经费支出占营业收入比重（%）	0.70	0.72
企业引进技术经费支出（亿元）	3.78	3.08
企业消化吸收经费支出（亿元）	1.54	1.02
企业购买境内技术经费支出（亿元）	0.68	4.21
企业技术改造经费支出（亿元）	21.78	23.42
企业技术获取和技术改造经费支出（亿元）	27.77	31.74
企业技术获取和技术改造经费支出占营业收入比重（%）	0.17	0.22
企业科学研究经费支出占企业R&D经费支出比重（%）	2.77	7.04
研发机构来源于企业的R&D经费支出（亿元）	0.80	0.01
高校来源于企业的R&D经费支出（亿元）	0.91	0.90
研发机构和高校R&D经费支出中企业资金占比重（%）	7.33	4.51
企业平均吸纳技术成交额（万元）	605.26	801.11
企业R&D人员全时当量（人年）	15001	15777

内蒙古创新能力监测指标（5）

指标名称	2019	2018
企业R&D研究人员全时当量（人年）	5733	6072
企业R&D研究人员占全社会R&D研究人员比重（%）	44.52	48.74
万名企业就业人员中R&D人员数（人年）	168.53	189.86
有R&D活动的企业数（个）	292	273
有R&D活动的企业占工业企业比重（%）	9.85	9.64
有研发机构的企业数（个）	93	89
有研发机构的企业占工业企业比重（%）	3.14	3.14
企业专利申请数（件）	5064	3769
企业发明专利申请数（件）	2050	1440
企业发明专利拥有量（件）	5491	3909
万名企业就业人员发明专利拥有量（件）	61.69	47.04
发明专利申请数（件）	4889	3757
实用新型专利申请数（件）	13895	11051
外观设计专利申请数（件）	2285	1618
研发机构专利申请数（件）	199	232
研发机构发明专利申请数（件）	70	117
高校专利申请数（件）	1502	1196
高校发明专利申请数（件）	421	395
万人发明专利申请数（件）	1.93	1.48
亿元R&D经费支出发明专利申请数（件）	33.08	29.07
发明专利授权数（件）	911	864
实用新型专利授权数（件）	8768	7530
外观设计专利授权数（件）	1380	1231
万人发明专利授权数（件）	0.36	0.34
亿元R&D经费支出发明专利授权数（件）	6.16	6.69
发明专利拥有量（件）	5895	5076
实用新型专利拥有量（件）	25529	20238
外观设计专利拥有量（件）	4833	4182
研发机构发明专利拥有量（件）	230	478
高校发明专利拥有量（件）	1135	942

内蒙古创新能力监测指标（6）

指标名称	2019	2018
万人发明专利拥有量（件）	2.32	2.00
国内科技论文数（篇）	4582	4993
万人国内科技论文数（篇）	1.80	1.97
SCI 收录科技论文数（篇）	1718	1248
EI 收录科技论文数（篇）	981	778
CPCI-S 收录科技论文数（篇）	215	261
万人国际科技论文数（篇）	1.15	0.90
技术市场成交合同数（项）	1201	814
技术市场输出技术成交额（亿元）	22.48	19.84
万人输出技术成交额（万元）	88.52	78.29
国外技术引进合同数（项）	6	10
国外技术合同成交额（亿美元）	0.37	2.38
万人国外技术引进合同成交额（万美元）	1.45	9.38
国外技术引进合同成交额中技术经费（亿美元）	0.37	0.94
国外技术引进合同成交额中技术经费占比重（%）	99.32	39.36
百万人技术国际收入（万美元）	95.82	142.49
高技术产业有效发明专利数（件）	394	390
万名高技术产业就业人员有效发明专利数（件）	118.80	106.51
高技术产业营业收入（亿元）	364.21	403.01
高技术产业营业收入占工业营业收入比重（%）	2.17	2.81
高技术产业新产品销售收入（亿元）	36.20	210.00
高技术产业新产品销售收入占营业收入比重（%）	9.94	52.11
万元地区生产总值高技术产业营业收入（万元）	0.02	0.02
新产品销售收入（亿元）	1127.44	1028.26
新产品销售收入占营业收入比重（%）	6.71	7.17
商品出口额（亿美元）	73.77	74.81
商品出口额与地区生产总值比值（万美元/亿元）	42.86	46.35
高技术产品出口额（亿美元）	6.47	9.00
高技术产品出口额占商品出口额比重（%）	8.77	12.03

内蒙古创新能力监测指标（7）

指标名称	2019	2018
第三产业增加值（亿元）	8586.10	8054.70
第三产业增加值占地区生产总值比重（%）	49.88	49.90
高新技术企业数（个）	896	750
高新技术企业年末从业人员数（万人）	29.77	23.77
高新技术企业营业收入（亿元）	5724.41	3875.16
高新技术企业技术收入（亿元）	160.47	186.46
高新技术企业技术收入占营业收入比重（%）	2.80	4.81
高新技术企业净利润（亿元）	337.13	265.18
高新技术企业利润率（%）	5.89	6.84
高新技术企业出口总额（亿元）	204.14	159.23
劳动生产率（万元/人）	17.46	16.38
固定资本形成总额（亿元）	10973.40	11043.09
资本生产率（万元/万元）	0.20	0.19
综合能耗产出率（元/千克标准煤）	7.80	8.15
空气达到二级以上天数（天）	328	320
空气达到二级以上天数占比重（%）	89.92	87.67
废水中化学需氧量排放量（万吨）	5.89	6.59
废水中化学需氧量排放降低率（%）	10.67	11.05
二氧化硫排放量（万吨）	35.24	36.33
二氧化硫排放降低率（%）	3.01	3.91
万元地区生产总值用水量（立方米）	110.91	111.11
万元地区生产总值用水量降低率（%）	0.18	4.87
废水中氨氮排放量（万吨）	0.34	0.40
废水中氨氮排放降低率（%）	16.55	18.56
固体废物产生量（万吨）	42671	36671
固体废物综合利用量（万吨）	11469	9311
固体废物综合治理率（%）	72.38	67.29
生活垃圾无害化处理率（%）	99.81	99.79
污水处理率（%）	97.41	97.42
建成区绿化覆盖率（%）	40.52	40.60

辽宁创新能力监测指标（1）

指标名称	2019	2018
大专以上学历人数（万人）	714.87	698.05
万人大专以上学历人数（人）	1715.01	1664.87
高校数（个）	115	115
高校在校学生数（万人）	136.47	124.93
十万人高校在校学生数（人）	3136.00	2866.00
高校（机构）硕士毕业生数（人）	30871	29017
十万人硕士毕业生数（人）	70.94	66.57
高校（机构）博士毕业生数（人）	2240	2022
十万人博士毕业生数（人）	5.15	4.64
研发机构数（个）	33	35
科技企业孵化器管理机构从业人员数（人）	1232	1324
国家级孵化器管理机构从业人员数（人）	705	803
国家大学科技园管理机构从业人员数（人）	119	114
火炬计划特色产业基地企业从业人员数（人）	166322	169566
国家级示范生产力促进中心人员数（人）	30	326
众创空间服务人员数（人）	2529	2787
众创空间数（个）	194	180
科技企业孵化器数（个）	67	68
国家级科技企业孵化器数（个）	30	27
科技企业孵化器在孵企业数（个）	3947	3940
科技企业孵化器累计毕业企业数（个）	4114	3912
科技企业孵化器总收入（亿元）	4.74	4.92
企业研究开发费用加计扣除减免税额（亿元）	23.67	12.16
高新技术企业减免税额（亿元）	27.98	25.33
高新技术企业减免税额占全国比重（%）	1.97	2.07
信息传输、软件和信息技术服务业固定资产投资（亿元）	74.86	42.45
信息传输、软件和信息技术服务业固定资产投资占比重（%）	1.12	0.64
邮政业务总量（亿元）	202.70	160.64
电信业务总量（亿元）	2723.21	1774.96
邮电业务总量与地区生产总值比值（万元/亿元）	1177.18	823.29
固定电话和移动电话用户数（万户）	5512.24	5570.96

辽宁创新能力监测指标（2）

指标名称	2019	2018
百人固定电话和移动电话用户数（户）	126.67	127.80
移动互联网用户数（万户）	4062.30	3905.94
万人移动互联网用户数（万户）	0.93	0.90
有效商标注册数（万件）	39.78	31.66
百万人有效商标注册数（件）	9140.54	7263.45
地区生产总值（亿元）	24855.30	23510.54
第二产业增加值（亿元）	9475.90	9048.96
第二产业增加值占地区生产总值比重（%）	38.12	38.49
工业增加值（亿元）	8052.20	7728.70
工业增加值占地区生产总值比重（%）	32.40	32.87
装备制造业营业收入（亿元）	7472.41	6370.94
装备制造业营业收入占营业收入比重（%）	23.72	24.05
人均地区生产总值（元）	57067	53872
城镇登记失业人员数（万人）	45.63	44.41
城镇登记失业率（%）	4.16	3.94
客运量（亿人）	7.03	7.13
旅客周转量（亿人公里）	945.22	938.79
货运量（亿吨）	17.83	22.33
货物周转量（亿吨公里）	8921.43	10654.45
研究与试验发展（R&D）经费支出（亿元）	508.46	460.08
R&D经费支出与地区生产总值之比（%）	2.05	1.96
R&D经费中基础研究经费支出（亿元）	32.09	27.73
R&D经费中应用研究经费支出（亿元）	97.52	85.37
R&D经费中试验发展经费支出（亿元）	378.86	346.98
R&D经费中基础研究经费支出占比重（%）	6.31	6.03
R&D经费中应用研究经费支出占比重（%）	19.18	18.56
R&D经费中试验发展经费支出占比重（%）	74.51	75.42
R&D经费中政府资金经费支出（亿元）	134.57	110.98
R&D经费中企业资金经费支出（亿元）	363.49	340.26
R&D经费中政府资金经费支出占比重（%）	26.47	24.12
R&D经费中企业资金经费支出占比重（%）	71.49	73.96
高校R&D经费支出（亿元）	65.56	58.20

辽宁创新能力监测指标（3）

指标名称	2019	2018
研发机构R&D经费支出（亿元）	97.20	75.94
高校R&D经费支出占全社会R&D经费比重（%）	12.89	12.65
研发机构R&D经费支出占全社会R&D经费比重（%）	19.12	16.51
高新技术企业R&D经费支出（亿元）	209.68	186.40
高新技术企业R&D经费支出占全社会R&D经费比重（%）	41.24	40.51
财政性教育经费支出（亿元）	702.38	653.88
财政性教育经费支出与地区生产总值比值（万元/亿元）	282.59	278.12
地方财政科技支出（亿元）	74.03	75.05
地方财政科技支出占地方财政支出比重（%）	1.29	1.41
地方财政科技支出与地区生产总值比值（万元/亿元）	29.78	31.92
R&D人员全时当量（人年）	99880	95317
万人R&D人员全时当量（人年）	22.95	21.87
R&D人员中基础研究人员数（人年）	13583	11678
R&D人员中应用研究人员数（人年）	20793	18466
R&D人员中试验发展人员数（人年）	65505	65174
R&D人员中基础研究人员占比重（%）	13.60	12.25
R&D人员中应用研究人员占比重（%）	20.82	19.37
R&D人员中试验发展人员占比重（%）	65.58	68.38
R&D研究人员全时当量（人年）	56605	52011
R&D研究人员占全社会R&D人员比重（%）	56.67	54.57
高校R&D人员全时当量（人年）	22849	19324
研发机构R&D人员全时当量（人年）	13082	12574
高校R&D人员占全社会R&D人员比重（%）	22.88	20.27
研发机构R&D人员占全社会R&D人员比重（%）	13.10	13.19
高技术产业R&D经费支出（亿元）	37.50	41.28
高技术产业R&D经费支出占全社会R&D经费比重（%）	7.38	8.97
高技术产业R&D经费支出占营业收入比重（%）	1.94	2.26
高技术产业引进技术经费支出（万元）	0	139.50
高技术产业消化吸收经费支出（万元）	26.80	57.20
高技术产业购买境内技术经费支出（万元）	6891.60	10411.00
高技术产业技术改造经费支出（万元）	54253.70	163114.20

辽宁创新能力监测指标（4）

指标名称	2019	2018
高技术产业技术获取和技术改造经费支出占营业收入比重（%）	0.32	0.95
高技术产业新产品研发经费支出（亿元）	47.71	46.87
高技术产业新产品研发经费支出占新产品销售收入比重（%）	14.34	8.34
高技术产业R&D人员全时当量（人年）	9280	9252
高技术产业R&D人员占全社会R&D人员比重（%）	9.29	9.71
高新技术企业R&D人员全时当量（人年）	55050	59121
高新技术企业R&D人员占全社会R&D人员比重（%）	55.12	62.03
科学研究和技术服务业新增固定资产（亿元）	21.59	14.94
科学研究和技术服务业新增固定资产占比重（%）	1.07	0.74
开展创新活动的企业数（个）	3623	2891
开展创新活动的企业占比重（%）	47.67	42.06
实现创新的企业数（个）	3313	2656
实现创新企业占比重（%）	43.59	38.64
企业创新费用支出（亿元）	525.90	546.30
企业R&D经费支出（亿元）	310.25	300.60
企业R&D经费支出占创新费用支出比重（%）	58.99	55.02
企业R&D经费支出占全社会R&D经费比重（%）	61.02	65.34
企业R&D经费支出占营业收入比重（%）	0.98	1.08
企业引进技术经费支出（亿元）	9.18	7.50
企业消化吸收经费支出（亿元）	1.08	3.24
企业购买境内技术经费支出（亿元）	21.38	20.96
企业技术改造经费支出（亿元）	101.20	147.45
企业技术获取和技术改造经费支出（亿元）	132.84	179.14
企业技术获取和技术改造经费支出占营业收入比重（%）	0.42	0.64
企业科学研究经费支出占企业R&D经费支出比重（%）	5.42	5.25
研发机构来源于企业的R&D经费支出（亿元）	10.64	7.51
高校来源于企业的R&D经费支出（亿元）	26.81	23.86
研发机构和高校R&D经费支出中企业资金占比重（%）	23.01	23.39
企业平均吸纳技术成交额（万元）	467.61	412.65
企业R&D人员全时当量（人年）	52104	53133

辽宁创新能力监测指标（5）

指标名称	2019	2018
企业R&D研究人员全时当量（人年）	19865	20408
企业R&D研究人员占全社会R&D研究人员比重（%）	35.09	39.24
万名企业就业人员中R&D人员数（人年）	269.73	290.03
有R&D活动的企业数（个）	1629	1489
有R&D活动的企业占工业企业比重（%）	21.41	22.49
有研发机构的企业数（个）	487	478
有研发机构的企业占工业企业比重（%）	6.40	7.22
企业专利申请数（件）	13783	12485
企业发明专利申请数（件）	4995	5425
企业发明专利拥有量（件）	22848	21089
万名企业就业人员发明专利拥有量（件）	118.28	115.11
发明专利申请数（件）	22592	25476
实用新型专利申请数（件）	41694	34534
外观设计专利申请数（件）	5446	5676
研发机构专利申请数（件）	3229	3117
研发机构发明专利申请数（件）	2636	2495
高校专利申请数（件）	12115	12302
高校发明专利申请数（件）	8044	8708
万人发明专利申请数（件）	5.19	5.84
亿元R&D经费支出发明专利申请数（件）	44.43	55.37
发明专利授权数（件）	7501	7176
实用新型专利授权数（件）	28237	24088
外观设计专利授权数（件）	4299	3885
万人发明专利授权数（件）	1.72	1.65
亿元R&D经费支出发明专利授权数（件）	14.75	15.60
发明专利拥有量（件）	42282	37505
实用新型专利拥有量（件）	96529	80515
外观设计专利拥有量（件）	13613	12092
研发机构发明专利拥有量（件）	6910	5465
高校发明专利拥有量（件）	14267	13378

辽宁创新能力监测指标（6）

指标名称	2019	2018
万人发明专利拥有量（件）	9.72	8.60
国内科技论文数（篇）	18372	18841
万人国内科技论文数（篇）	4.22	4.32
SCI 收录科技论文数（篇）	16070	13833
EI 收录科技论文数（篇）	11343	10429
CPCI-S 收录科技论文数（篇）	1396	2009
万人国际科技论文数（篇）	6.62	6.03
技术市场成交合同数（项）	16578	17362
技术市场输出技术成交额（亿元）	557.59	474.49
万人输出技术成交额（万元）	1281.32	1088.53
国外技术引进合同数（项）	201	192
国外技术合同成交额（亿美元）	4.17	5.04
万人国外技术引进合同成交额（万美元）	9.57	11.55
国外技术引进合同成交额中技术经费（亿美元）	4.16	5.03
国外技术引进合同成交额中技术经费占比重（％）	99.75	99.93
百万人技术国际收入（万美元）	3039.16	2032.36
高技术产业有效发明专利数（件）	4879	4943
万名高技术产业就业人员有效发明专利数（件）	310.20	314.46
高技术产业营业收入（亿元）	1929.18	1825.47
高技术产业营业收入占工业营业收入比重（％）	6.12	6.56
高技术产业新产品销售收入（亿元）	332.81	562.23
高技术产业新产品销售收入占营业收入比重（％）	17.25	30.80
万元地区生产总值高技术产业营业收入（万元）	0.08	0.08
新产品销售收入（亿元）	4283.60	4556.76
新产品销售收入占营业收入比重（％）	13.60	16.38
商品出口额（亿美元）	558.04	579.90
商品出口额与地区生产总值比值（万美元/亿元）	224.51	246.65
高技术产品出口额（亿美元）	88.07	71.35
高技术产品出口额占商品出口额比重（％）	15.78	12.30

辽宁创新能力监测指标（7）

指标名称	2019	2018
第三产业增加值（亿元）	13201.40	12441.02
第三产业增加值占地区生产总值比重（%）	53.11	52.92
高新技术企业数（个）	5147	3658
高新技术企业年末从业人员数（万人）	74.20	65.12
高新技术企业营业收入（亿元）	9926.40	7927.74
高新技术企业技术收入（亿元）	488.48	384.96
高新技术企业技术收入占营业收入比重（%）	4.92	4.86
高新技术企业净利润（亿元）	407.37	419.79
高新技术企业利润率（%）	4.10	5.30
高新技术企业出口总额（亿元）	655.11	634.46
劳动生产率（万元/人）	13.60	12.77
固定资本形成总额（亿元）	9926.69	10396.57
资本生产率（万元/万元）	0.31	0.30
综合能耗产出率（元/千克标准煤）	11.06	11.16
空气达到二级以上天数（天）	293	296
空气达到二级以上天数占比重（%）	80.25	80.98
废水中化学需氧量排放量（万吨）	13.11	13.46
废水中化学需氧量排放降低率（%）	2.63	17.39
二氧化硫排放量（万吨）	26.31	32.12
二氧化硫排放降低率（%）	18.09	7.97
万元地区生产总值用水量（立方米）	52.31	51.47
万元地区生产总值用水量降低率（%）	-1.63	8.09
废水中氨氮排放量（万吨）	0.96	1.36
废水中氨氮排放降低率（%）	29.64	8.68
固体废物产生量（万吨）	22621	22717
固体废物综合利用量（万吨）	10527	10793
固体废物综合治理率（%）	84.15	71.40
生活垃圾无害化处理率（%）	99.42	99.57
污水处理率（%）	96.20	95.20
建成区绿化覆盖率（%）	40.76	39.92

吉林创新能力监测指标（1）

指标名称	2019	2018
大专以上学历人数（万人）	333.21	351.34
万人大专以上学历人数（人）	1294.26	1358.26
高校数（个）	62	62
高校在校学生数（万人）	90.76	84.66
十万人高校在校学生数（人）	3373.00	3131.00
高校（机构）硕士毕业生数（人）	17312	16410
十万人硕士毕业生数（人）	64.34	60.69
高校（机构）博士毕业生数（人）	1938	1853
十万人博士毕业生数（人）	7.20	6.85
研发机构数（个）	103	104
科技企业孵化器管理机构从业人员数（人）	1774	2214
国家级孵化器管理机构从业人员数（人）	553	534
国家大学科技园管理机构从业人员数（人）	24	20
火炬计划特色产业基地企业从业人员数（人）	49503	49666
国家级示范生产力促进中心人员数（人）	127	104
众创空间服务人员数（人）	1458	1717
众创空间数（个）	110	124
科技企业孵化器数（个）	93	112
国家级科技企业孵化器数（个）	22	21
科技企业孵化器在孵企业数（个）	3230	3616
科技企业孵化器累计毕业企业数（个）	2114	1932
科技企业孵化器总收入（亿元）	5.12	6.83
企业研究开发费用加计扣除减免税额（亿元）	20.08	5.30
高新技术企业减免税额（亿元）	13.47	10.56
高新技术企业减免税额占全国比重（%）	0.95	0.86
信息传输、软件和信息技术服务业固定资产投资（亿元）	176.28	265.28
信息传输、软件和信息技术服务业固定资产投资占比重（%）	1.58	1.99
邮政业务总量（亿元）	94.55	72.64
电信业务总量（亿元）	1769.31	1077.80
邮电业务总量与地区生产总值比值（万元/亿元）	1589.40	1022.27
固定电话和移动电话用户数（万户）	3355.07	3478.93

吉林创新能力监测指标（2）

指标名称	2019	2018
百人固定电话和移动电话用户数（户）	124.69	128.66
移动互联网用户数（万户）	2304.81	2366.22
万人移动互联网用户数（万户）	0.86	0.88
有效商标注册数（万件）	21.63	16.61
百万人有效商标注册数（件）	8037.08	6142.83
地区生产总值（亿元）	11726.80	11253.81
第二产业增加值（亿元）	4134.80	4051.52
第二产业增加值占地区生产总值比重（%）	35.26	36.00
工业增加值（亿元）	3347.80	3287.20
工业增加值占地区生产总值比重（%）	28.55	29.21
装备制造业营业收入（亿元）	8195.37	7703.86
装备制造业营业收入占营业收入比重（%）	58.69	56.49
人均地区生产总值（元）	43475	41516
城镇登记失业人员数（万人）	23.91	26.82
城镇登记失业率（%）	3.11	3.46
客运量（亿人）	3.16	3.20
旅客周转量（亿人公里）	424.89	427.28
货运量（亿吨）	4.32	5.22
货物周转量（亿吨公里）	1802.73	1704.71
研究与试验发展（R&D）经费支出（亿元）	148.38	115.03
R&D经费支出与地区生产总值之比（%）	1.27	1.02
R&D经费中基础研究经费支出（亿元）	20.22	16.22
R&D经费中应用研究经费支出（亿元）	31.49	26.16
R&D经费中试验发展经费支出（亿元）	96.68	72.64
R&D经费中基础研究经费支出占比重（%）	13.63	14.10
R&D经费中应用研究经费支出占比重（%）	21.22	22.74
R&D经费中试验发展经费支出占比重（%）	65.15	63.15
R&D经费中政府资金经费支出（亿元）	85.71	51.86
R&D经费中企业资金经费支出（亿元）	57.20	60.74
R&D经费中政府资金经费支出占比重（%）	57.76	45.09
R&D经费中企业资金经费支出占比重（%）	38.55	52.80
高校R&D经费支出（亿元）	28.59	22.45

吉林创新能力监测指标（3）

指标名称	2019	2018
研发机构R&D经费支出（亿元）	46.16	31.82
高校R&D经费支出占全社会R&D经费比重（%）	19.27	19.51
研发机构R&D经费支出占全社会R&D经费比重（%）	31.11	27.67
高新技术企业R&D经费支出（亿元）	42.32	31.99
高新技术企业R&D经费支出占全社会R&D经费比重（%）	28.52	27.81
财政性教育经费支出（亿元）	500.53	513.82
财政性教育经费支出与地区生产总值比值（万元/亿元）	426.82	456.57
地方财政科技支出（亿元）	39.18	41.10
地方财政科技支出占地方财政支出比重（%）	1.00	1.08
地方财政科技支出与地区生产总值比值（万元/亿元）	33.41	36.52
R&D人员全时当量（人年）	42323	36376
万人R&D人员全时当量（人年）	15.73	13.45
R&D人员中基础研究人员数（人年）	14486	9723
R&D人员中应用研究人员数（人年）	11658	12297
R&D人员中试验发展人员数（人年）	16181	14357
R&D人员中基础研究人员占比重（%）	34.23	26.73
R&D人员中应用研究人员占比重（%）	27.54	33.81
R&D人员中试验发展人员占比重（%）	38.23	39.47
R&D研究人员全时当量（人年）	28543	22141
R&D研究人员占全社会R&D人员比重（%）	67.44	60.87
高校R&D人员全时当量（人年）	19524	15009
研发机构R&D人员全时当量（人年）	7755	7556
高校R&D人员占全社会R&D人员比重（%）	46.13	41.26
研发机构R&D人员占全社会R&D人员比重（%）	18.32	20.77
高技术产业R&D经费支出（亿元）	7.97	9.68
高技术产业R&D经费支出占全社会R&D经费比重（%）	5.37	8.41
高技术产业R&D经费支出占营业收入比重（%）	1.29	1.48
高技术产业引进技术经费支出（万元）	150.00	0
高技术产业消化吸收经费支出（万元）	0	0
高技术产业购买境内技术经费支出（万元）	4344.20	3369.40
高技术产业技术改造经费支出（万元）	4746.10	10682.60

吉林创新能力监测指标（4）

指标名称	2019	2018
高技术产业技术获取和技术改造经费支出占营业收入比重（%）	0.15	0.22
高技术产业新产品研发经费支出（亿元）	19.78	16.18
高技术产业新产品研发经费支出占新产品销售收入比重（%）	13.39	11.88
高技术产业R&D人员全时当量（人年）	2138	2782
高技术产业R&D人员占全社会R&D人员比重（%）	5.05	7.65
高新技术企业R&D人员全时当量（人年）	12201	10342
高新技术企业R&D人员占全社会R&D人员比重（%）	28.83	28.43
科学研究和技术服务业新增固定资产（亿元）	151.64	186.62
科学研究和技术服务业新增固定资产占比重（%）	1.87	1.93
开展创新活动的企业数（个）	1246	1254
开展创新活动的企业占比重（%）	40.96	30.59
实现创新的企业数（个）	1143	1163
实现创新企业占比重（%）	37.57	28.37
企业创新费用支出（亿元）	616.90	142.40
企业R&D经费支出（亿元）	68.41	57.50
企业R&D经费支出占创新费用支出比重（%）	11.09	40.38
企业R&D经费支出占全社会R&D经费比重（%）	46.10	49.99
企业R&D经费支出占营业收入比重（%）	0.49	0.40
企业引进技术经费支出（亿元）	48.24	0.45
企业消化吸收经费支出（亿元）	0	0
企业购买境内技术经费支出（亿元）	20.13	4.82
企业技术改造经费支出（亿元）	389.73	25.38
企业技术获取和技术改造经费支出（亿元）	458.10	30.64
企业技术获取和技术改造经费支出占营业收入比重（%）	3.28	0.22
企业科学研究经费支出占企业R&D经费支出比重（%）	3.56	9.67
研发机构来源于企业的R&D经费支出（亿元）	1.09	0.67
高校来源于企业的R&D经费支出（亿元）	5.71	3.86
研发机构和高校R&D经费支出中企业资金占比重（%）	9.10	8.35
企业平均吸纳技术成交额（万元）	1531.62	724.33
企业R&D人员全时当量（人年）	11849	11124

吉林创新能力监测指标（5）

指标名称	2019	2018
企业R&D研究人员全时当量（人年）	5447	3926
企业R&D研究人员占全社会R&D研究人员比重（%）	19.08	17.73
万名企业就业人员中R&D人员数（人年）	133.12	104.06
有R&D活动的企业数（个）	323	324
有R&D活动的企业占工业企业比重（%）	10.62	5.43
有研发机构的企业数（个）	136	141
有研发机构的企业占工业企业比重（%）	4.47	2.36
企业专利申请数（件）	6256	3333
企业发明专利申请数（件）	2386	1314
企业发明专利拥有量（件）	4853	4612
万名企业就业人员发明专利拥有量（件）	54.52	43.14
发明专利申请数（件）	11269	10530
实用新型专利申请数（件）	17280	14520
外观设计专利申请数（件）	2503	1984
研发机构专利申请数（件）	1337	1174
研发机构发明专利申请数（件）	1230	1058
高校专利申请数（件）	6173	4960
高校发明专利申请数（件）	3945	2453
万人发明专利申请数（件）	4.19	3.89
亿元R&D经费支出发明专利申请数（件）	75.95	91.54
发明专利授权数（件）	3006	2868
实用新型专利授权数（件）	10926	9493
外观设计专利授权数（件）	1647	1524
万人发明专利授权数（件）	1.12	1.06
亿元R&D经费支出发明专利授权数（件）	20.26	24.93
发明专利拥有量（件）	14696	13071
实用新型专利拥有量（件）	33330	27651
外观设计专利拥有量（件）	6040	5502
研发机构发明专利拥有量（件）	3294	2919
高校发明专利拥有量（件）	6202	5516

吉林创新能力监测指标（6）

指标名称	2019	2018
万人发明专利拥有量（件）	5.46	4.83
国内科技论文数（篇）	9248	9768
万人国内科技论文数（篇）	3.44	3.61
SCI 收录科技论文数（篇）	10902	9134
EI 收录科技论文数（篇）	6377	6113
CPCI-S 收录科技论文数（篇）	645	860
万人国际科技论文数（篇）	6.66	5.96
技术市场成交合同数（项）	4548	4254
技术市场输出技术成交额（亿元）	474.13	341.95
万人输出技术成交额（万元）	1762.10	1264.59
国外技术引进合同数（项）	65	98
国外技术合同成交额（亿美元）	1.28	2.78
万人国外技术引进合同成交额（万美元）	4.75	10.27
国外技术引进合同成交额中技术经费（亿美元）	1.27	2.72
国外技术引进合同成交额中技术经费占比重（%）	99.66	97.91
百万人技术国际收入（万美元）	320.43	293.67
高技术产业有效发明专利数（件）	1295	1291
万名高技术产业就业人员有效发明专利数（件）	187.29	168.58
高技术产业营业收入（亿元）	616.53	652.55
高技术产业营业收入占工业营业收入比重（%）	4.42	4.59
高技术产业新产品销售收入（亿元）	147.69	136.27
高技术产业新产品销售收入占营业收入比重（%）	23.96	20.88
万元地区生产总值高技术产业营业收入（万元）	0.05	0.06
新产品销售收入（亿元）	2627.59	1347.50
新产品销售收入占营业收入比重（%）	18.82	9.49
商品出口额（亿美元）	52.80	55.87
商品出口额与地区生产总值比值（万美元/亿元）	45.02	49.64
高技术产品出口额（亿美元）	4.20	3.44
高技术产品出口额占商品出口额比重（%）	7.96	6.16

吉林创新能力监测指标（7）

指标名称	2019	2018
第三产业增加值（亿元）	6304.70	6041.58
第三产业增加值占地区生产总值比重（%）	53.76	53.68
高新技术企业数（个）	1691	893
高新技术企业年末从业人员数（万人）	23.18	19.51
高新技术企业营业收入（亿元）	2782.24	2497.01
高新技术企业技术收入（亿元）	100.32	74.30
高新技术企业技术收入占营业收入比重（%）	3.61	2.98
高新技术企业净利润（亿元）	218.40	245.80
高新技术企业利润率（%）	7.85	9.84
高新技术企业出口总额（亿元）	85.76	85.00
劳动生产率（万元/人）	11.27	10.80
固定资本形成总额（亿元）	7646.81	9947.86
资本生产率（万元/万元）	0.21	0.21
综合能耗产出率（元/千克标准煤）	17.88	17.70
空气达到二级以上天数（天）	317	322
空气达到二级以上天数占比重（%）	86.82	88.15
废水中化学需氧量排放量（万吨）	7.65	8.06
废水中化学需氧量排放降低率（%）	5.07	-2.17
二氧化硫排放量（万吨）	9.84	8.96
二氧化硫排放降低率（%）	-9.81	26.98
万元地区生产总值用水量（立方米）	98.41	79.27
万元地区生产总值用水量降低率（%）	-24.14	6.50
废水中氨氮排放量（万吨）	0.53	0.67
废水中氨氮排放降低率（%）	20.44	-7.01
固体废物产生量（万吨）	5362	6419
固体废物综合利用量（万吨）	2885	2661
固体废物综合治理率（%）	82.90	69.57
生活垃圾无害化处理率（%）	90.24	87.23
污水处理率（%）	95.19	93.57
建成区绿化覆盖率（%）	39.18	37.64

黑龙江创新能力监测指标（1）

指标名称	2019	2018
大专以上学历人数（万人）	521.54	506.71
万人大专以上学历人数（人）	1436.85	1388.98
高校数（个）	81	81
高校在校学生数（万人）	94.95	90.74
十万人高校在校学生数（人）	2531.00	2405.00
高校（机构）硕士毕业生数（人）	18826	17696
十万人硕士毕业生数（人）	50.19	46.90
高校（机构）博士毕业生数（人）	1923	1765
十万人博士毕业生数（人）	5.13	4.68
研发机构数（个）	112	141
科技企业孵化器管理机构从业人员数（人）	2272	2248
国家级孵化器管理机构从业人员数（人）	406	349
国家大学科技园管理机构从业人员数（人）	155	168
火炬计划特色产业基地企业从业人员数（人）	162063	168379
国家级示范生产力促进中心人员数（人）	353	359
众创空间服务人员数（人）	487	373
众创空间数（个）	54	28
科技企业孵化器数（个）	182	178
国家级科技企业孵化器数（个）	19	16
科技企业孵化器在孵企业数（个）	6313	5405
科技企业孵化器累计毕业企业数（个）	3345	2883
科技企业孵化器总收入（亿元）	4.25	3.53
企业研究开发费用加计扣除减免税额（亿元）	11.45	5.09
高新技术企业减免税额（亿元）	6.63	5.64
高新技术企业减免税额占全国比重（%）	0.47	0.46
信息传输、软件和信息技术服务业固定资产投资（亿元）	212.49	249.47
信息传输、软件和信息技术服务业固定资产投资占比重（%）	1.89	2.36
邮政业务总量（亿元）	114.68	93.74
电信业务总量（亿元）	1732.45	1131.53
邮电业务总量与地区生产总值比值（万元/亿元）	1363.76	953.78
固定电话和移动电话用户数（万户）	4268.93	4193.83

黑龙江创新能力监测指标（2）

指标名称	2019	2018
百人固定电话和移动电话用户数（户）	113.80	111.15
移动互联网用户数（万户）	2901.75	2894.93
万人移动互联网用户数（万户）	0.77	0.77
有效商标注册数（万件）	27.28	21.32
百万人有效商标注册数（件）	7272.97	5649.35
地区生产总值（亿元）	13544.40	12846.48
第二产业增加值（亿元）	3640.10	3535.97
第二产业增加值占地区生产总值比重（%）	26.88	27.52
工业增加值（亿元）	3334.00	3266.70
工业增加值占地区生产总值比重（%）	24.62	25.43
装备制造业营业收入（亿元）	1317.59	939.81
装备制造业营业收入占营业收入比重（%）	13.10	10.35
人均地区生产总值（元）	36001	33977
城镇登记失业人员数（万人）	34.69	39.41
城镇登记失业率（%）	3.53	3.99
客运量（亿人）	2.98	3.16
旅客周转量（亿人公里）	429.00	433.75
货运量（亿吨）	5.05	5.52
货物周转量（亿吨公里）	1615.08	1601.31
研究与试验发展（R&D）经费支出（亿元）	146.55	134.99
R&D经费支出与地区生产总值之比（%）	1.08	1.05
R&D经费中基础研究经费支出（亿元）	25.66	24.39
R&D经费中应用研究经费支出（亿元）	33.58	40.20
R&D经费中试验发展经费支出（亿元）	87.31	70.40
R&D经费中基础研究经费支出占比重（%）	17.51	18.07
R&D经费中应用研究经费支出占比重（%）	22.91	29.78
R&D经费中试验发展经费支出占比重（%）	59.58	52.15
R&D经费中政府资金经费支出（亿元）	52.38	53.46
R&D经费中企业资金经费支出（亿元）	83.77	77.46
R&D经费中政府资金经费支出占比重（%）	35.74	39.60
R&D经费中企业资金经费支出占比重（%）	57.16	57.39
高校R&D经费支出（亿元）	51.22	50.17

黑龙江创新能力监测指标（3）

指标名称	2019	2018
研发机构R&D经费支出（亿元）	18.78	20.62
高校R&D经费支出占全社会R&D经费比重（%）	34.95	37.16
研发机构R&D经费支出占全社会R&D经费比重（%）	12.81	15.28
高新技术企业R&D经费支出（亿元）	55.03	50.97
高新技术企业R&D经费支出占全社会R&D经费比重（%）	37.55	37.76
财政性教育经费支出（亿元）	555.13	544.38
财政性教育经费支出与地区生产总值比值（万元/亿元）	409.86	423.76
地方财政科技支出（亿元）	42.16	39.52
地方财政科技支出占地方财政支出比重（%）	0.84	0.85
地方财政科技支出与地区生产总值比值（万元/亿元）	31.13	30.77
R&D人员全时当量（人年）	44394	37155
万人R&D人员全时当量（人年）	11.83	9.85
R&D人员中基础研究人员数（人年）	14797	12350
R&D人员中应用研究人员数（人年）	10888	8150
R&D人员中试验发展人员数（人年）	18709	16655
R&D人员中基础研究人员占比重（%）	33.33	33.24
R&D人员中应用研究人员占比重（%）	24.53	21.94
R&D人员中试验发展人员占比重（%）	42.14	44.83
R&D研究人员全时当量（人年）	32070	25507
R&D研究人员占全社会R&D人员比重（%）	72.24	68.65
高校R&D人员全时当量（人年）	20744	15256
研发机构R&D人员全时当量（人年）	5942	6354
高校R&D人员占全社会R&D人员比重（%）	46.73	41.06
研发机构R&D人员占全社会R&D人员比重（%）	13.38	17.10
高技术产业R&D经费支出（亿元）	10.08	5.98
高技术产业R&D经费支出占全社会R&D经费比重（%）	6.88	4.43
高技术产业R&D经费支出占营业收入比重（%）	2.40	1.43
高技术产业引进技术经费支出（万元）	82.00	151.70
高技术产业消化吸收经费支出（万元）	0	0
高技术产业购买境内技术经费支出（万元）	950.30	1493.00
高技术产业技术改造经费支出（万元）	64809.30	5808.80

黑龙江创新能力监测指标（4）

指标名称	2019	2018
高技术产业技术获取和技术改造经费支出占营业收入比重（%）	1.57	0.18
高技术产业新产品研发经费支出（亿元）	18.21	8.23
高技术产业新产品研发经费支出占新产品销售收入比重（%）	9.93	21.23
高技术产业R&D人员全时当量（人年）	3898	2389
高技术产业R&D人员占全社会R&D人员比重（%）	8.78	6.43
高新技术企业R&D人员全时当量（人年）	16835	16350
高新技术企业R&D人员占全社会R&D人员比重（%）	37.92	44.01
科学研究和技术服务业新增固定资产（亿元）	485.40	351.33
科学研究和技术服务业新增固定资产占比重（%）	5.75	4.43
开展创新活动的企业数（个）	1334	1044
开展创新活动的企业占比重（%）	37.73	32.20
实现创新的企业数（个）	1271	966
实现创新企业占比重（%）	35.95	29.80
企业创新费用支出（亿元）	143.90	126.30
企业R&D经费支出（亿元）	71.49	60.57
企业R&D经费支出占创新费用支出比重（%）	49.68	47.96
企业R&D经费支出占全社会R&D经费比重（%）	48.78	44.87
企业R&D经费支出占营业收入比重（%）	0.71	0.65
企业引进技术经费支出（亿元）	0.76	0.57
企业消化吸收经费支出（亿元）	0.47	0.11
企业购买境内技术经费支出（亿元）	6.66	14.16
企业技术改造经费支出（亿元）	32.98	31.02
企业技术获取和技术改造经费支出（亿元）	40.87	45.86
企业技术获取和技术改造经费支出占营业收入比重（%）	0.41	0.49
企业科学研究经费支出占企业R&D经费支出比重（%）	3.93	7.53
研发机构来源于企业的R&D经费支出（亿元）	0.05	0.34
高校来源于企业的R&D经费支出（亿元）	16.70	18.47
研发机构和高校R&D经费支出中企业资金占比重（%）	23.93	26.57
企业平均吸纳技术成交额（万元）	328.90	429.63
企业R&D人员全时当量（人年）	15054	13110

黑龙江创新能力监测指标（5）

指标名称	2019	2018
企业R&D研究人员全时当量（人年）	6901	6148
企业R&D研究人员占全社会R&D研究人员比重（%）	21.52	24.10
万名企业就业人员中R&D人员数（人年）	176.09	150.69
有R&D活动的企业数（个）	330	329
有R&D活动的企业占工业企业比重（%）	9.35	8.80
有研发机构的企业数（个）	133	100
有研发机构的企业占工业企业比重（%）	3.77	2.67
企业专利申请数（件）	4449	2764
企业发明专利申请数（件）	2060	1232
企业发明专利拥有量（件）	6232	4708
万名企业就业人员发明专利拥有量（件）	72.90	54.11
发明专利申请数（件）	13125	12017
实用新型专利申请数（件）	20406	19530
外观设计专利申请数（件）	3782	3035
研发机构专利申请数（件）	721	902
研发机构发明专利申请数（件）	347	394
高校专利申请数（件）	9081	7185
高校发明专利申请数（件）	6596	5250
万人发明专利申请数（件）	3.50	3.18
亿元R&D经费支出发明专利申请数（件）	89.56	89.02
发明专利授权数（件）	4144	4309
实用新型专利授权数（件）	13308	13066
外观设计专利授权数（件）	2537	2060
万人发明专利授权数（件）	1.10	1.14
亿元R&D经费支出发明专利授权数（件）	28.28	31.92
发明专利拥有量（件）	24526	22252
实用新型专利拥有量（件）	42501	39603
外观设计专利拥有量（件）	7712	6733
研发机构发明专利拥有量（件）	1336	1253
高校发明专利拥有量（件）	17013	15243

黑龙江创新能力监测指标（6）

指标名称	2019	2018
万人发明专利拥有量（件）	6.54	5.90
国内科技论文数（篇）	10633	10841
万人国内科技论文数（篇）	2.83	2.87
SCI 收录科技论文数（篇）	11730	10054
EI 收录科技论文数（篇）	9131	8291
CPCI-S 收录科技论文数（篇）	1368	1612
万人国际科技论文数（篇）	5.93	5.29
技术市场成交合同数（项）	3793	3399
技术市场输出技术成交额（亿元）	232.88	165.92
万人输出技术成交额（万元）	620.80	439.76
国外技术引进合同数（项）	20	14
国外技术合同成交额（亿美元）	6.72	16.29
万人国外技术引进合同成交额（万美元）	17.90	43.19
国外技术引进合同成交额中技术经费（亿美元）	6.67	16.29
国外技术引进合同成交额中技术经费占比重（％）	99.30	100.00
百万人技术国际收入（万美元）	95.88	85.00
高技术产业有效发明专利数（件）	1482	922
万名高技术产业就业人员有效发明专利数（件）	278.99	171.03
高技术产业营业收入（亿元）	420.24	418.08
高技术产业营业收入占工业营业收入比重（％）	4.18	4.48
高技术产业新产品销售收入（亿元）	183.49	38.78
高技术产业新产品销售收入占营业收入比重（％）	43.66	9.28
万元地区生产总值高技术产业营业收入（万元）	0.03	0.03
新产品销售收入（亿元）	733.62	561.38
新产品销售收入占营业收入比重（％）	7.29	6.02
商品出口额（亿美元）	56.27	48.16
商品出口额与地区生产总值比值（万美元/亿元）	41.55	37.49
高技术产品出口额（亿美元）	4.50	2.64
高技术产品出口额占商品出口额比重（％）	7.99	5.48

黑龙江创新能力监测指标（7）

指标名称	2019	2018
第三产业增加值（亿元）	6721.10	6309.34
第三产业增加值占地区生产总值比重（%）	49.62	49.11
高新技术企业数（个）	1230	1141
高新技术企业年末从业人员数（万人）	22.36	22.60
高新技术企业营业收入（亿元）	2466.95	2213.13
高新技术企业技术收入（亿元）	180.89	129.06
高新技术企业技术收入占营业收入比重（%）	7.33	5.83
高新技术企业净利润（亿元）	106.59	86.64
高新技术企业利润率（%）	4.32	3.91
高新技术企业出口总额（亿元）	125.23	141.04
劳动生产率（万元/人）	10.70	9.18
固定资本形成总额（亿元）	8017.00	9750.94
资本生产率（万元/万元）	0.25	0.25
综合能耗产出率（元/千克标准煤）	13.04	12.71
空气达到二级以上天数（天）	330	330
空气达到二级以上天数占比重（%）	90.53	90.43
废水中化学需氧量排放量（万吨）	15.87	15.53
废水中化学需氧量排放降低率（%）	-2.22	6.15
二氧化硫排放量（万吨）	13.49	14.61
二氧化硫排放降低率（%）	7.64	20.50
万元地区生产总值用水量（立方米）	228.02	210.19
万元地区生产总值用水量降低率（%）	-8.49	5.34
废水中氨氮排放量（万吨）	1.37	1.48
废水中氨氮排放降低率（%）	7.54	5.97
固体废物产生量（万吨）	9799	10371
固体废物综合利用量（万吨）	4560	5152
固体废物综合治理率（%）	60.71	71.30
生活垃圾无害化处理率（%）	95.49	86.94
污水处理率（%）	92.78	90.99
建成区绿化覆盖率（%）	36.39	36.04

上海创新能力监测指标（1）

指标名称	2019	2018
大专以上学历人数（万人）	704.62	730.37
万人大专以上学历人数（人）	3073.48	3169.62
高校数（个）	64	64
高校在校学生数（万人）	86.98	85.25
十万人高校在校学生数（人）	3582.00	3517.00
高校（机构）硕士毕业生数（人）	40288	37504
十万人硕士毕业生数（人）	165.92	154.72
高校（机构）博士毕业生数（人）	5752	5580
十万人博士毕业生数（人）	23.69	23.02
研发机构数（个）	131	128
科技企业孵化器管理机构从业人员数（人）	2412	2494
国家级孵化器管理机构从业人员数（人）	1038	907
国家大学科技园管理机构从业人员数（人）	322	374
火炬计划特色产业基地企业从业人员数（人）	210003	214906
国家级示范生产力促进中心人员数（人）	18	1
众创空间服务人员数（人）	1748	1702
众创空间数（个）	164	152
科技企业孵化器数（个）	175	180
国家级科技企业孵化器数（个）	55	47
科技企业孵化器在孵企业数（个）	8384	8730
科技企业孵化器累计毕业企业数（个）	3837	3399
科技企业孵化器总收入（亿元）	20.55	20.02
企业研究开发费用加计扣除减免税额（亿元）	95.28	76.62
高新技术企业减免税额（亿元）	63.86	61.45
高新技术企业减免税额占全国比重（%）	4.49	5.02
信息传输、软件和信息技术服务业固定资产投资（亿元）	161.73	140.87
信息传输、软件和信息技术服务业固定资产投资占比重（%）	2.02	1.85
邮政业务总量（亿元）	770.04	820.62
电信业务总量（亿元）	2240.43	1436.34
邮电业务总量与地区生产总值比值（万元/亿元）	792.49	626.73
固定电话和移动电话用户数（万户）	4651.30	4385.47

上海创新能力监测指标（2）

指标名称	2019	2018
百人固定电话和移动电话用户数（户）	191.56	180.92
移动互联网用户数（万户）	3197.44	3032.00
万人移动互联网用户数（万户）	1.32	1.25
有效商标注册数（万件）	147.26	114.93
百万人有效商标注册数（件）	60648.36	47414.40
地区生产总值（亿元）	37987.60	36011.82
第二产业增加值（亿元）	10193.60	10360.78
第二产业增加值占地区生产总值比重（%）	26.83	28.77
工业增加值（亿元）	9565.10	9763.50
工业增加值占地区生产总值比重（%）	25.18	27.11
装备制造业营业收入（亿元）	22327.99	22189.39
装备制造业营业收入占营业收入比重（%）	55.91	57.72
人均地区生产总值（元）	156587	148744
城镇登记失业人员数（万人）	19.34	19.41
城镇登记失业率（%）	3.55	3.53
客运量（亿人）	1.64	1.58
旅客周转量（亿人公里）	226.94	218.70
货运量（亿吨）	12.11	10.70
货物周转量（亿吨公里）	30324.90	28299.85
研究与试验发展（R&D）经费支出（亿元）	1524.55	1359.20
R&D经费支出与地区生产总值之比（%）	4.01	3.77
R&D经费中基础研究经费支出（亿元）	135.31	105.69
R&D经费中应用研究经费支出（亿元）	199.03	169.45
R&D经费中试验发展经费支出（亿元）	1190.22	1084.07
R&D经费中基础研究经费支出占比重（%）	8.88	7.78
R&D经费中应用研究经费支出占比重（%）	13.05	12.47
R&D经费中试验发展经费支出占比重（%）	78.07	79.76
R&D经费中政府资金经费支出（亿元）	549.02	471.25
R&D经费中企业资金经费支出（亿元）	910.50	839.53
R&D经费中政府资金经费支出占比重（%）	36.01	34.67
R&D经费中企业资金经费支出占比重（%）	59.72	61.77
高校R&D经费支出（亿元）	154.81	124.91

上海创新能力监测指标（3）

指标名称	2019	2018
研发机构R&D经费支出（亿元）	378.84	347.57
高校R&D经费支出占全社会R&D经费比重（%）	10.15	9.19
研发机构R&D经费支出占全社会R&D经费比重（%）	24.85	25.57
高新技术企业R&D经费支出（亿元）	571.17	604.66
高新技术企业R&D经费支出占全社会R&D经费比重（%）	37.46	44.49
财政性教育经费支出（亿元）	995.70	917.99
财政性教育经费支出与地区生产总值比值（万元/亿元）	262.11	254.91
地方财政科技支出（亿元）	389.54	426.37
地方财政科技支出占地方财政支出比重（%）	4.76	5.11
地方财政科技支出与地区生产总值比值（万元/亿元）	102.54	118.40
R&D人员全时当量（人年）	198646	188138
万人R&D人员全时当量（人年）	81.81	77.61
R&D人员中基础研究人员数（人年）	29252	21701
R&D人员中应用研究人员数（人年）	34104	28538
R&D人员中试验发展人员数（人年）	135333	137910
R&D人员中基础研究人员占比重（%）	14.73	11.53
R&D人员中应用研究人员占比重（%）	17.17	15.17
R&D人员中试验发展人员占比重（%）	68.13	73.30
R&D研究人员全时当量（人年）	110610	98661
R&D研究人员占全社会R&D人员比重（%）	55.68	52.44
高校R&D人员全时当量（人年）	38725	28323
研发机构R&D人员全时当量（人年）	31311	29055
高校R&D人员占全社会R&D人员比重（%）	19.49	15.05
研发机构R&D人员占全社会R&D人员比重（%）	15.76	15.44
高技术产业R&D经费支出（亿元）	163.54	127.32
高技术产业R&D经费支出占全社会R&D经费比重（%）	10.73	9.37
高技术产业R&D经费支出占营业收入比重（%）	2.20	1.68
高技术产业引进技术经费支出（万元）	111063.30	107435.10
高技术产业消化吸收经费支出（万元）	47119.70	34773.90
高技术产业购买境内技术经费支出（万元）	127663.10	91794.10
高技术产业技术改造经费支出（万元）	120472.50	46715.40

上海创新能力监测指标（4）

指标名称	2019	2018
高技术产业技术获取和技术改造经费支出占营业收入比重（%）	0.55	0.37
高技术产业新产品研发经费支出（亿元）	223.33	183.39
高技术产业新产品研发经费支出占新产品销售收入比重（%）	13.91	13.01
高技术产业R&D人员全时当量（人年）	21887	24309
高技术产业R&D人员占全社会R&D人员比重（%）	11.02	12.92
高新技术企业R&D人员全时当量（人年）	116675	137503
高新技术企业R&D人员占全社会R&D人员比重（%）	58.74	73.09
科学研究和技术服务业新增固定资产（亿元）	41.55	46.10
科学研究和技术服务业新增固定资产占比重（%）	2.07	2.41
开展创新活动的企业数（个）	5064	4400
开展创新活动的企业占比重（%）	57.73	53.27
实现创新的企业数（个）	4812	4175
实现创新企业占比重（%）	54.86	50.55
企业创新费用支出（亿元）	1240.30	1160.00
企业R&D经费支出（亿元）	590.65	554.88
企业R&D经费支出占创新费用支出比重（%）	47.62	47.83
企业R&D经费支出占全社会R&D经费比重（%）	38.74	40.82
企业R&D经费支出占营业收入比重（%）	1.48	1.39
企业引进技术经费支出（亿元）	142.28	145.04
企业消化吸收经费支出（亿元）	77.73	59.78
企业购买境内技术经费支出（亿元）	42.27	46.50
企业技术改造经费支出（亿元）	196.10	185.19
企业技术获取和技术改造经费支出（亿元）	458.38	436.51
企业技术获取和技术改造经费支出占营业收入比重（%）	1.15	1.10
企业科学研究经费支出占企业R&D经费支出比重（%）	0.97	1.36
研发机构来源于企业的R&D经费支出（亿元）	9.77	11.57
高校来源于企业的R&D经费支出（亿元）	37.77	30.93
研发机构和高校R&D经费支出中企业资金占比重（%）	8.91	8.99
企业平均吸纳技术成交额（万元）	1003.52	1018.66
企业R&D人员全时当量（人年）	80694	88016

上海创新能力监测指标（5）

指标名称	2019	2018
企业R&D研究人员全时当量（人年）	32882	35338
企业R&D研究人员占全社会R&D研究人员比重（%）	29.73	35.82
万名企业就业人员中R&D人员数（人年）	418.78	457.23
有R&D活动的企业数（个）	2349	2174
有R&D活动的企业占工业企业比重（%）	26.77	26.74
有研发机构的企业数（个）	642	575
有研发机构的企业占工业企业比重（%）	7.32	7.07
企业专利申请数（件）	35326	29258
企业发明专利申请数（件）	15239	12541
企业发明专利拥有量（件）	53559	47940
万名企业就业人员发明专利拥有量（件）	277.95	249.04
发明专利申请数（件）	71398	62755
实用新型专利申请数（件）	80604	69564
外观设计专利申请数（件）	21584	17914
研发机构专利申请数（件）	5175	4476
研发机构发明专利申请数（件）	4379	3842
高校专利申请数（件）	14235	12613
高校发明专利申请数（件）	11559	10147
万人发明专利申请数（件）	29.40	25.89
亿元R&D经费支出发明专利申请数（件）	46.83	46.17
发明专利授权数（件）	22735	21331
实用新型专利授权数（件）	61640	55581
外观设计专利授权数（件）	16212	15548
万人发明专利授权数（件）	9.36	8.80
亿元R&D经费支出发明专利授权数（件）	14.91	15.69
发明专利拥有量（件）	129768	114967
实用新型专利拥有量（件）	252308	214787
外观设计专利拥有量（件）	61434	54174
研发机构发明专利拥有量（件）	13463	12247
高校发明专利拥有量（件）	25991	24159

上海创新能力监测指标（6）

指标名称	2019	2018
万人发明专利拥有量（件）	53.44	47.43
国内科技论文数（篇）	32471	32842
万人国内科技论文数（篇）	13.37	13.55
SCI 收录科技论文数（篇）	35349	30907
EI 收录科技论文数（篇）	20198	18324
CPCI-S 收录科技论文数（篇）	4767	5177
万人国际科技论文数（篇）	24.84	22.45
技术市场成交合同数（项）	35928	21311
技术市场输出技术成交额（亿元）	1422.35	1225.19
万人输出技术成交额（万元）	5857.79	5054.40
国外技术引进合同数（项）	2209	2140
国外技术合同成交额（亿美元）	65.62	42.88
万人国外技术引进合同成交额（万美元）	270.24	176.89
国外技术引进合同成交额中技术经费（亿美元）	64.99	41.97
国外技术引进合同成交额中技术经费占比重（%）	99.04	97.88
百万人技术国际收入（万美元）	78852.21	75538.50
高技术产业有效发明专利数（件）	20036	16204
万名高技术产业就业人员有效发明专利数（件）	435.11	332.46
高技术产业营业收入（亿元）	7438.40	7566.35
高技术产业营业收入占工业营业收入比重（%）	18.63	19.00
高技术产业新产品销售收入（亿元）	1605.18	1409.65
高技术产业新产品销售收入占营业收入比重（%）	21.58	18.63
万元地区生产总值高技术产业营业收入（万元）	0.20	0.21
新产品销售收入（亿元）	10140.95	9796.73
新产品销售收入占营业收入比重（%）	25.39	24.61
商品出口额（亿美元）	1700.97	1810.23
商品出口额与地区生产总值比值（万美元/亿元）	447.77	502.68
高技术产品出口额（亿美元）	818.13	864.63
高技术产品出口额占商品出口额比重（%）	48.10	47.76

上海创新能力监测指标（7）

指标名称	2019	2018
第三产业增加值（亿元）	27686.90	25546.26
第三产业增加值占地区生产总值比重（%）	72.88	70.94
高新技术企业数（个）	12619	9023
高新技术企业年末从业人员数（万人）	178.48	161.95
高新技术企业营业收入（亿元）	30281.19	26547.56
高新技术企业技术收入（亿元）	7167.31	5742.47
高新技术企业技术收入占营业收入比重（%）	23.67	21.63
高新技术企业净利润（亿元）	2138.35	2090.68
高新技术企业利润率（%）	7.06	7.88
高新技术企业出口总额（亿元）	2972.18	2735.95
劳动生产率（万元/人）	23.08	21.78
固定资本形成总额（亿元）	13778.88	12096.36
资本生产率（万元/万元）	0.37	0.36
综合能耗产出率（元/千克标准煤）	25.14	24.23
空气达到二级以上天数（天）	309	295
空气达到二级以上天数占比重（%）	84.66	80.82
废水中化学需氧量排放量（万吨）	5.56	6.21
废水中化学需氧量排放降低率（%）	10.42	4.73
二氧化硫排放量（万吨）	0.75	1.11
二氧化硫排放降低率（%）	32.30	19.37
万元地区生产总值用水量（立方米）	26.44	31.64
万元地区生产总值用水量降低率（%）	16.42	7.52
废水中氨氮排放量（万吨）	0.73	0.81
废水中氨氮排放降低率（%）	9.87	14.50
固体废物产生量（万吨）	1826	1792
固体废物综合利用量（万吨）	1676	1623
固体废物综合治理率（%）	99.95	100.00
生活垃圾无害化处理率（%）	100.00	100.00
污水处理率（%）	96.27	95.18
建成区绿化覆盖率（%）	36.84	36.24

江苏创新能力监测指标（1）

指标名称	2019	2018
大专以上学历人数（万人）	1329.62	1131.83
万人大专以上学历人数（人）	1755.83	1492.46
高校数（个）	167	167
高校在校学生数（万人）	267.20	253.04
十万人高校在校学生数（人）	3311.00	3143.00
高校（机构）硕士毕业生数（人）	45134	42801
十万人硕士毕业生数（人）	55.93	53.16
高校（机构）博士毕业生数（人）	4975	4611
十万人博士毕业生数（人）	6.16	5.73
研发机构数（个）	128	130
科技企业孵化器管理机构从业人员数（人）	11205	10066
国家级孵化器管理机构从业人员数（人）	3409	3074
国家大学科技园管理机构从业人员数（人）	280	295
火炬计划特色产业基地企业从业人员数（人）	2997034	3023588
国家级示范生产力促进中心人员数（人）	647	640
众创空间服务人员数（人）	8941	8153
众创空间数（个）	836	699
科技企业孵化器数（个）	832	695
国家级科技企业孵化器数（个）	201	175
科技企业孵化器在孵企业数（个）	34800	31382
科技企业孵化器累计毕业企业数（个）	26197	21460
科技企业孵化器总收入（亿元）	75.76	69.99
企业研究开发费用加计扣除减免税额（亿元）	176.42	136.71
高新技术企业减免税额（亿元）	233.32	200.52
高新技术企业减免税额占全国比重（%）	16.39	16.37
信息传输、软件和信息技术服务业固定资产投资（亿元）	494.46	540.81
信息传输、软件和信息技术服务业固定资产投资占比重（%）	0.84	0.97
邮政业务总量（亿元）	1426.94	1050.23
电信业务总量（亿元）	7545.40	4814.66
邮电业务总量与地区生产总值比值（万元/亿元）	909.45	629.23
固定电话和移动电话用户数（万户）	11495.02	11212.34

江苏创新能力监测指标（2）

指标名称	2019	2018
百人固定电话和移动电话用户数（户）	142.44	139.27
移动互联网用户数（万户）	8452.60	7979.54
万人移动互联网用户数（万户）	1.05	0.99
有效商标注册数（万件）	154.54	118.07
百万人有效商标注册数（件）	19149.69	14665.51
地区生产总值（亿元）	98656.80	93207.55
第二产业增加值（亿元）	43507.50	42129.37
第二产业增加值占地区生产总值比重（%）	44.10	45.20
工业增加值（亿元）	37225.70	36113.20
工业增加值占地区生产总值比重（%）	37.73	38.74
装备制造业营业收入（亿元）	52089.70	57325.35
装备制造业营业收入占营业收入比重（%）	43.96	44.76
人均地区生产总值（元）	122398	115930
城镇登记失业人员数（万人）	35.09	34.37
城镇登记失业率（%）	3.03	2.97
客运量（亿人）	12.03	12.06
旅客周转量（亿人公里）	1565.76	1539.34
货运量（亿吨）	26.27	23.32
货物周转量（亿吨公里）	9947.68	8969.29
研究与试验发展（R&D）经费支出（亿元）	2779.52	2504.43
R&D经费支出与地区生产总值之比（%）	2.82	2.69
R&D经费中基础研究经费支出（亿元）	76.20	68.48
R&D经费中应用研究经费支出（亿元）	188.04	138.68
R&D经费中试验发展经费支出（亿元）	2515.27	2297.26
R&D经费中基础研究经费支出占比重（%）	2.74	2.73
R&D经费中应用研究经费支出占比重（%）	6.77	5.54
R&D经费中试验发展经费支出占比重（%）	90.49	91.73
R&D经费中政府资金经费支出（亿元）	275.01	253.93
R&D经费中企业资金经费支出（亿元）	2449.22	2182.15
R&D经费中政府资金经费支出占比重（%）	9.89	10.14
R&D经费中企业资金经费支出占比重（%）	88.12	87.13
高校R&D经费支出（亿元）	155.45	126.44

江苏创新能力监测指标（3）

指标名称	2019	2018
研发机构R&D经费支出（亿元）	187.26	169.14
高校R&D经费支出占全社会R&D经费比重（%）	5.59	5.05
研发机构R&D经费支出占全社会R&D经费比重（%）	6.74	6.75
高新技术企业R&D经费支出（亿元）	1530.99	1304.94
高新技术企业R&D经费支出占全社会R&D经费比重（%）	55.08	52.11
财政性教育经费支出（亿元）	2213.84	2055.56
财政性教育经费支出与地区生产总值比值（万元/亿元）	224.40	220.54
地方财政科技支出（亿元）	572.04	507.31
地方财政科技支出占地方财政支出比重（%）	4.55	4.35
地方财政科技支出与地区生产总值比值（万元/亿元）	57.98	54.43
R&D人员全时当量（人年）	635279	560263
万人R&D人员全时当量（人年）	78.72	69.59
R&D人员中基础研究人员数（人年）	24530	17289
R&D人员中应用研究人员数（人年）	41329	31849
R&D人员中试验发展人员数（人年）	569431	511129
R&D人员中基础研究人员占比重（%）	3.86	3.09
R&D人员中应用研究人员占比重（%）	6.51	5.68
R&D人员中试验发展人员占比重（%）	89.63	91.23
R&D研究人员全时当量（人年）	245470	205758
R&D研究人员占全社会R&D人员比重（%）	38.64	36.73
高校R&D人员全时当量（人年）	42574	27862
研发机构R&D人员全时当量（人年）	27310	26412
高校R&D人员占全社会R&D人员比重（%）	6.70	4.97
研发机构R&D人员占全社会R&D人员比重（%）	4.30	4.71
高技术产业R&D经费支出（亿元）	570.63	502.60
高技术产业R&D经费支出占全社会R&D经费比重（%）	20.53	20.07
高技术产业R&D经费支出占营业收入比重（%）	2.38	1.92
高技术产业引进技术经费支出（万元）	57622.70	52011.30
高技术产业消化吸收经费支出（万元）	7740.70	27845.30
高技术产业购买境内技术经费支出（万元）	40091.90	51280.60
高技术产业技术改造经费支出（万元）	608882.60	751303.60

江苏创新能力监测指标（4）

指标名称	2019	2018
高技术产业技术获取和技术改造经费支出占营业收入比重（%）	0.30	0.34
高技术产业新产品研发经费支出（亿元）	747.14	653.95
高技术产业新产品研发经费支出占新产品销售收入比重（%）	8.51	7.42
高技术产业R&D人员全时当量（人年）	134419	118287
高技术产业R&D人员占全社会R&D人员比重（%）	21.16	21.11
高新技术企业R&D人员全时当量（人年）	411865	375061
高新技术企业R&D人员占全社会R&D人员比重（%）	64.83	66.94
科学研究和技术服务业新增固定资产（亿元）	651.49	599.66
科学研究和技术服务业新增固定资产占比重（%）	1.79	1.73
开展创新活动的企业数（个）	36360	30736
开展创新活动的企业占比重（%）	78.90	66.44
实现创新的企业数（个）	30065	28473
实现创新企业占比重（%）	65.24	61.55
企业创新费用支出（亿元）	3148.20	2967.80
企业R&D经费支出（亿元）	2206.16	2024.52
企业R&D经费支出占创新费用支出比重（%）	70.08	68.22
企业R&D经费支出占全社会R&D经费比重（%）	79.37	80.84
企业R&D经费支出占营业收入比重（%）	1.86	1.53
企业引进技术经费支出（亿元）	20.70	30.02
企业消化吸收经费支出（亿元）	2.50	5.59
企业购买境内技术经费支出（亿元）	16.34	14.03
企业技术改造经费支出（亿元）	356.28	402.28
企业技术获取和技术改造经费支出（亿元）	395.82	451.93
企业技术获取和技术改造经费支出占营业收入比重（%）	0.33	0.34
企业科学研究经费支出占企业R&D经费支出比重（%）	1.45	0.88
研发机构来源于企业的R&D经费支出（亿元）	5.20	2.43
高校来源于企业的R&D经费支出（亿元）	54.22	45.92
研发机构和高校R&D经费支出中企业资金占比重（%）	17.34	16.36
企业平均吸纳技术成交额（万元）	383.46	314.97
企业R&D人员全时当量（人年）	508375	455530

江苏创新能力监测指标（5）

指标名称	2019	2018
企业R&D研究人员全时当量（人年）	154847	133841
企业R&D研究人员占全社会R&D研究人员比重（%）	63.08	65.05
万名企业就业人员中R&D人员数（人年）	600.50	491.88
有R&D活动的企业数（个）	27365	19669
有R&D活动的企业占工业企业比重（%）	59.37	43.06
有研发机构的企业数（个）	21303	20298
有研发机构的企业占工业企业比重（%）	46.22	44.44
企业专利申请数（件）	175906	165096
企业发明专利申请数（件）	57429	55944
企业发明专利拥有量（件）	180893	176120
万名企业就业人员发明专利拥有量（件）	213.68	190.17
发明专利申请数（件）	172409	198801
实用新型专利申请数（件）	373495	294090
外观设计专利申请数（件）	48345	107415
研发机构专利申请数（件）	4417	4147
研发机构发明专利申请数（件）	3372	3236
高校专利申请数（件）	48844	47383
高校发明专利申请数（件）	32292	30115
万人发明专利申请数（件）	21.36	24.69
亿元R&D经费支出发明专利申请数（件）	62.03	79.38
发明专利授权数（件）	39681	42019
实用新型专利授权数（件）	233114	200333
外观设计专利授权数（件）	41600	64644
万人发明专利授权数（件）	4.92	5.22
亿元R&D经费支出发明专利授权数（件）	14.28	16.78
发明专利拥有量（件）	242803	212394
实用新型专利拥有量（件）	732163	589946
外观设计专利拥有量（件）	128959	152075
研发机构发明专利拥有量（件）	8929	8788
高校发明专利拥有量（件）	55199	49509

江苏创新能力监测指标（6）

指标名称	2019	2018
万人发明专利拥有量（件）	30.09	26.38
国内科技论文数（篇）	43125	45014
万人国内科技论文数（篇）	5.34	5.59
SCI 收录科技论文数（篇）	47225	40062
EI 收录科技论文数（篇）	29642	26891
CPCI-S 收录科技论文数（篇）	4320	5491
万人国际科技论文数（篇）	10.06	9.00
技术市场成交合同数（项）	49210	42227
技术市场输出技术成交额（亿元）	1471.52	991.45
万人输出技术成交额（万元）	1823.44	1231.46
国外技术引进合同数（项）	980	954
国外技术合同成交额（亿美元）	42.31	37.18
万人国外技术引进合同成交额（万美元）	52.43	46.17
国外技术引进合同成交额中技术经费（亿美元）	42.03	36.63
国外技术引进合同成交额中技术经费占比重（%）	99.35	98.53
百万人技术国际收入（万美元）	4773.92	4265.56
高技术产业有效发明专利数（件）	47535	43959
万名高技术产业就业人员有效发明专利数（件）	233.66	198.05
高技术产业营业收入（亿元）	23964.02	26159.57
高技术产业营业收入占工业营业收入比重（%）	20.23	19.79
高技术产业新产品销售收入（亿元）	8783.71	8808.50
高技术产业新产品销售收入占营业收入比重（%）	36.65	33.67
万元地区生产总值高技术产业营业收入（万元）	0.24	0.28
新产品销售收入（亿元）	30101.94	28425.04
新产品销售收入占营业收入比重（%）	25.41	21.51
商品出口额（亿美元）	4029.78	4171.62
商品出口额与地区生产总值比值（万美元/亿元）	408.46	447.56
高技术产品出口额（亿美元）	1442.78	1523.52
高技术产品出口额占商品出口额比重（%）	35.80	36.52

江苏创新能力监测指标（7）

指标名称	2019	2018
第三产业增加值（亿元）	50852.10	46936.47
第三产业增加值占地区生产总值比重（%）	51.54	50.36
高新技术企业数（个）	23946	17968
高新技术企业年末从业人员数（万人）	381.00	352.53
高新技术企业营业收入（亿元）	48971.87	43582.15
高新技术企业技术收入（亿元）	2231.50	1822.57
高新技术企业技术收入占营业收入比重（%）	4.56	4.18
高新技术企业净利润（亿元）	3041.88	3001.21
高新技术企业利润率（%）	6.21	6.89
高新技术企业出口总额（亿元）	8425.28	8081.04
劳动生产率（万元/人）	18.04	16.99
固定资本形成总额（亿元）	40863.75	39160.50
资本生产率（万元/万元）	0.36	0.34
综合能耗产出率（元/千克标准煤）	24.99	24.23
空气达到二级以上天数（天）	261	255
空气达到二级以上天数占比重（%）	71.64	69.88
废水中化学需氧量排放量（万吨）	47.41	48.80
废水中化学需氧量排放降低率（%）	2.85	7.98
二氧化硫排放量（万吨）	28.46	31.68
二氧化硫排放降低率（%）	10.19	17.31
万元地区生产总值用水量（立方米）	62.14	63.93
万元地区生产总值用水量降低率（%）	2.81	7.15
废水中氨氮排放量（万吨）	3.35	3.59
废水中氨氮排放降低率（%）	6.68	8.27
固体废物产生量（万吨）	13610	13023
固体废物综合利用量（万吨）	11822	11834
固体废物综合治理率（%）	94.15	100.00
生活垃圾无害化处理率（%）	100.00	100.00
污水处理率（%）	96.14	95.61
建成区绿化覆盖率（%）	43.38	43.13

浙江创新能力监测指标（1）

指标名称	2019	2018
大专以上学历人数（万人）	901.03	854.27
万人大专以上学历人数（人）	1644.86	1588.83
高校数（个）	108	108
高校在校学生数（万人）	146.78	135.97
十万人高校在校学生数（人）	2509.00	2370.00
高校（机构）硕士毕业生数（人）	18853	18514
十万人硕士毕业生数（人）	32.23	32.27
高校（机构）博士毕业生数（人）	2022	2162
十万人博士毕业生数（人）	3.46	3.77
研发机构数（个）	95	97
科技企业孵化器管理机构从业人员数（人）	4305	4288
国家级孵化器管理机构从业人员数（人）	1393	1208
国家大学科技园管理机构从业人员数（人）	133	125
火炬计划特色产业基地企业从业人员数（人）	1233445	1315598
国家级示范生产力促进中心人员数（人）	0	441
众创空间服务人员数（人）	7353	9897
众创空间数（个）	709	622
科技企业孵化器数（个）	363	321
国家级科技企业孵化器数（个）	82	68
科技企业孵化器在孵企业数（个）	16690	15709
科技企业孵化器累计毕业企业数（个）	13893	11335
科技企业孵化器总收入（亿元）	31.06	24.86
企业研究开发费用加计扣除减免税额（亿元）	145.51	72.20
高新技术企业减免税额（亿元）	165.30	137.79
高新技术企业减免税额占全国比重（%）	11.61	11.25
信息传输、软件和信息技术服务业固定资产投资（亿元）	385.64	346.31
信息传输、软件和信息技术服务业固定资产投资占比重（%）	1.05	1.04
邮政业务总量（亿元）	3177.67	2326.23
电信业务总量（亿元）	6717.01	4101.33
邮电业务总量与地区生产总值比值（万元/亿元）	1584.11	1108.14
固定电话和移动电话用户数（万户）	10046.13	9569.60

浙江创新能力监测指标（2）

指标名称	2019	2018
百人固定电话和移动电话用户数（户）	171.73	166.80
移动互联网用户数（万户）	7047.00	6833.64
万人移动互联网用户数（万户）	1.20	1.19
有效商标注册数（万件）	250.36	198.44
百万人有效商标注册数（件）	42796.99	34588.93
地区生产总值（亿元）	62462.00	58002.84
第二产业增加值（亿元）	26299.50	25308.13
第二产业增加值占地区生产总值比重（%）	42.10	43.63
工业增加值（亿元）	22520.90	21621.20
工业增加值占地区生产总值比重（%）	36.06	37.28
装备制造业营业收入（亿元）	27083.63	23623.86
装备制造业营业收入占营业收入比重（%）	35.63	34.41
人均地区生产总值（元）	107814	101813
城镇登记失业人员数（万人）	34.43	34.07
城镇登记失业率（%）	2.52	2.60
客运量（亿人）	10.19	9.84
旅客周转量（亿人公里）	1128.60	1103.66
货运量（亿吨）	28.90	26.91
货物周转量（亿吨公里）	12391.92	11538.14
研究与试验发展（R&D）经费支出（亿元）	1669.80	1445.69
R&D经费支出与地区生产总值之比（%）	2.67	2.49
R&D经费中基础研究经费支出（亿元）	47.83	39.70
R&D经费中应用研究经费支出（亿元）	91.58	68.98
R&D经费中试验发展经费支出（亿元）	1530.38	1337.02
R&D经费中基础研究经费支出占比重（%）	2.86	2.75
R&D经费中应用研究经费支出占比重（%）	5.48	4.77
R&D经费中试验发展经费支出占比重（%）	91.65	92.48
R&D经费中政府资金经费支出（亿元）	136.33	113.89
R&D经费中企业资金经费支出（亿元）	1506.98	1302.68
R&D经费中政府资金经费支出占比重（%）	8.16	7.88
R&D经费中企业资金经费支出占比重（%）	90.25	90.11
高校R&D经费支出（亿元）	93.00	72.36

浙江创新能力监测指标（3）

指标名称	2019	2018
研发机构R&D经费支出（亿元）	55.22	47.41
高校R&D经费支出占全社会R&D经费比重（%）	5.57	5.01
研发机构R&D经费支出占全社会R&D经费比重（%）	3.31	3.28
高新技术企业R&D经费支出（亿元）	972.78	896.64
高新技术企业R&D经费支出占全社会R&D经费比重（%）	58.26	62.02
财政性教育经费支出（亿元）	1764.69	1572.47
财政性教育经费支出与地区生产总值比值（万元/亿元）	282.52	271.10
地方财政科技支出（亿元）	516.06	379.66
地方财政科技支出占地方财政支出比重（%）	5.13	4.40
地方财政科技支出与地区生产总值比值（万元/亿元）	82.62	65.45
R&D人员全时当量（人年）	534724	458038
万人R&D人员全时当量（人年）	91.41	79.84
R&D人员中基础研究人员数（人年）	13595	10423
R&D人员中应用研究人员数（人年）	28618	22296
R&D人员中试验发展人员数（人年）	492517	425322
R&D人员中基础研究人员占比重（%）	2.54	2.28
R&D人员中应用研究人员占比重（%）	5.35	4.87
R&D人员中试验发展人员占比重（%）	92.11	92.86
R&D研究人员全时当量（人年）	153123	134034
R&D研究人员占全社会R&D人员比重（%）	28.64	29.26
高校R&D人员全时当量（人年）	26832	20711
研发机构R&D人员全时当量（人年）	8761	8908
高校R&D人员占全社会R&D人员比重（%）	5.02	4.52
研发机构R&D人员占全社会R&D人员比重（%）	1.64	1.94
高技术产业R&D经费支出（亿元）	297.30	270.18
高技术产业R&D经费支出占全社会R&D经费比重（%）	17.80	18.69
高技术产业R&D经费支出占营业收入比重（%）	3.55	3.61
高技术产业引进技术经费支出（万元）	5184.70	5507.60
高技术产业消化吸收经费支出（万元）	4413.60	9488.50
高技术产业购买境内技术经费支出（万元）	55206.80	44026.20
高技术产业技术改造经费支出（万元）	325244.60	335842.00

浙江创新能力监测指标（4）

指标名称	2019	2018
高技术产业技术获取和技术改造经费支出占营业收入比重（%）	0.47	0.53
高技术产业新产品研发经费支出（亿元）	359.15	298.44
高技术产业新产品研发经费支出占新产品销售收入比重（%）	7.76	7.42
高技术产业R&D人员全时当量（人年）	89542	82840
高技术产业R&D人员占全社会R&D人员比重（%）	16.75	18.09
高新技术企业R&D人员全时当量（人年）	253506	256460
高新技术企业R&D人员占全社会R&D人员比重（%）	47.41	55.99
科学研究和技术服务业新增固定资产（亿元）	262.56	131.88
科学研究和技术服务业新增固定资产占比重（%）	1.74	0.96
开展创新活动的企业数（个）	31765	26921
开展创新活动的企业占比重（%）	69.52	64.81
实现创新的企业数（个）	29142	24852
实现创新企业占比重（%）	63.78	59.83
企业创新费用支出（亿元）	1798.50	1627.40
企业R&D经费支出（亿元）	1274.23	1147.39
企业R&D经费支出占创新费用支出比重（%）	70.85	70.50
企业R&D经费支出占全社会R&D经费比重（%）	76.31	79.37
企业R&D经费支出占营业收入比重（%）	1.68	1.61
企业引进技术经费支出（亿元）	9.43	9.47
企业消化吸收经费支出（亿元）	0.85	1.56
企业购买境内技术经费支出（亿元）	24.71	20.72
企业技术改造经费支出（亿元）	203.32	227.16
企业技术获取和技术改造经费支出（亿元）	238.31	258.90
企业技术获取和技术改造经费支出占营业收入比重（%）	0.31	0.36
企业科学研究经费支出占企业R&D经费支出比重（%）	0.77	0.78
研发机构来源于企业的R&D经费支出（亿元）	6.90	3.14
高校来源于企业的R&D经费支出（亿元）	24.96	20.90
研发机构和高校R&D经费支出中企业资金占比重（%）	21.49	20.07
企业平均吸纳技术成交额（万元）	244.04	176.83
企业R&D人员全时当量（人年）	451752	394147

浙江创新能力监测指标（5）

指标名称	2019	2018
企业R&D研究人员全时当量（人年）	99363	91621
企业R&D研究人员占全社会R&D研究人员比重（%）	64.89	68.36
万名企业就业人员中R&D人员数（人年）	665.39	603.87
有R&D活动的企业数（个）	20217	16505
有R&D活动的企业占工业企业比重（%）	44.24	40.67
有研发机构的企业数（个）	13274	10141
有研发机构的企业占工业企业比重（%）	29.05	24.99
企业专利申请数（件）	114326	100254
企业发明专利申请数（件）	30914	27998
企业发明专利拥有量（件）	75770	62341
万名企业就业人员发明专利拥有量（件）	111.60	95.51
发明专利申请数（件）	112981	143081
实用新型专利申请数（件）	218628	219206
外观设计专利申请数（件）	104274	93303
研发机构专利申请数（件）	2110	1842
研发机构发明专利申请数（件）	1592	1434
高校专利申请数（件）	23356	21672
高校发明专利申请数（件）	15735	14200
万人发明专利申请数（件）	19.31	24.94
亿元R&D经费支出发明专利申请数（件）	67.66	98.97
发明专利授权数（件）	33964	32550
实用新型专利授权数（件）	168340	172451
外观设计专利授权数（件）	83038	79620
万人发明专利授权数（件）	5.81	5.67
亿元R&D经费支出发明专利授权数（件）	20.34	22.52
发明专利拥有量（件）	160609	133605
实用新型专利拥有量（件）	584454	513682
外观设计专利拥有量（件）	278047	254160
研发机构发明专利拥有量（件）	4581	4150
高校发明专利拥有量（件）	33047	28679

浙江创新能力监测指标（6）

指标名称	2019	2018
万人发明专利拥有量（件）	27.45	23.29
国内科技论文数（篇）	19718	19784
万人国内科技论文数（篇）	3.37	3.45
SCI 收录科技论文数（篇）	23033	19014
EI 收录科技论文数（篇）	12185	10842
CPCI-S 收录科技论文数（篇）	2276	2273
万人国际科技论文数（篇）	6.41	5.60
技术市场成交合同数（项）	18996	16142
技术市场输出技术成交额（亿元）	888.01	590.66
万人输出技术成交额（万元）	1517.96	1029.57
国外技术引进合同数（项）	819	692
国外技术合同成交额（亿美元）	25.25	23.85
万人国外技术引进合同成交额（万美元）	43.17	41.57
国外技术引进合同成交额中技术经费（亿美元）	25.16	23.26
国外技术引进合同成交额中技术经费占比重（%）	99.62	97.53
百万人技术国际收入（万美元）	5208.87	4474.16
高技术产业有效发明专利数（件）	23874	19003
万名高技术产业就业人员有效发明专利数（件）	296.61	245.47
高技术产业营业收入（亿元）	8384.34	7492.63
高技术产业营业收入占工业营业收入比重（%）	11.03	10.49
高技术产业新产品销售收入（亿元）	4630.96	4022.69
高技术产业新产品销售收入占营业收入比重（%）	55.23	53.69
万元地区生产总值高技术产业营业收入（万元）	0.13	0.13
新产品销售收入（亿元）	26099.37	23308.16
新产品销售收入占营业收入比重（%）	34.33	32.62
商品出口额（亿美元）	3395.83	3279.36
商品出口额与地区生产总值比值（万美元/亿元）	543.66	565.38
高技术产品出口额（亿美元）	232.78	210.86
高技术产品出口额占商品出口额比重（%）	6.85	6.43

浙江创新能力监测指标（7）

指标名称	2019	2018
第三产业增加值（亿元）	34075.80	30718.83
第三产业增加值占地区生产总值比重（%）	54.55	52.96
高新技术企业数（个）	16152	11811
高新技术企业年末从业人员数（万人）	321.73	276.90
高新技术企业营业收入（亿元）	36365.39	30409.35
高新技术企业技术收入（亿元）	4661.36	3752.38
高新技术企业技术收入占营业收入比重（%）	12.82	12.34
高新技术企业净利润（亿元）	3902.37	3373.26
高新技术企业利润率（%）	10.73	11.09
高新技术企业出口总额（亿元）	5945.02	5132.11
劳动生产率（万元/人）	14.03	13.27
固定资本形成总额（亿元）	25497.26	23706.36
资本生产率（万元/万元）	0.40	0.38
综合能耗产出率（元/千克标准煤）	23.35	22.59
空气达到二级以上天数（天）	321	309
空气达到二级以上天数占比重（%）	88.07	84.62
废水中化学需氧量排放量（万吨）	20.62	21.75
废水中化学需氧量排放降低率（%）	5.18	6.60
二氧化硫排放量（万吨）	7.78	8.69
二氧化硫排放降低率（%）	10.50	22.23
万元地区生产总值用水量（立方米）	26.59	30.93
万元地区生产总值用水量降低率（%）	14.02	10.81
废水中氨氮排放量（万吨）	1.34	1.45
废水中氨氮排放降低率（%）	7.18	9.59
固体废物产生量（万吨）	5722	5720
固体废物综合利用量（万吨）	5355	5188
固体废物综合治理率（%）	99.46	100.00
生活垃圾无害化处理率（%）	100.00	100.00
污水处理率（%）	96.95	95.75
建成区绿化覆盖率（%）	41.46	41.19

安徽创新能力监测指标（1）

指标名称	2019	2018
大专以上学历人数（万人）	716.54	715.49
万人大专以上学历人数（人）	1219.93	1226.82
高校数（个）	120	119
高校在校学生数（万人）	155.77	141.97
十万人高校在校学生数（人）	2447.00	2245.00
高校（机构）硕士毕业生数（人）	16456	16103
十万人硕士毕业生数（人）	25.85	25.46
高校（机构）博士毕业生数（人）	1609	1602
十万人博士毕业生数（人）	2.53	2.53
研发机构数（个）	91	97
科技企业孵化器管理机构从业人员数（人）	1859	1830
国家级孵化器管理机构从业人员数（人）	509	429
国家大学科技园管理机构从业人员数（人）	65	83
火炬计划特色产业基地企业从业人员数（人）	461849	458668
国家级示范生产力促进中心人员数（人）	139	152
众创空间服务人员数（人）	2941	3185
众创空间数（个）	272	265
科技企业孵化器数（个）	170	157
国家级科技企业孵化器数（个）	32	25
科技企业孵化器在孵企业数（个）	6220	5896
科技企业孵化器累计毕业企业数（个）	3720	3290
科技企业孵化器总收入（亿元）	5.59	5.97
企业研究开发费用加计扣除减免税额（亿元）	62.46	44.98
高新技术企业减免税额（亿元）	56.98	50.76
高新技术企业减免税额占全国比重（%）	4.00	4.14
信息传输、软件和信息技术服务业固定资产投资（亿元）	213.35	233.47
信息传输、软件和信息技术服务业固定资产投资占比重（%）	0.61	0.72
邮政业务总量（亿元）	440.76	316.75
电信业务总量（亿元）	4006.72	2260.95
邮电业务总量与地区生产总值比值（万元/亿元）	1207.06	757.90
固定电话和移动电话用户数（万户）	6415.08	6112.11

安徽创新能力监测指标（2）

指标名称	2019	2018
百人固定电话和移动电话用户数（户）	100.77	96.65
移动互联网用户数（万户）	4790.84	4596.33
万人移动互联网用户数（万户）	0.75	0.73
有效商标注册数（万件）	60.85	43.68
百万人有效商标注册数（件）	9559.10	6906.26
地区生产总值（亿元）	36845.50	34010.91
第二产业增加值（亿元）	14970.00	14094.44
第二产业增加值占地区生产总值比重（%）	40.63	41.44
工业增加值（亿元）	11181.70	10639.80
工业增加值占地区生产总值比重（%）	30.35	31.28
装备制造业营业收入（亿元）	11869.38	12327.05
装备制造业营业收入占营业收入比重（%）	31.77	31.32
人均地区生产总值（元）	58072	54078
城镇登记失业人员数（万人）	26.77	28.07
城镇登记失业率（%）	2.63	2.83
客运量（亿人）	5.93	6.33
旅客周转量（亿人公里）	1164.81	1163.66
货运量（亿吨）	36.82	40.68
货物周转量（亿吨公里）	10245.79	11803.68
研究与试验发展（R&D）经费支出（亿元）	754.03	648.95
R&D经费支出与地区生产总值之比（%）	2.05	1.91
R&D经费中基础研究经费支出（亿元）	39.55	42.28
R&D经费中应用研究经费支出（亿元）	60.79	50.88
R&D经费中试验发展经费支出（亿元）	653.68	555.80
R&D经费中基础研究经费支出占比重（%）	5.25	6.51
R&D经费中应用研究经费支出占比重（%）	8.06	7.84
R&D经费中试验发展经费支出占比重（%）	86.69	85.65
R&D经费中政府资金经费支出（亿元）	102.99	104.91
R&D经费中企业资金经费支出（亿元）	626.18	524.72
R&D经费中政府资金经费支出占比重（%）	13.66	16.17
R&D经费中企业资金经费支出占比重（%）	83.04	80.86
高校R&D经费支出（亿元）	42.71	38.16

安徽创新能力监测指标（3）

指标名称	2019	2018
研发机构R&D经费支出（亿元）	61.80	60.82
高校R&D经费支出占全社会R&D经费比重（%）	5.66	5.88
研发机构R&D经费支出占全社会R&D经费比重（%）	8.20	9.37
高新技术企业R&D经费支出（亿元）	332.92	315.16
高新技术企业R&D经费支出占全社会R&D经费比重（%）	44.15	48.56
财政性教育经费支出（亿元）	1222.21	1113.26
财政性教育经费支出与地区生产总值比值（万元/亿元）	331.71	327.32
地方财政科技支出（亿元）	377.95	294.81
地方财政科技支出占地方财政支出比重（%）	5.11	4.49
地方财政科技支出与地区生产总值比值（万元/亿元）	102.58	86.68
R&D人员全时当量（人年）	175318	147149
万人R&D人员全时当量（人年）	27.54	23.27
R&D人员中基础研究人员数（人年）	16135	11809
R&D人员中应用研究人员数（人年）	20164	14936
R&D人员中试验发展人员数（人年）	139017	120408
R&D人员中基础研究人员占比重（%）	9.20	8.03
R&D人员中应用研究人员占比重（%）	11.50	10.15
R&D人员中试验发展人员占比重（%）	79.29	81.83
R&D研究人员全时当量（人年）	76363	61301
R&D研究人员占全社会R&D人员比重（%）	43.56	41.66
高校R&D人员全时当量（人年）	21066	14435
研发机构R&D人员全时当量（人年）	11001	11255
高校R&D人员占全社会R&D人员比重（%）	12.02	9.81
研发机构R&D人员占全社会R&D人员比重（%）	6.27	7.65
高技术产业R&D经费支出（亿元）	113.79	99.14
高技术产业R&D经费支出占全社会R&D经费比重（%）	15.09	15.28
高技术产业R&D经费支出占营业收入比重（%）	2.82	2.48
高技术产业引进技术经费支出（万元）	1083.90	2785.10
高技术产业消化吸收经费支出（万元）	0	82.90
高技术产业购买境内技术经费支出（万元）	13340.10	73304.90
高技术产业技术改造经费支出（万元）	240842.40	272535.90

安徽创新能力监测指标（4）

指标名称	2019	2018
高技术产业技术获取和技术改造经费支出占营业收入比重（%）	0.63	0.87
高技术产业新产品研发经费支出（亿元）	130.12	118.12
高技术产业新产品研发经费支出占新产品销售收入比重（%）	6.84	6.58
高技术产业R&D人员全时当量（人年）	28177	22050
高技术产业R&D人员占全社会R&D人员比重（%）	16.07	14.98
高新技术企业R&D人员全时当量（人年）	91537	87500
高新技术企业R&D人员占全社会R&D人员比重（%）	52.21	59.46
科学研究和技术服务业新增固定资产（亿元）	195.83	225.60
科学研究和技术服务业新增固定资产占比重（%）	1.04	1.31
开展创新活动的企业数（个）	10599	9661
开展创新活动的企业占比重（%）	59.72	51.50
实现创新的企业数（个）	9554	9291
实现创新企业占比重（%）	53.83	49.53
企业创新费用支出（亿元）	932.90	852.60
企业R&D经费支出（亿元）	576.54	497.30
企业R&D经费支出占创新费用支出比重（%）	61.80	58.33
企业R&D经费支出占全社会R&D经费比重（%）	76.46	76.63
企业R&D经费支出占营业收入比重（%）	1.54	1.24
企业引进技术经费支出（亿元）	2.40	1.86
企业消化吸收经费支出（亿元）	0.44	0.65
企业购买境内技术经费支出（亿元）	5.63	11.51
企业技术改造经费支出（亿元）	195.21	189.98
企业技术获取和技术改造经费支出（亿元）	203.68	203.99
企业技术获取和技术改造经费支出占营业收入比重（%）	0.55	0.51
企业科学研究经费支出占企业R&D经费支出比重（%）	2.16	1.62
研发机构来源于企业的R&D经费支出（亿元）	3.89	4.39
高校来源于企业的R&D经费支出（亿元）	7.23	5.68
研发机构和高校R&D经费支出中企业资金占比重（%）	10.64	10.17
企业平均吸纳技术成交额（万元）	343.46	182.27
企业R&D人员全时当量（人年）	124491	106744

安徽创新能力监测指标（5）

指标名称	2019	2018
企业R&D研究人员全时当量（人年）	39045	32360
企业R&D研究人员占全社会R&D研究人员比重（%）	51.13	52.79
万名企业就业人员中R&D人员数（人年）	465.60	369.87
有R&D活动的企业数（个）	5925	4468
有R&D活动的企业占工业企业比重（%）	33.36	23.01
有研发机构的企业数（个）	4812	4281
有研发机构的企业占工业企业比重（%）	27.09	22.04
企业专利申请数（件）	55520	56596
企业发明专利申请数（件）	22975	26175
企业发明专利拥有量（件）	54798	56296
万名企业就业人员发明专利拥有量（件）	204.94	195.07
发明专利申请数（件）	62743	108782
实用新型专利申请数（件）	90655	86914
外观设计专利申请数（件）	13473	11732
研发机构专利申请数（件）	1504	1683
研发机构发明专利申请数（件）	1055	1278
高校专利申请数（件）	15211	13444
高校发明专利申请数（件）	8933	6593
万人发明专利申请数（件）	9.86	17.20
亿元R&D经费支出发明专利申请数（件）	83.21	167.63
发明专利授权数（件）	14958	14846
实用新型专利授权数（件）	57511	55445
外观设计专利授权数（件）	10055	9456
万人发明专利授权数（件）	2.35	2.35
亿元R&D经费支出发明专利授权数（件）	19.84	22.88
发明专利拥有量（件）	74812	61475
实用新型专利拥有量（件）	193140	165100
外观设计专利拥有量（件）	34058	29907
研发机构发明专利拥有量（件）	3490	3194
高校发明专利拥有量（件）	10262	7794

安徽创新能力监测指标（6）

指标名称	2019	2018
万人发明专利拥有量（件）	11.75	9.72
国内科技论文数（篇）	12865	12726
万人国内科技论文数（篇）	2.02	2.01
SCI 收录科技论文数（篇）	11946	9899
EI 收录科技论文数（篇）	7626	7270
CPCI-S 收录科技论文数（篇）	1448	1506
万人国际科技论文数（篇）	3.30	2.95
技术市场成交合同数（项）	19538	20347
技术市场输出技术成交额（亿元）	449.61	321.31
万人输出技术成交额（万元）	706.27	508.09
国外技术引进合同数（项）	346	277
国外技术合同成交额（亿美元）	5.86	4.02
万人国外技术引进合同成交额（万美元）	9.20	6.36
国外技术引进合同成交额中技术经费（亿美元）	4.70	3.92
国外技术引进合同成交额中技术经费占比重（%）	80.18	97.54
百万人技术国际收入（万美元）	351.92	264.54
高技术产业有效发明专利数（件）	8902	9263
万名高技术产业就业人员有效发明专利数（件）	273.01	284.61
高技术产业营业收入（亿元）	4034.02	3995.52
高技术产业营业收入占工业营业收入比重（%）	10.80	9.99
高技术产业新产品销售收入（亿元）	1903.15	1796.18
高技术产业新产品销售收入占营业收入比重（%）	47.18	44.95
万元地区生产总值高技术产业营业收入（万元）	0.11	0.12
新产品销售收入（亿元）	9698.55	9532.38
新产品销售收入占营业收入比重（%）	25.96	23.83
商品出口额（亿美元）	398.54	364.85
商品出口额与地区生产总值比值（万美元/亿元）	108.17	107.28
高技术产品出口额（亿美元）	107.28	100.20
高技术产品出口额占商品出口额比重（%）	26.92	27.46

安徽创新能力监测指标（7）

指标名称	2019	2018
第三产业增加值（亿元）	18959.50	17278.47
第三产业增加值占地区生产总值比重（%）	51.46	50.80
高新技术企业数（个）	6547	5324
高新技术企业年末从业人员数（万人）	111.21	99.87
高新技术企业营业收入（亿元）	13080.25	11472.38
高新技术企业技术收入（亿元）	664.89	616.23
高新技术企业技术收入占营业收入比重（%）	5.08	5.37
高新技术企业净利润（亿元）	735.05	637.58
高新技术企业利润率（%）	5.62	5.56
高新技术企业出口总额（亿元）	1077.53	1079.33
劳动生产率（万元/人）	6.43	5.98
固定资本形成总额（亿元）	18041.82	14974.78
资本生产率（万元/万元）	0.31	0.30
综合能耗产出率（元/千克标准煤）	19.50	18.93
空气达到二级以上天数（天）	250	251
空气达到二级以上天数占比重（%）	68.44	68.72
废水中化学需氧量排放量（万吨）	34.19	34.61
废水中化学需氧量排放降低率（%）	1.22	-6.86
二氧化硫排放量（万吨）	15.10	16.27
二氧化硫排放降低率（%）	7.16	16.75
万元地区生产总值用水量（立方米）	74.82	95.25
万元地区生产总值用水量降低率（%）	21.44	11.36
废水中氨氮排放量（万吨）	1.97	2.06
废水中氨氮排放降低率（%）	4.22	-5.13
固体废物产生量（万吨）	16571	15470
固体废物综合利用量（万吨）	13230	13271
固体废物综合治理率（%）	89.32	93.38
生活垃圾无害化处理率（%）	100.00	100.00
污水处理率（%）	97.06	97.72
建成区绿化覆盖率（%）	42.72	42.50

福建创新能力监测指标（1）

指标名称	2019	2018
大专以上学历人数（万人）	409.10	483.54
万人大专以上学历人数（人）	1120.87	1333.89
高校数（个）	90	89
高校在校学生数（万人）	102.38	92.81
十万人高校在校学生数（人）	2577.00	2355.00
高校（机构）硕士毕业生数（人）	12282	11328
十万人硕士毕业生数（人）	30.91	28.74
高校（机构）博士毕业生数（人）	1019	917
十万人博士毕业生数（人）	2.56	2.33
研发机构数（个）	97	97
科技企业孵化器管理机构从业人员数（人）	1842	1840
国家级孵化器管理机构从业人员数（人）	323	271
国家大学科技园管理机构从业人员数（人）	26	27
火炬计划特色产业基地企业从业人员数（人）	287304	280719
国家级示范生产力促进中心人员数（人）	279	447
众创空间服务人员数（人）	3648	4175
众创空间数（个）	352	281
科技企业孵化器数（个）	135	144
国家级科技企业孵化器数（个）	15	11
科技企业孵化器在孵企业数（个）	3493	3380
科技企业孵化器累计毕业企业数（个）	3772	3276
科技企业孵化器总收入（亿元）	8.74	7.32
企业研究开发费用加计扣除减免税额（亿元）	37.73	24.19
高新技术企业减免税额（亿元）	44.29	45.00
高新技术企业减免税额占全国比重（%）	3.11	3.67
信息传输、软件和信息技术服务业固定资产投资（亿元）	429.61	500.39
信息传输、软件和信息技术服务业固定资产投资占比重（%）	1.39	1.72
邮政业务总量（亿元）	646.01	499.04
电信业务总量（亿元）	3235.45	2026.23
邮电业务总量与地区生产总值比值（万元/亿元）	917.03	652.73
固定电话和移动电话用户数（万户）	5484.03	5338.87

福建创新能力监测指标（2）

指标名称	2019	2018
百人固定电话和移动电话用户数（户）	138.03	135.47
移动互联网用户数（万户）	3915.76	3793.55
万人移动互联网用户数（万户）	0.99	0.96
有效商标注册数（万件）	128.26	97.27
百万人有效商标注册数（件）	32282.31	24682.21
地区生产总值（亿元）	42326.60	38687.77
第二产业增加值（亿元）	20065.50	18847.75
第二产业增加值占地区生产总值比重（%）	47.41	48.72
工业增加值（亿元）	15654.00	14781.00
工业增加值占地区生产总值比重（%）	36.98	38.21
装备制造业营业收入（亿元）	11742.39	10778.37
装备制造业营业收入占营业收入比重（%）	20.40	21.01
人均地区生产总值（元）	106966	98542
城镇登记失业人员数（万人）	16.81	17.33
城镇登记失业率（%）	3.50	3.71
客运量（亿人）	4.58	4.81
旅客周转量（亿人公里）	588.89	599.99
货运量（亿吨）	13.44	13.69
货物周转量（亿吨公里）	8292.13	7646.24
研究与试验发展（R&D）经费支出（亿元）	753.75	642.79
R&D经费支出与地区生产总值之比（%）	1.78	1.66
R&D经费中基础研究经费支出（亿元）	36.13	24.88
R&D经费中应用研究经费支出（亿元）	50.87	47.28
R&D经费中试验发展经费支出（亿元）	666.75	570.63
R&D经费中基础研究经费支出占比重（%）	4.79	3.87
R&D经费中应用研究经费支出占比重（%）	6.75	7.35
R&D经费中试验发展经费支出占比重（%）	88.46	88.77
R&D经费中政府资金经费支出（亿元）	83.78	68.52
R&D经费中企业资金经费支出（亿元）	654.75	556.70
R&D经费中政府资金经费支出占比重（%）	11.11	10.66
R&D经费中企业资金经费支出占比重（%）	86.87	86.61
高校R&D经费支出（亿元）	56.29	43.67

福建创新能力监测指标（3）

指标名称	2019	2018
研发机构R&D经费支出（亿元）	34.09	28.82
高校R&D经费支出占全社会R&D经费比重（%）	7.47	6.79
研发机构R&D经费支出占全社会R&D经费比重（%）	4.52	4.48
高新技术企业R&D经费支出（亿元）	258.50	238.36
高新技术企业R&D经费支出占全社会R&D经费比重（%）	34.30	37.08
财政性教育经费支出（亿元）	968.54	925.06
财政性教育经费支出与地区生产总值比值（万元/亿元）	228.83	239.11
地方财政科技支出（亿元）	133.41	115.25
地方财政科技支出占地方财政支出比重（%）	2.63	2.38
地方财政科技支出与地区生产总值比值（万元/亿元）	31.52	29.79
R&D人员全时当量（人年）	171452	160922
万人R&D人员全时当量（人年）	43.15	40.83
R&D人员中基础研究人员数（人年）	7666	6557
R&D人员中应用研究人员数（人年）	18242	16742
R&D人员中试验发展人员数（人年）	145545	137623
R&D人员中基础研究人员占比重（%）	4.47	4.07
R&D人员中应用研究人员占比重（%）	10.64	10.40
R&D人员中试验发展人员占比重（%）	84.89	85.52
R&D研究人员全时当量（人年）	68051	59913
R&D研究人员占全社会R&D人员比重（%）	39.69	37.23
高校R&D人员全时当量（人年）	16127	13251
研发机构R&D人员全时当量（人年）	5464	5158
高校R&D人员占全社会R&D人员比重（%）	9.41	8.23
研发机构R&D人员占全社会R&D人员比重（%）	3.19	3.21
高技术产业R&D经费支出（亿元）	178.01	168.88
高技术产业R&D经费支出占全社会R&D经费比重（%）	23.62	26.27
高技术产业R&D经费支出占营业收入比重（%）	2.71	2.92
高技术产业引进技术经费支出（万元）	38205.70	82335.70
高技术产业消化吸收经费支出（万元）	10059.10	10577.90
高技术产业购买境内技术经费支出（万元）	40908.50	78928.40
高技术产业技术改造经费支出（万元）	491154.50	627210.40

福建创新能力监测指标（4）

指标名称	2019	2018
高技术产业技术获取和技术改造经费支出占营业收入比重（%）	0.88	1.38
高技术产业新产品研发经费支出（亿元）	180.76	166.40
高技术产业新产品研发经费支出占新产品销售收入比重（%）	8.28	8.40
高技术产业R&D人员全时当量（人年）	34417	35789
高技术产业R&D人员占全社会R&D人员比重（%）	20.07	22.24
高新技术企业R&D人员全时当量（人年）	79093	74990
高新技术企业R&D人员占全社会R&D人员比重（%）	46.13	46.60
科学研究和技术服务业新增固定资产（亿元）	79.83	100.68
科学研究和技术服务业新增固定资产占比重（%）	0.43	0.58
开展创新活动的企业数（个）	9202	8163
开展创新活动的企业占比重（%）	50.11	47.08
实现创新的企业数（个）	8764	7752
实现创新企业占比重（%）	47.72	44.71
企业创新费用支出（亿元）	795.40	768.50
企业R&D经费支出（亿元）	598.51	524.94
企业R&D经费支出占创新费用支出比重（%）	75.25	68.31
企业R&D经费支出占全社会R&D经费比重（%）	79.41	81.67
企业R&D经费支出占营业收入比重（%）	1.04	1.01
企业引进技术经费支出（亿元）	8.94	14.16
企业消化吸收经费支出（亿元）	1.35	2.96
企业购买境内技术经费支出（亿元）	8.08	13.49
企业技术改造经费支出（亿元）	122.10	163.54
企业技术获取和技术改造经费支出（亿元）	140.48	194.15
企业技术获取和技术改造经费支出占营业收入比重（%）	0.24	0.37
企业科学研究经费支出占企业R&D经费支出比重（%）	0.82	1.48
研发机构来源于企业的R&D经费支出（亿元）	1.22	1.57
高校来源于企业的R&D经费支出（亿元）	10.00	7.27
研发机构和高校R&D经费支出中企业资金占比重（%）	12.41	12.18
企业平均吸纳技术成交额（万元）	228.67	173.44
企业R&D人员全时当量（人年）	126089	120723

福建创新能力监测指标（5）

指标名称	2019	2018
企业R&D研究人员全时当量（人年）	38899	35444
企业R&D研究人员占全社会R&D研究人员比重（%）	57.16	59.16
万名企业就业人员中R&D人员数（人年）	286.66	301.51
有R&D活动的企业数（个）	5305	4292
有R&D活动的企业占工业企业比重（%）	28.87	24.57
有研发机构的企业数（个）	1703	1517
有研发机构的企业占工业企业比重（%）	9.27	8.68
企业专利申请数（件）	37196	31529
企业发明专利申请数（件）	11025	9850
企业发明专利拥有量（件）	34668	29543
万名企业就业人员发明专利拥有量（件）	78.82	73.78
发明专利申请数（件）	30019	37252
实用新型专利申请数（件）	87345	96220
外观设计专利申请数（件）	35769	33138
研发机构专利申请数（件）	930	934
研发机构发明专利申请数（件）	695	663
高校专利申请数（件）	9347	8798
高校发明专利申请数（件）	5411	5295
万人发明专利申请数（件）	7.56	9.45
亿元R&D经费支出发明专利申请数（件）	39.83	57.95
发明专利授权数（件）	8963	9858
实用新型专利授权数（件）	61530	67822
外观设计专利授权数（件）	28462	24942
万人发明专利授权数（件）	2.26	2.50
亿元R&D经费支出发明专利授权数（件）	11.89	15.34
发明专利拥有量（件）	43791	38522
实用新型专利拥有量（件）	194986	169102
外观设计专利拥有量（件）	82293	70846
研发机构发明专利拥有量（件）	2028	1549
高校发明专利拥有量（件）	9694	7836

福建创新能力监测指标（6）

指标名称	2019	2018
万人发明专利拥有量（件）	11.02	9.77
国内科技论文数（篇）	9156	9360
万人国内科技论文数（篇）	2.30	2.38
SCI 收录科技论文数（篇）	9457	7683
EI 收录科技论文数（篇）	4993	4715
CPCI-S 收录科技论文数（篇）	739	963
万人国际科技论文数（篇）	3.82	3.39
技术市场成交合同数（项）	8642	7638
技术市场输出技术成交额（亿元）	139.59	84.52
万人输出技术成交额（万元）	351.34	214.47
国外技术引进合同数（项）	110	88
国外技术合同成交额（亿美元）	2.54	3.42
万人国外技术引进合同成交额（万美元）	6.38	8.69
国外技术引进合同成交额中技术经费（亿美元）	2.48	3.13
国外技术引进合同成交额中技术经费占比重（%）	97.76	91.50
百万人技术国际收入（万美元）	2041.38	1461.58
高技术产业有效发明专利数（件）	12064	9614
万名高技术产业就业人员有效发明专利数（件）	266.55	222.84
高技术产业营业收入（亿元）	6563.20	5789.40
高技术产业营业收入占工业营业收入比重（%）	11.40	11.16
高技术产业新产品销售收入（亿元）	2182.34	1980.94
高技术产业新产品销售收入占营业收入比重（%）	33.25	34.22
万元地区生产总值高技术产业营业收入（万元）	0.16	0.15
新产品销售收入（亿元）	5789.31	5300.90
新产品销售收入占营业收入比重（%）	10.06	10.22
商品出口额（亿美元）	1088.16	1049.94
商品出口额与地区生产总值比值（万美元/亿元）	257.09	271.39
高技术产品出口额（亿美元）	142.10	155.58
高技术产品出口额占商品出口额比重（%）	13.06	14.82

福建创新能力监测指标（7）

指标名称	2019	2018
第三产业增加值（亿元）	19665.60	17461.00
第三产业增加值占地区生产总值比重（%）	46.46	45.13
高新技术企业数（个）	4767	3754
高新技术企业年末从业人员数（万人）	83.87	75.44
高新技术企业营业收入（亿元）	8034.91	7319.73
高新技术企业技术收入（亿元）	485.53	395.41
高新技术企业技术收入占营业收入比重（%）	6.04	5.40
高新技术企业净利润（亿元）	670.27	632.75
高新技术企业利润率（%）	8.34	8.64
高新技术企业出口总额（亿元）	1293.69	1203.58
劳动生产率（万元/人）	12.04	11.15
固定资本形成总额（亿元）	22424.60	19383.47
资本生产率（万元/万元）	0.30	0.30
综合能耗产出率（元/千克标准煤）	22.09	21.46
空气达到二级以上天数（天）	358	351
空气达到二级以上天数占比重（%）	98.06	96.03
废水中化学需氧量排放量（万吨）	25.16	26.52
废水中化学需氧量排放降低率（%）	5.14	-1.75
二氧化硫排放量（万吨）	12.54	10.85
二氧化硫排放降低率（%）	-15.50	9.20
万元地区生产总值用水量（立方米）	41.87	52.20
万元地区生产总值用水量降低率（%）	19.79	12.50
废水中氨氮排放量（万吨）	1.56	1.74
废水中氨氮排放降低率（%）	10.16	1.12
固体废物产生量（万吨）	9418	8254
固体废物综合利用量（万吨）	6380	6029
固体废物综合治理率（%）	87.31	94.49
生活垃圾无害化处理率（%）	99.95	99.88
污水处理率（%）	95.25	93.62
建成区绿化覆盖率（%）	44.53	44.30

江西创新能力监测指标（1）

指标名称	2019	2018
大专以上学历人数（万人）	523.72	425.61
万人大专以上学历人数（人）	1214.18	991.11
高校数（个）	103	102
高校在校学生数（万人）	140.45	128.80
十万人高校在校学生数（人）	3010.00	2771.00
高校（机构）硕士毕业生数（人）	10382	9867
十万人硕士毕业生数（人）	22.25	21.23
高校（机构）博士毕业生数（人）	239	224
十万人博士毕业生数（人）	0.51	0.48
研发机构数（个）	115	114
科技企业孵化器管理机构从业人员数（人）	1420	1270
国家级孵化器管理机构从业人员数（人）	570	527
国家大学科技园管理机构从业人员数（人）	46	46
火炬计划特色产业基地企业从业人员数（人）	166241	147575
国家级示范生产力促进中心人员数（人）	336	338
众创空间服务人员数（人）	3054	10979
众创空间数（个）	174	112
科技企业孵化器数（个）	62	53
国家级科技企业孵化器数（个）	21	18
科技企业孵化器在孵企业数（个）	3507	2987
科技企业孵化器累计毕业企业数（个）	2647	1930
科技企业孵化器总收入（亿元）	6.46	12.97
企业研究开发费用加计扣除减免税额（亿元）	36.43	21.71
高新技术企业减免税额（亿元）	37.79	28.75
高新技术企业减免税额占全国比重（%）	2.65	2.35
信息传输、软件和信息技术服务业固定资产投资（亿元）	276.99	192.61
信息传输、软件和信息技术服务业固定资产投资占比重（%）	1.05	0.80
邮政业务总量（亿元）	230.18	176.64
电信业务总量（亿元）	2838.50	1609.18
邮电业务总量与地区生产总值比值（万元/亿元）	1244.03	786.13
固定电话和移动电话用户数（万户）	4614.59	4508.85

江西创新能力监测指标（2）

指标名称	2019	2018
百人固定电话和移动电话用户数（户）	98.90	97.01
移动互联网用户数（万户）	3506.44	3340.80
万人移动互联网用户数（万户）	0.75	0.72
有效商标注册数（万件）	40.25	29.21
百万人有效商标注册数（件）	8626.74	6285.11
地区生产总值（亿元）	24667.30	22716.51
第二产业增加值（亿元）	10820.30	10081.16
第二产业增加值占地区生产总值比重（%）	43.86	44.38
工业增加值（亿元）	8774.20	8264.20
工业增加值占地区生产总值比重（%）	35.57	36.38
装备制造业营业收入（亿元）	9658.04	8293.10
装备制造业营业收入占营业收入比重（%）	27.59	25.85
人均地区生产总值（元）	52865	49013
城镇登记失业人员数（万人）	27.49	35.11
城镇登记失业率（%）	2.93	3.44
客运量（亿人）	5.81	6.07
旅客周转量（亿人公里）	984.24	993.73
货运量（亿吨）	15.09	17.43
货物周转量（亿吨公里）	3860.27	4528.63
研究与试验发展（R&D）经费支出（亿元）	384.31	310.69
R&D经费支出与地区生产总值之比（%）	1.56	1.37
R&D经费中基础研究经费支出（亿元）	15.35	10.96
R&D经费中应用研究经费支出（亿元）	21.41	20.80
R&D经费中试验发展经费支出（亿元）	347.56	278.94
R&D经费中基础研究经费支出占比重（%）	3.99	3.53
R&D经费中应用研究经费支出占比重（%）	5.57	6.69
R&D经费中试验发展经费支出占比重（%）	90.44	89.78
R&D经费中政府资金经费支出（亿元）	59.20	38.64
R&D经费中企业资金经费支出（亿元）	318.99	267.67
R&D经费中政府资金经费支出占比重（%）	15.40	12.44
R&D经费中企业资金经费支出占比重（%）	83.00	86.15
高校R&D经费支出（亿元）	24.56	15.92

江西创新能力监测指标（3）

指标名称	2019	2018
研发机构R&D经费支出（亿元）	25.13	18.53
高校R&D经费支出占全社会R&D经费比重（%）	6.39	5.12
研发机构R&D经费支出占全社会R&D经费比重（%）	6.54	5.97
高新技术企业R&D经费支出（亿元）	347.20	291.68
高新技术企业R&D经费支出占全社会R&D经费比重（%）	90.35	93.88
财政性教育经费支出（亿元）	1148.50	1054.41
财政性教育经费支出与地区生产总值比值（万元/亿元）	465.60	464.16
地方财政科技支出（亿元）	182.92	147.09
地方财政科技支出占地方财政支出比重（%）	2.86	2.60
地方财政科技支出与地区生产总值比值（万元/亿元）	74.15	64.75
R&D人员全时当量（人年）	105593	85255
万人R&D人员全时当量（人年）	22.63	18.34
R&D人员中基础研究人员数（人年）	5334	4855
R&D人员中应用研究人员数（人年）	7250	8217
R&D人员中试验发展人员数（人年）	93009	72183
R&D人员中基础研究人员占比重（%）	5.05	5.69
R&D人员中应用研究人员占比重（%）	6.87	9.64
R&D人员中试验发展人员占比重（%）	88.08	84.67
R&D研究人员全时当量（人年）	39152	36628
R&D研究人员占全社会R&D人员比重（%）	37.08	42.96
高校R&D人员全时当量（人年）	8295	6818
研发机构R&D人员全时当量（人年）	5585	5534
高校R&D人员占全社会R&D人员比重（%）	7.86	8.00
研发机构R&D人员占全社会R&D人员比重（%）	5.29	6.49
高技术产业R&D经费支出（亿元）	82.57	68.58
高技术产业R&D经费支出占全社会R&D经费比重（%）	21.48	22.07
高技术产业R&D经费支出占营业收入比重（%）	1.58	1.44
高技术产业引进技术经费支出（万元）	1046.80	282.60
高技术产业消化吸收经费支出（万元）	0	0
高技术产业购买境内技术经费支出（万元）	2575.60	4532.60
高技术产业技术改造经费支出（万元）	74262.70	57757.70

江西创新能力监测指标（4）

指标名称	2019	2018
高技术产业技术获取和技术改造经费支出占营业收入比重（%）	0.15	0.13
高技术产业新产品研发经费支出（亿元）	135.85	91.14
高技术产业新产品研发经费支出占新产品销售收入比重（%）	7.57	8.98
高技术产业R&D人员全时当量（人年）	25669	20573
高技术产业R&D人员占全社会R&D人员比重（%）	24.31	24.13
高新技术企业R&D人员全时当量（人年）	80980	72284
高新技术企业R&D人员占全社会R&D人员比重（%）	76.69	84.79
科学研究和技术服务业新增固定资产（亿元）	188.78	192.20
科学研究和技术服务业新增固定资产占比重（%）	1.39	1.55
开展创新活动的企业数（个）	6856	5843
开展创新活动的企业占比重（%）	52.56	48.64
实现创新的企业数（个）	6529	5347
实现创新企业占比重（%）	50.05	44.51
企业创新费用支出（亿元）	543.90	462.80
企业R&D经费支出（亿元）	320.22	267.77
企业R&D经费支出占创新费用支出比重（%）	58.87	57.86
企业R&D经费支出占全社会R&D经费比重（%）	83.32	86.19
企业R&D经费支出占营业收入比重（%）	0.91	0.83
企业引进技术经费支出（亿元）	2.70	1.86
企业消化吸收经费支出（亿元）	0.26	0.13
企业购买境内技术经费支出（亿元）	12.09	9.22
企业技术改造经费支出（亿元）	72.52	69.07
企业技术获取和技术改造经费支出（亿元）	87.57	80.28
企业技术获取和技术改造经费支出占营业收入比重（%）	0.25	0.25
企业科学研究经费支出占企业R&D经费支出比重（%）	1.47	2.83
研发机构来源于企业的R&D经费支出（亿元）	0.09	0.21
高校来源于企业的R&D经费支出（亿元）	5.89	3.62
研发机构和高校R&D经费支出中企业资金占比重（%）	12.04	11.12
企业平均吸纳技术成交额（万元）	229.47	208.74
企业R&D人员全时当量（人年）	85032	67394

江西创新能力监测指标（5）

指标名称	2019	2018
企业R&D研究人员全时当量（人年）	24521	23899
企业R&D研究人员占全社会R&D研究人员比重（%）	62.63	65.25
万名企业就业人员中R&D人员数（人年）	361.95	288.25
有R&D活动的企业数（个）	4335	3547
有R&D活动的企业占工业企业比重（%）	33.29	30.50
有研发机构的企业数（个）	3467	2549
有研发机构的企业占工业企业比重（%）	26.62	21.92
企业专利申请数（件）	27813	26303
企业发明专利申请数（件）	5768	5216
企业发明专利拥有量（件）	13328	11878
万名企业就业人员发明专利拥有量（件）	56.73	50.80
发明专利申请数（件）	14101	14519
实用新型专利申请数（件）	53552	49843
外观设计专利申请数（件）	23821	21639
研发机构专利申请数（件）	683	682
研发机构发明专利申请数（件）	502	492
高校专利申请数（件）	7408	7170
高校发明专利申请数（件）	2245	2234
万人发明专利申请数（件）	3.02	3.12
亿元R&D经费支出发明专利申请数（件）	36.69	46.73
发明专利授权数（件）	2744	2524
实用新型专利授权数（件）	37564	34796
外观设计专利授权数（件）	18832	15499
万人发明专利授权数（件）	0.59	0.54
亿元R&D经费支出发明专利授权数（件）	7.14	8.12
发明专利拥有量（件）	13210	11015
实用新型专利拥有量（件）	94991	74620
外观设计专利拥有量（件）	40650	33651
研发机构发明专利拥有量（件）	902	767
高校发明专利拥有量（件）	3099	2873

江西创新能力监测指标（6）

指标名称	2019	2018
万人发明专利拥有量（件）	2.83	2.37
国内科技论文数（篇）	7095	7133
万人国内科技论文数（篇）	1.52	1.53
SCI 收录科技论文数（篇）	5711	4174
EI 收录科技论文数（篇）	3335	2739
CPCI-S 收录科技论文数（篇）	358	494
万人国际科技论文数（篇）	2.02	1.59
技术市场成交合同数（项）	2799	3025
技术市场输出技术成交额（亿元）	148.61	115.82
万人输出技术成交额（万元）	318.49	249.19
国外技术引进合同数（项）	139	137
国外技术合同成交额（亿美元）	1.76	2.19
万人国外技术引进合同成交额（万美元）	3.77	4.70
国外技术引进合同成交额中技术经费（亿美元）	1.43	2.11
国外技术引进合同成交额中技术经费占比（%）	81.29	96.55
百万人技术国际收入（万美元）	414.58	123.83
高技术产业有效发明专利数（件）	4946	4309
万名高技术产业就业人员有效发明专利数（件）	100.86	94.40
高技术产业营业收入（亿元）	5233.22	4753.46
高技术产业营业收入占工业营业收入比重（%）	14.95	14.71
高技术产业新产品销售收入（亿元）	1795.34	1014.76
高技术产业新产品销售收入占营业收入比重（%）	34.31	21.35
万元地区生产总值高技术产业营业收入（万元）	0.21	0.21
新产品销售收入（亿元）	6328.15	4511.78
新产品销售收入占营业收入比重（%）	18.08	13.97
商品出口额（亿美元）	291.76	269.41
商品出口额与地区生产总值比值（万美元/亿元）	118.28	118.60
高技术产品出口额（亿美元）	102.35	53.10
高技术产品出口额占商品出口额比重（%）	35.08	19.71

江西创新能力监测指标（7）

指标名称	2019	2018
第三产业增加值（亿元）	11789.30	10758.02
第三产业增加值占地区生产总值比重（%）	47.79	47.36
高新技术企业数（个）	5066	3483
高新技术企业年末从业人员数（万人）	94.41	80.85
高新技术企业营业收入（亿元）	12683.73	10246.76
高新技术企业技术收入（亿元）	386.61	327.37
高新技术企业技术收入占营业收入比重（%）	3.05	3.19
高新技术企业净利润（亿元）	534.32	533.02
高新技术企业利润率（%）	4.21	5.20
高新技术企业出口总额（亿元）	1210.60	866.97
劳动生产率（万元/人）	8.22	7.60
固定资本形成总额（亿元）	11921.40	10688.90
资本生产率（万元/万元）	0.33	0.33
综合能耗产出率（元/千克标准煤）	22.03	21.24
空气达到二级以上天数（天）	330	321
空气达到二级以上天数占比重（%）	90.48	87.94
废水中化学需氧量排放量（万吨）	32.22	31.68
废水中化学需氧量排放降低率（%）	-1.70	0.85
二氧化硫排放量（万吨）	22.71	24.94
二氧化硫排放降低率（%）	8.96	21.38
万元地区生产总值用水量（立方米）	102.31	114.08
万元地区生产总值用水量降低率（%）	10.31	7.97
废水中氨氮排放量（万吨）	2.80	2.68
废水中氨氮排放降低率（%）	-4.23	-2.84
固体废物产生量（万吨）	13049	12129
固体废物综合利用量（万吨）	6968	6047
固体废物综合治理率（%）	64.06	59.91
生活垃圾无害化处理率（%）	100.00	100.00
污水处理率（%）	95.39	95.77
建成区绿化覆盖率（%）	45.55	45.92

山东创新能力监测指标（1）

指标名称	2019	2018
大专以上学历人数（万人）	1236.41	1182.93
万人大专以上学历人数（人）	1339.89	1279.94
高校数（个）	146	145
高校在校学生数（万人）	287.50	260.02
十万人高校在校学生数（人）	2855.00	2588.00
高校（机构）硕士毕业生数（人）	25928	24717
十万人硕士毕业生数（人）	25.75	24.60
高校（机构）博士毕业生数（人）	1712	1569
十万人博士毕业生数（人）	1.70	1.56
研发机构数（个）	184	189
科技企业孵化器管理机构从业人员数（人）	4888	5557
国家级孵化器管理机构从业人员数（人）	1581	1439
国家大学科技园管理机构从业人员数（人）	85	89
火炬计划特色产业基地企业从业人员数（人）	1573254	1609308
国家级示范生产力促进中心人员数（人）	140	164
众创空间服务人员数（人）	7576	8170
众创空间数（个）	626	580
科技企业孵化器数（个）	358	378
国家级科技企业孵化器数（个）	96	83
科技企业孵化器在孵企业数（个）	16315	16840
科技企业孵化器累计毕业企业数（个）	12529	11333
科技企业孵化器总收入（亿元）	16.96	20.82
企业研究开发费用加计扣除减免税额（亿元）	89.16	60.53
高新技术企业减免税额（亿元）	101.70	101.83
高新技术企业减免税额占全国比重（%）	7.14	8.31
信息传输、软件和信息技术服务业固定资产投资（亿元）	435.85	365.64
信息传输、软件和信息技术服务业固定资产投资占比重（%）	0.84	0.65
邮政业务总量（亿元）	717.99	528.44
电信业务总量（亿元）	5786.39	3659.14
邮电业务总量与地区生产总值比值（万元/亿元）	922.08	628.30
固定电话和移动电话用户数（万户）	11970.73	11601.13

山东创新能力监测指标（2）

指标名称	2019	2018
百人固定电话和移动电话用户数（户）	118.87	115.47
移动互联网用户数（万户）	8855.06	8418.57
万人移动互联网用户数（万户）	0.88	0.84
有效商标注册数（万件）	129.78	96.01
百万人有效商标注册数（件）	12887.16	9555.79
地区生产总值（亿元）	70540.50	66648.87
第二产业增加值（亿元）	28171.80	27523.67
第二产业增加值占地区生产总值比重（%）	39.94	41.30
工业增加值（亿元）	22755.10	22613.00
工业增加值占地区生产总值比重（%）	32.26	33.93
装备制造业营业收入（亿元）	16145.23	19575.35
装备制造业营业收入占营业收入比重（%）	19.41	21.12
人均地区生产总值（元）	70129	66472
城镇登记失业人员数（万人）	44.22	46.54
城镇登记失业率（%）	3.29	3.35
客运量（亿人）	6.89	6.74
旅客周转量（亿人公里）	1337.98	1289.61
货运量（亿吨）	30.95	35.40
货物周转量（亿吨公里）	10166.42	10052.20
研究与试验发展（R&D）经费支出（亿元）	1494.72	1643.33
R&D经费支出与地区生产总值之比（%）	2.12	2.47
R&D经费中基础研究经费支出（亿元）	57.34	48.95
R&D经费中应用研究经费支出（亿元）	99.34	111.20
R&D经费中试验发展经费支出（亿元）	1338.03	1483.17
R&D经费中基础研究经费支出占比重（%）	3.84	2.98
R&D经费中应用研究经费支出占比重（%）	6.65	6.77
R&D经费中试验发展经费支出占比重（%）	89.52	90.25
R&D经费中政府资金经费支出（亿元）	146.53	136.56
R&D经费中企业资金经费支出（亿元）	1325.23	1460.33
R&D经费中政府资金经费支出占比重（%）	9.80	8.31
R&D经费中企业资金经费支出占比重（%）	88.66	88.86
高校R&D经费支出（亿元）	67.63	55.99

山东创新能力监测指标（3）

指标名称	2019	2018
研发机构R&D经费支出（亿元）	60.04	60.41
高校R&D经费支出占全社会R&D经费比重（%）	4.52	3.41
研发机构R&D经费支出占全社会R&D经费比重（%）	4.02	3.68
高新技术企业R&D经费支出（亿元）	587.25	474.48
高新技术企业R&D经费支出占全社会R&D经费比重（%）	39.29	28.87
财政性教育经费支出（亿元）	2156.14	2006.50
财政性教育经费支出与地区生产总值比值（万元/亿元）	305.66	301.06
地方财政科技支出（亿元）	305.76	232.74
地方财政科技支出占地方财政支出比重（%）	2.85	2.30
地方财政科技支出与地区生产总值比值（万元/亿元）	43.34	34.92
R&D人员全时当量（人年）	278787	308339
万人R&D人员全时当量（人年）	27.68	30.69
R&D人员中基础研究人员数（人年）	21374	18680
R&D人员中应用研究人员数（人年）	32796	34273
R&D人员中试验发展人员数（人年）	224622	255386
R&D人员中基础研究人员占比重（%）	7.67	6.06
R&D人员中应用研究人员占比重（%）	11.76	11.12
R&D人员中试验发展人员占比重（%）	80.57	82.83
R&D研究人员全时当量（人年）	122797	128419
R&D研究人员占全社会R&D人员比重（%）	44.05	41.65
高校R&D人员全时当量（人年）	30763	24307
研发机构R&D人员全时当量（人年）	12569	13908
高校R&D人员占全社会R&D人员比重（%）	11.03	7.88
研发机构R&D人员占全社会R&D人员比重（%）	4.51	4.51
高技术产业R&D经费支出（亿元）	195.91	226.55
高技术产业R&D经费支出占全社会R&D经费比重（%）	13.11	13.79
高技术产业R&D经费支出占营业收入比重（%）	3.31	3.24
高技术产业引进技术经费支出（万元）	20273.40	14746.20
高技术产业消化吸收经费支出（万元）	105.00	13334.90
高技术产业购买境内技术经费支出（万元）	74450.10	338913.80
高技术产业技术改造经费支出（万元）	283320.20	406693.00

山东创新能力监测指标（4）

指标名称	2019	2018
高技术产业技术获取和技术改造经费支出占营业收入比重（%）	0.64	1.11
高技术产业新产品研发经费支出（亿元）	202.51	218.25
高技术产业新产品研发经费支出占新产品销售收入比重（%）	10.19	9.12
高技术产业R&D人员全时当量（人年）	35706	49617
高技术产业R&D人员占全社会R&D人员比重（%）	12.81	16.09
高新技术企业R&D人员全时当量（人年）	155957	134797
高新技术企业R&D人员占全社会R&D人员比重（%）	55.94	43.72
科学研究和技术服务业新增固定资产（亿元）	763.87	577.16
科学研究和技术服务业新增固定资产占比重（%）	2.87	1.99
开展创新活动的企业数（个）	14125	16303
开展创新活动的企业占比重（%）	52.07	44.91
实现创新的企业数（个）	13056	15121
实现创新企业占比重（%）	48.13	41.65
企业创新费用支出（亿元）	1680.10	1886.50
企业R&D经费支出（亿元）	1210.95	1418.50
企业R&D经费支出占创新费用支出比重（%）	72.08	75.19
企业R&D经费支出占全社会R&D经费比重（%）	81.02	86.32
企业R&D经费支出占营业收入比重（%）	1.46	1.47
企业引进技术经费支出（亿元）	12.89	11.83
企业消化吸收经费支出（亿元）	1.52	3.58
企业购买境内技术经费支出（亿元）	30.78	41.67
企业技术改造经费支出（亿元）	231.60	236.26
企业技术获取和技术改造经费支出（亿元）	276.80	293.34
企业技术获取和技术改造经费支出占营业收入比重（%）	0.33	0.30
企业科学研究经费支出占企业R&D经费支出比重（%）	3.12	3.63
研发机构来源于企业的R&D经费支出（亿元）	2.55	2.02
高校来源于企业的R&D经费支出（亿元）	13.85	13.19
研发机构和高校R&D经费支出中企业资金占比重（%）	12.85	13.07
企业平均吸纳技术成交额（万元）	409.52	244.88
企业R&D人员全时当量（人年）	198205	236515

山东创新能力监测指标（5）

指标名称	2019	2018
企业R&D研究人员全时当量（人年）	66849	80415
企业R&D研究人员占全社会R&D研究人员比重（%）	54.44	62.62
万名企业就业人员中R&D人员数（人年）	358.00	339.82
有R&D活动的企业数（个）	7114	7984
有R&D活动的企业占工业企业比重（%）	26.22	20.83
有研发机构的企业数（个）	2566	2734
有研发机构的企业占工业企业比重（%）	9.46	7.13
企业专利申请数（件）	57339	60928
企业发明专利申请数（件）	21948	31329
企业发明专利拥有量（件）	67896	63496
万名企业就业人员发明专利拥有量（件）	122.64	91.23
发明专利申请数（件）	69350	72764
实用新型专利申请数（件）	166858	135461
外观设计专利申请数（件）	27003	23360
研发机构专利申请数（件）	2807	2543
研发机构发明专利申请数（件）	2126	1856
高校专利申请数（件）	17847	16302
高校发明专利申请数（件）	10762	10152
万人发明专利申请数（件）	6.89	7.24
亿元R&D经费支出发明专利申请数（件）	46.40	44.28
发明专利授权数（件）	20652	20338
实用新型专利授权数（件）	106429	94249
外观设计专利授权数（件）	19400	17795
万人发明专利授权数（件）	2.05	2.02
亿元R&D经费支出发明专利授权数（件）	13.82	12.38
发明专利拥有量（件）	100892	87362
实用新型专利拥有量（件）	319432	265999
外观设计专利拥有量（件）	65528	56879
研发机构发明专利拥有量（件）	6305	5727
高校发明专利拥有量（件）	23091	20145

山东创新能力监测指标（6）

指标名称	2019	2018
万人发明专利拥有量（件）	10.02	8.70
国内科技论文数（篇）	22069	22228
万人国内科技论文数（篇）	2.19	2.21
SCI 收录科技论文数（篇）	25117	20226
EI 收录科技论文数（篇）	11011	11272
CPCI-S 收录科技论文数（篇）	1855	2613
万人国际科技论文数（篇）	3.77	3.40
技术市场成交合同数（项）	35167	34255
技术市场输出技术成交额（亿元）	1110.02	819.95
万人输出技术成交额（万元）	1102.28	816.12
国外技术引进合同数（项）	433	407
国外技术合同成交额（亿美元）	19.58	11.07
万人国外技术引进合同成交额（万美元）	19.44	11.02
国外技术引进合同成交额中技术经费（亿美元）	18.04	10.79
国外技术引进合同成交额中技术经费占比重（%）	92.16	97.46
百万人技术国际收入（万美元）	840.28	630.23
高技术产业有效发明专利数（件）	18387	19986
万名高技术产业就业人员有效发明专利数（件）	339.27	325.22
高技术产业营业收入（亿元）	5910.64	6988.62
高技术产业营业收入占工业营业收入比重（%）	7.11	7.24
高技术产业新产品销售收入（亿元）	1987.35	2393.26
高技术产业新产品销售收入占营业收入比重（%）	33.62	34.25
万元地区生产总值高技术产业营业收入（万元）	0.08	0.10
新产品销售收入（亿元）	13480.08	15246.50
新产品销售收入占营业收入比重（%）	16.21	15.79
商品出口额（亿美元）	1710.44	1734.49
商品出口额与地区生产总值比值（万美元/亿元）	242.48	260.24
高技术产品出口额（亿美元）	133.31	151.55
高技术产品出口额占商品出口额比重（%）	7.79	8.74

山东创新能力监测指标（7）

指标名称	2019	2018
第三产业增加值（亿元）	37251.70	34174.68
第三产业增加值占地区生产总值比重（%）	52.81	51.28
高新技术企业数（个）	11358	8831
高新技术企业年末从业人员数（万人）	202.66	179.25
高新技术企业营业收入（亿元）	27445.31	23579.85
高新技术企业技术收入（亿元）	1188.52	891.58
高新技术企业技术收入占营业收入比重（%）	4.33	3.78
高新技术企业净利润（亿元）	1554.42	1481.95
高新技术企业利润率（%）	5.66	6.28
高新技术企业出口总额（亿元）	3240.15	2889.60
劳动生产率（万元/人）	13.28	12.19
固定资本形成总额（亿元）	33393.29	36588.47
资本生产率（万元/万元）	0.31	0.30
综合能耗产出率（元/千克标准煤）	17.16	16.60
空气达到二级以上天数（天）	210	219
空气达到二级以上天数占比重（%）	57.61	59.93
废水中化学需氧量排放量（万吨）	27.57	29.20
废水中化学需氧量排放降低率（%）	5.61	7.84
二氧化硫排放量（万吨）	28.15	34.13
二氧化硫排放降低率（%）	17.51	18.03
万元地区生产总值用水量（立方米）	31.70	27.81
万元地区生产总值用水量降低率（%）	-13.98	3.56
废水中氨氮排放量（万吨）	2.34	2.48
废水中氨氮排放降低率（%）	6.00	2.77
固体废物产生量（万吨）	32129	29995
固体废物综合利用量（万吨）	25230	23831
固体废物综合治理率（%）	85.68	85.19
生活垃圾无害化处理率（%）	99.94	100.00
污水处理率（%）	97.99	97.45
建成区绿化覆盖率（%）	41.80	41.81

河南创新能力监测指标（1）

指标名称	2019	2018
大专以上学历人数（万人）	952.95	825.12
万人大专以上学历人数（人）	1074.32	937.42
高校数（个）	141	139
高校在校学生数（万人）	280.81	254.82
十万人高校在校学生数（人）	2913.00	2653.00
高校（机构）硕士毕业生数（人）	15772	13168
十万人硕士毕业生数（人）	16.36	13.71
高校（机构）博士毕业生数（人）	335	388
十万人博士毕业生数（人）	0.35	0.40
研发机构数（个）	115	117
科技企业孵化器管理机构从业人员数（人）	2602	2763
国家级孵化器管理机构从业人员数（人）	907	774
国家大学科技园管理机构从业人员数（人）	61	70
火炬计划特色产业基地企业从业人员数（人）	229912	226631
国家级示范生产力促进中心人员数（人）	285	277
众创空间服务人员数（人）	3096	3457
众创空间数（个）	229	203
科技企业孵化器数（个）	167	169
国家级科技企业孵化器数（个）	44	36
科技企业孵化器在孵企业数（个）	8987	9096
科技企业孵化器累计毕业企业数（个）	6698	6811
科技企业孵化器总收入（亿元）	8.38	7.19
企业研究开发费用加计扣除减免税额（亿元）	50.94	23.50
高新技术企业减免税额（亿元）	41.27	27.56
高新技术企业减免税额占全国比重（%）	2.90	2.25
信息传输、软件和信息技术服务业固定资产投资（亿元）	366.77	410.16
信息传输、软件和信息技术服务业固定资产投资占比重（%）	0.72	0.86
邮政业务总量（亿元）	590.45	436.71
电信业务总量（亿元）	5999.12	3950.31
邮电业务总量与地区生产总值比值（万元/亿元）	1226.70	878.53
固定电话和移动电话用户数（万户）	10598.91	10131.38

河南创新能力监测指标（2）

指标名称	2019	2018
百人固定电话和移动电话用户数（户）	109.95	105.48
移动互联网用户数（万户）	8245.69	7766.49
万人移动互联网用户数（万户）	0.86	0.81
有效商标注册数（万件）	87.37	62.37
百万人有效商标注册数（件）	9063.73	6493.81
地区生产总值（亿元）	53717.80	49935.90
第二产业增加值（亿元）	23035.60	22038.56
第二产业增加值占地区生产总值比重（%）	42.88	44.13
工业增加值（亿元）	17938.20	17323.40
工业增加值占地区生产总值比重（%）	33.39	34.69
装备制造业营业收入（亿元）	13715.50	11920.28
装备制造业营业收入占营业收入比重（%）	27.39	25.56
人均地区生产总值（元）	55825	52114
城镇登记失业人员数（万人）	49.43	48.60
城镇登记失业率（%）	3.17	3.02
客运量（亿人）	10.93	11.04
旅客周转量（亿人公里）	1798.68	1775.09
货运量（亿吨）	21.90	25.99
货物周转量（亿吨公里）	8658.54	8982.12
研究与试验发展（R&D）经费支出（亿元）	793.04	671.52
R&D经费支出与地区生产总值之比（%）	1.48	1.34
R&D经费中基础研究经费支出（亿元）	19.14	12.82
R&D经费中应用研究经费支出（亿元）	72.24	71.10
R&D经费中试验发展经费支出（亿元）	701.65	587.60
R&D经费中基础研究经费支出占比重（%）	2.41	1.91
R&D经费中应用研究经费支出占比重（%）	9.11	10.59
R&D经费中试验发展经费支出占比重（%）	88.48	87.50
R&D经费中政府资金经费支出（亿元）	78.01	60.40
R&D经费中企业资金经费支出（亿元）	686.76	576.37
R&D经费中政府资金经费支出占比重（%）	9.84	8.99
R&D经费中企业资金经费支出占比重（%）	86.60	85.83
高校R&D经费支出（亿元）	41.22	29.10

河南创新能力监测指标（3）

指标名称	2019	2018
研发机构R&D经费支出（亿元）	52.60	43.07
高校R&D经费支出占全社会R&D经费比重（%）	5.20	4.33
研发机构R&D经费支出占全社会R&D经费比重（%）	6.63	6.41
高新技术企业R&D经费支出（亿元）	211.66	197.69
高新技术企业R&D经费支出占全社会R&D经费比重（%）	26.69	29.44
财政性教育经费支出（亿元）	1810.71	1664.67
财政性教育经费支出与地区生产总值比值（万元/亿元）	337.08	333.36
地方财政科技支出（亿元）	211.07	155.67
地方财政科技支出占地方财政支出比重（%）	2.08	1.69
地方财政科技支出与地区生产总值比值（万元/亿元）	39.29	31.17
R&D人员全时当量（人年）	191570	166807
万人R&D人员全时当量（人年）	19.87	17.37
R&D人员中基础研究人员数（人年）	7421	5147
R&D人员中应用研究人员数（人年）	22196	17877
R&D人员中试验发展人员数（人年）	161967	143790
R&D人员中基础研究人员占比重（%）	3.87	3.09
R&D人员中应用研究人员占比重（%）	11.59	10.72
R&D人员中试验发展人员占比重（%）	84.55	86.20
R&D研究人员全时当量（人年）	76108	63461
R&D研究人员占全社会R&D人员比重（%）	39.73	38.04
高校R&D人员全时当量（人年）	13783	9673
研发机构R&D人员全时当量（人年）	11175	10954
高校R&D人员占全社会R&D人员比重（%）	7.19	5.80
研发机构R&D人员占全社会R&D人员比重（%）	5.83	6.57
高技术产业R&D经费支出（亿元）	85.86	72.83
高技术产业R&D经费支出占全社会R&D经费比重（%）	10.83	10.85
高技术产业R&D经费支出占营业收入比重（%）	1.40	1.20
高技术产业引进技术经费支出（万元）	1141.70	10.00
高技术产业消化吸收经费支出（万元）	132.80	112.80
高技术产业购买境内技术经费支出（万元）	11078.20	8510.40
高技术产业技术改造经费支出（万元）	58323.50	50506.30

河南创新能力监测指标（4）

指标名称	2019	2018
高技术产业技术获取和技术改造经费支出占营业收入比重（%）	0.12	0.10
高技术产业新产品研发经费支出（亿元）	79.06	67.95
高技术产业新产品研发经费支出占新产品销售收入比重（%）	3.29	1.86
高技术产业R&D人员全时当量（人年）	27439	25166
高技术产业R&D人员占全社会R&D人员比重（%）	14.32	15.09
高新技术企业R&D人员全时当量（人年）	74296	70763
高新技术企业R&D人员占全社会R&D人员比重（%）	38.78	42.42
科学研究和技术服务业新增固定资产（亿元）	251.99	259.83
科学研究和技术服务业新增固定资产占比重（%）	0.92	1.03
开展创新活动的企业数（个）	8772	8156
开展创新活动的企业占比重（%）	44.96	38.83
实现创新的企业数（个）	8253	7622
实现创新企业占比重（%）	42.30	36.29
企业创新费用支出（亿元）	800.40	727.50
企业R&D经费支出（亿元）	608.72	528.93
企业R&D经费支出占创新费用支出比重（%）	76.05	72.70
企业R&D经费支出占全社会R&D经费比重（%）	76.76	78.77
企业R&D经费支出占营业收入比重（%）	1.22	1.11
企业引进技术经费支出（亿元）	1.32	0.59
企业消化吸收经费支出（亿元）	0.13	0.06
企业购买境内技术经费支出（亿元）	9.00	13.61
企业技术改造经费支出（亿元）	106.21	114.04
企业技术获取和技术改造经费支出（亿元）	116.65	128.31
企业技术获取和技术改造经费支出占营业收入比重（%）	0.23	0.27
企业科学研究经费支出占企业R&D经费支出比重（%）	3.73	4.10
研发机构来源于企业的R&D经费支出（亿元）	0.56	0.96
高校来源于企业的R&D经费支出（亿元）	10.43	6.15
研发机构和高校R&D经费支出中企业资金占比重（%）	11.72	9.86
企业平均吸纳技术成交额（万元）	212.91	168.71
企业R&D人员全时当量（人年）	140361	128054

河南创新能力监测指标（5）

指标名称	2019	2018
企业R&D研究人员全时当量（人年）	43513	38433
企业R&D研究人员占全社会R&D研究人员比重（%）	57.17	60.56
万名企业就业人员中R&D人员数（人年）	286.95	266.61
有R&D活动的企业数（个）	4458	3364
有R&D活动的企业占工业企业比重（%）	22.84	15.23
有研发机构的企业数（个）	1626	1419
有研发机构的企业占工业企业比重（%）	8.33	6.43
企业专利申请数（件）	30397	27603
企业发明专利申请数（件）	8734	8911
企业发明专利拥有量（件）	30245	23857
万名企业就业人员发明专利拥有量（件）	61.83	49.67
发明专利申请数（件）	30260	46868
实用新型专利申请数（件）	96203	89620
外观设计专利申请数（件）	17547	17893
研发机构专利申请数（件）	1888	1800
研发机构发明专利申请数（件）	1445	1270
高校专利申请数（件）	12824	11981
高校发明专利申请数（件）	5524	5664
万人发明专利申请数（件）	3.14	4.88
亿元R&D经费支出发明专利申请数（件）	38.16	69.79
发明专利授权数（件）	6991	8339
实用新型专利授权数（件）	65341	59417
外观设计专利授权数（件）	13915	14562
万人发明专利授权数（件）	0.73	0.87
亿元R&D经费支出发明专利授权数（件）	8.82	12.42
发明专利拥有量（件）	37311	33524
实用新型专利拥有量（件）	180601	146704
外观设计专利拥有量（件）	38054	35370
研发机构发明专利拥有量（件）	3935	3287
高校发明专利拥有量（件）	9975	8439

河南创新能力监测指标（6）

指标名称	2019	2018
万人发明专利拥有量（件）	3.87	3.49
国内科技论文数（篇）	18628	19483
万人国内科技论文数（篇）	1.93	2.03
SCI 收录科技论文数（篇）	11364	8809
EI 收录科技论文数（篇）	5942	5397
CPCI-S 收录科技论文数（篇）	802	1046
万人国际科技论文数（篇）	1.88	1.59
技术市场成交合同数（项）	9293	7289
技术市场输出技术成交额（亿元）	231.89	149.28
万人输出技术成交额（万元）	240.55	155.42
国外技术引进合同数（项）	56	56
国外技术合同成交额（亿美元）	1.60	1.14
万人国外技术引进合同成交额（万美元）	1.66	1.19
国外技术引进合同成交额中技术经费（亿美元）	1.60	1.14
国外技术引进合同成交额中技术经费占比重（%）	100.00	100.00
百万人技术国际收入（万美元）	116.24	96.05
高技术产业有效发明专利数（件）	6469	5160
万名高技术产业就业人员有效发明专利数（件）	101.62	82.75
高技术产业营业收入（亿元）	6118.46	6064.20
高技术产业营业收入占工业营业收入比重（%）	12.22	12.78
高技术产业新产品销售收入（亿元）	2405.64	3653.69
高技术产业新产品销售收入占营业收入比重（%）	39.32	60.25
万元地区生产总值高技术产业营业收入（万元）	0.11	0.12
新产品销售收入（亿元）	6788.35	7688.20
新产品销售收入占营业收入比重（%）	13.56	16.20
商品出口额（亿美元）	592.94	578.55
商品出口额与地区生产总值比值（万美元/亿元）	110.38	115.86
高技术产品出口额（亿美元）	335.89	340.01
高技术产品出口额占商品出口额比重（%）	56.65	58.77

河南创新能力监测指标（7）

指标名称	2019	2018
第三产业增加值（亿元）	26046.50	23586.21
第三产业增加值占地区生产总值比重（%）	48.49	47.23
高新技术企业数（个）	4749	3283
高新技术企业年末从业人员数（万人）	98.05	88.01
高新技术企业营业收入（亿元）	10330.40	8780.39
高新技术企业技术收入（亿元）	640.63	433.58
高新技术企业技术收入占营业收入比重（%）	6.20	4.94
高新技术企业净利润（亿元）	504.05	489.21
高新技术企业利润率（%）	4.88	5.57
高新技术企业出口总额（亿元）	692.16	709.07
劳动生产率（万元/人）	7.48	6.86
固定资本形成总额（亿元）	36347.95	32734.80
资本生产率（万元/万元）	0.22	0.21
综合能耗产出率（元/千克标准煤）	18.02	16.58
空气达到二级以上天数（天）	196	195
空气达到二级以上天数占比重（%）	53.81	53.29
废水中化学需氧量排放量（万吨）	25.19	27.00
废水中化学需氧量排放降低率（%）	6.73	6.42
二氧化硫排放量（万吨）	10.44	12.27
二氧化硫排放降低率（%）	14.91	12.26
万元地区生产总值用水量（立方米）	43.83	48.82
万元地区生产总值用水量降低率（%）	10.22	6.97
废水中氨氮排放量（万吨）	2.06	2.30
废水中氨氮排放降低率（%）	10.45	9.72
固体废物产生量（万吨）	24965	20362
固体废物综合利用量（万吨）	11976	11755
固体废物综合治理率（%）	69.83	85.83
生活垃圾无害化处理率（%）	99.65	99.71
污水处理率（%）	97.72	97.29
建成区绿化覆盖率（%）	41.03	40.02

湖北创新能力监测指标（1）

指标名称	2019	2018
大专以上学历人数（万人）	812.05	860.73
万人大专以上学历人数（人）	1470.42	1556.44
高校数（个）	128	128
高校在校学生数（万人）	192.51	182.72
十万人高校在校学生数（人）	3248.00	3088.00
高校（机构）硕士毕业生数（人）	35108	32574
十万人硕士毕业生数（人）	59.23	55.05
高校（机构）博士毕业生数（人）	3965	4303
十万人博士毕业生数（人）	6.69	7.27
研发机构数（个）	101	106
科技企业孵化器管理机构从业人员数（人）	2917	2852
国家级孵化器管理机构从业人员数（人）	919	861
国家大学科技园管理机构从业人员数（人）	78	109
火炬计划特色产业基地企业从业人员数（人）	339213	331172
国家级示范生产力促进中心人员数（人）	173	175
众创空间服务人员数（人）	3464	5159
众创空间数（个）	337	275
科技企业孵化器数（个）	216	192
国家级科技企业孵化器数（个）	53	45
科技企业孵化器在孵企业数（个）	11286	10344
科技企业孵化器累计毕业企业数（个）	8409	7287
科技企业孵化器总收入（亿元）	13.12	20.50
企业研究开发费用加计扣除减免税额（亿元）	58.40	32.03
高新技术企业减免税额（亿元）	38.98	24.97
高新技术企业减免税额占全国比重（%）	2.74	2.04
信息传输、软件和信息技术服务业固定资产投资（亿元）	367.85	232.01
信息传输、软件和信息技术服务业固定资产投资占比重（%）	0.94	0.66
邮政业务总量（亿元）	458.51	345.24
电信业务总量（亿元）	3370.84	2040.03
邮电业务总量与地区生产总值比值（万元/亿元）	842.93	567.63
固定电话和移动电话用户数（万户）	6206.95	6172.60

湖北创新能力监测指标（2）

指标名称	2019	2018
百人固定电话和移动电话用户数（户）	104.72	104.32
移动互联网用户数（万户）	4635.62	4551.95
万人移动互联网用户数（万户）	0.78	0.77
有效商标注册数（万件）	54.69	41.40
百万人有效商标注册数（件）	9226.66	6995.94
地区生产总值（亿元）	45429.00	42021.95
第二产业增加值（亿元）	18723.10	17573.87
第二产业增加值占地区生产总值比重（%）	41.21	41.82
工业增加值（亿元）	15707.60	14849.60
工业增加值占地区生产总值比重（%）	34.58	35.34
装备制造业营业收入（亿元）	14987.47	13860.86
装备制造业营业收入占营业收入比重（%）	32.97	32.72
人均地区生产总值（元）	76712	71109
城镇登记失业人员数（万人）	37.63	36.14
城镇登记失业率（%）	2.44	2.55
客运量（亿人）	8.74	9.84
旅客周转量（亿人公里）	1200.36	1258.91
货运量（亿吨）	18.81	20.43
货物周转量（亿吨公里）	6132.40	6675.50
研究与试验发展（R&D）经费支出（亿元）	957.88	822.05
R&D经费支出与地区生产总值之比（%）	2.11	1.96
R&D经费中基础研究经费支出（亿元）	43.23	30.56
R&D经费中应用研究经费支出（亿元）	119.38	108.19
R&D经费中试验发展经费支出（亿元）	795.27	683.29
R&D经费中基础研究经费支出占比重（%）	4.51	3.72
R&D经费中应用研究经费支出占比重（%）	12.46	13.16
R&D经费中试验发展经费支出占比重（%）	83.02	83.12
R&D经费中政府资金经费支出（亿元）	179.32	170.18
R&D经费中企业资金经费支出（亿元）	741.50	634.87
R&D经费中政府资金经费支出占比重（%）	18.72	20.70
R&D经费中企业资金经费支出占比重（%）	77.41	77.23
高校R&D经费支出（亿元）	104.69	72.07

湖北创新能力监测指标（3）

指标名称	2019	2018
研发机构R&D经费支出（亿元）	108.10	101.36
高校R&D经费支出占全社会R&D经费比重（%）	10.93	8.77
研发机构R&D经费支出占全社会R&D经费比重（%）	11.29	12.33
高新技术企业R&D经费支出（亿元）	554.64	488.78
高新技术企业R&D经费支出占全社会R&D经费比重（%）	57.90	59.46
财政性教育经费支出（亿元）	1147.10	1065.64
财政性教育经费支出与地区生产总值比值（万元/亿元）	252.50	253.59
地方财政科技支出（亿元）	319.28	268.49
地方财政科技支出占地方财政支出比重（%）	4.01	3.70
地方财政科技支出与地区生产总值比值（万元/亿元）	70.28	63.89
R&D人员全时当量（人年）	178330	155547
万人R&D人员全时当量（人年）	30.09	26.29
R&D人员中基础研究人员数（人年）	13131	9081
R&D人员中应用研究人员数（人年）	25393	22665
R&D人员中试验发展人员数（人年）	139823	123799
R&D人员中基础研究人员占比重（%）	7.36	5.84
R&D人员中应用研究人员占比重（%）	14.24	14.57
R&D人员中试验发展人员占比重（%）	78.41	79.59
R&D研究人员全时当量（人年）	82325	67474
R&D研究人员占全社会R&D人员比重（%）	46.16	43.38
高校R&D人员全时当量（人年）	26431	16779
研发机构R&D人员全时当量（人年）	12055	13471
高校R&D人员占全社会R&D人员比重（%）	14.82	10.79
研发机构R&D人员占全社会R&D人员比重（%）	6.76	8.66
高技术产业R&D经费支出（亿元）	152.94	145.44
高技术产业R&D经费支出占全社会R&D经费比重（%）	15.97	17.69
高技术产业R&D经费支出占营业收入比重（%）	3.45	3.35
高技术产业引进技术经费支出（万元）	2961.30	19944.30
高技术产业消化吸收经费支出（万元）	305.00	1126.40
高技术产业购买境内技术经费支出（万元）	9497.50	6020.70
高技术产业技术改造经费支出（万元）	102666.90	78601.00

湖北创新能力监测指标（4）

指标名称	2019	2018
高技术产业技术获取和技术改造经费支出占营业收入比重（%）	0.26	0.24
高技术产业新产品研发经费支出（亿元）	183.99	159.89
高技术产业新产品研发经费支出占新产品销售收入比重（%）	10.00	10.10
高技术产业R&D人员全时当量（人年）	27319	21735
高技术产业R&D人员占全社会R&D人员比重（%）	15.32	13.97
高新技术企业R&D人员全时当量（人年）	153801	154461
高新技术企业R&D人员占全社会R&D人员比重（%）	86.25	99.30
科学研究和技术服务业新增固定资产（亿元）	174.74	137.04
科学研究和技术服务业新增固定资产占比重（%）	0.95	0.82
开展创新活动的企业数（个）	9279	8211
开展创新活动的企业占比重（%）	59.78	53.96
实现创新的企业数（个）	7880	7133
实现创新企业占比重（%）	50.77	46.88
企业创新费用支出（亿元）	897.60	789.10
企业R&D经费支出（亿元）	586.51	525.52
企业R&D经费支出占创新费用支出比重（%）	65.34	66.60
企业R&D经费支出占全社会R&D经费比重（%）	61.23	63.93
企业R&D经费支出占营业收入比重（%）	1.29	1.21
企业引进技术经费支出（亿元）	4.82	9.82
企业消化吸收经费支出（亿元）	0.09	1.14
企业购买境内技术经费支出（亿元）	4.30	3.59
企业技术改造经费支出（亿元）	108.81	87.68
企业技术获取和技术改造经费支出（亿元）	118.01	102.23
企业技术获取和技术改造经费支出占营业收入比重（%）	0.26	0.24
企业科学研究经费支出占企业R&D经费支出比重（%）	2.97	3.39
研发机构来源于企业的R&D经费支出（亿元）	3.93	2.23
高校来源于企业的R&D经费支出（亿元）	29.99	19.80
研发机构和高校R&D经费支出中企业资金占比重（%）	15.94	12.70
企业平均吸纳技术成交额（万元）	608.71	531.14
企业R&D人员全时当量（人年）	115743	105041

湖北创新能力监测指标（5）

指标名称	2019	2018
企业R&D研究人员全时当量（人年）	38347	33100
企业R&D研究人员占全社会R&D研究人员比重（%）	46.58	49.06
万名企业就业人员中R&D人员数（人年）	344.61	358.50
有R&D活动的企业数（个）	4877	3803
有R&D活动的企业占工业企业比重（%）	31.42	24.38
有研发机构的企业数（个）	2012	1318
有研发机构的企业占工业企业比重（%）	12.96	8.45
企业专利申请数（件）	35149	28003
企业发明专利申请数（件）	16366	12858
企业发明专利拥有量（件）	38000	32421
万名企业就业人员发明专利拥有量（件）	113.14	110.65
发明专利申请数（件）	47450	50664
实用新型专利申请数（件）	81197	62754
外观设计专利申请数（件）	12674	11117
研发机构专利申请数（件）	2514	2669
研发机构发明专利申请数（件）	1868	1991
高校专利申请数（件）	18475	17938
高校发明专利申请数（件）	12436	11169
万人发明专利申请数（件）	8.01	8.56
亿元R&D经费支出发明专利申请数（件）	49.54	61.63
发明专利授权数（件）	14178	11393
实用新型专利授权数（件）	50159	44350
外观设计专利授权数（件）	9603	8363
万人发明专利授权数（件）	2.39	1.93
亿元R&D经费支出发明专利授权数（件）	14.80	13.86
发明专利拥有量（件）	59379	48644
实用新型专利拥有量（件）	155996	129562
外观设计专利拥有量（件）	29177	24755
研发机构发明专利拥有量（件）	6286	6402
高校发明专利拥有量（件）	21243	17034

湖北创新能力监测指标（6）

指标名称	2019	2018
万人发明专利拥有量（件）	10.02	8.22
国内科技论文数（篇）	26445	27229
万人国内科技论文数（篇）	4.46	4.60
SCI 收录科技论文数（篇）	24219	20366
EI 收录科技论文数（篇）	15471	14038
CPCI-S 收录科技论文数（篇）	2525	3377
万人国际科技论文数（篇）	7.12	6.39
技术市场成交合同数（项）	39136	28399
技术市场输出技术成交额（亿元）	1429.84	1204.09
万人输出技术成交额（万元）	2412.41	2034.97
国外技术引进合同数（项）	198	176
国外技术合同成交额（亿美元）	10.27	12.83
万人国外技术引进合同成交额（万美元）	17.33	21.68
国外技术引进合同成交额中技术经费（亿美元）	10.27	12.68
国外技术引进合同成交额中技术经费占比重（%）	100.00	98.85
百万人技术国际收入（万美元）	743.16	614.91
高技术产业有效发明专利数（件）	13660	10060
万名高技术产业就业人员有效发明专利数（件）	388.58	280.92
高技术产业营业收入（亿元）	4433.94	4340.41
高技术产业营业收入占工业营业收入比重（%）	9.75	10.03
高技术产业新产品销售收入（亿元）	1840.40	1583.69
高技术产业新产品销售收入占营业收入比重（%）	41.51	36.49
万元地区生产总值高技术产业营业收入（万元）	0.10	0.10
新产品销售收入（亿元）	9707.67	8862.97
新产品销售收入占营业收入比重（%）	21.35	20.48
商品出口额（亿美元）	318.75	316.58
商品出口额与地区生产总值比值（万美元/亿元）	70.16	75.34
高技术产品出口额（亿美元）	115.74	114.42
高技术产品出口额占商品出口额比重（%）	36.31	36.14

湖北创新能力监测指标（7）

指标名称	2019	2018
第三产业增加值（亿元）	22896.50	20899.91
第三产业增加值占地区生产总值比重（%）	50.40	49.74
高新技术企业数（个）	7686	6437
高新技术企业年末从业人员数（万人）	131.46	120.17
高新技术企业营业收入（亿元）	21296.12	17876.00
高新技术企业技术收入（亿元）	3672.40	2665.31
高新技术企业技术收入占营业收入比重（%）	17.24	14.91
高新技术企业净利润（亿元）	1471.06	1204.98
高新技术企业利润率（%）	6.91	6.74
高新技术企业出口总额（亿元）	1134.53	1067.08
劳动生产率（万元/人）	10.11	9.32
固定资本形成总额（亿元）	25564.26	22936.98
资本生产率（万元/万元）	0.28	0.28
综合能耗产出率（元/千克标准煤）	16.42	15.86
空气达到二级以上天数（天）	270	268
空气达到二级以上天数占比重（%）	73.99	73.42
废水中化学需氧量排放量（万吨）	26.76	29.04
废水中化学需氧量排放降低率（%）	7.83	6.68
二氧化硫排放量（万吨）	11.68	12.08
二氧化硫排放降低率（%）	3.33	30.56
万元地区生产总值用水量（立方米）	66.16	75.42
万元地区生产总值用水量降低率（%）	12.28	7.83
废水中氨氮排放量（万吨）	2.25	2.46
废水中氨氮排放降低率（%）	8.44	7.47
固体废物产生量（万吨）	13368	11528
固体废物综合利用量（万吨）	10060	8437
固体废物综合治理率（%）	93.71	85.83
生活垃圾无害化处理率（%）	99.98	99.98
污水处理率（%）	100.00	95.39
建成区绿化覆盖率（%）	38.88	38.37

湖南创新能力监测指标（1）

指标名称	2019	2018
大专以上学历人数（万人）	840.13	753.54
万人大专以上学历人数（人）	1321.41	1187.90
高校数（个）	125	124
高校在校学生数（万人）	198.77	180.06
十万人高校在校学生数（人）	2873.00	2610.00
高校（机构）硕士毕业生数（人）	19628	18552
十万人硕士毕业生数（人）	28.37	26.89
高校（机构）博士毕业生数（人）	1790	1589
十万人博士毕业生数（人）	2.59	2.30
研发机构数（个）	105	116
科技企业孵化器管理机构从业人员数（人）	1644	1640
国家级孵化器管理机构从业人员数（人）	629	541
国家大学科技园管理机构从业人员数（人）	66	66
火炬计划特色产业基地企业从业人员数（人）	208302	208695
国家级示范生产力促进中心人员数（人）	193	210
众创空间服务人员数（人）	2155	7159
众创空间数（个）	186	177
科技企业孵化器数（个）	89	85
国家级科技企业孵化器数（个）	24	19
科技企业孵化器在孵企业数（个）	5672	5527
科技企业孵化器累计毕业企业数（个）	4189	3543
科技企业孵化器总收入（亿元）	7.85	7.47
企业研究开发费用加计扣除减免税额（亿元）	71.72	34.91
高新技术企业减免税额（亿元）	47.38	43.72
高新技术企业减免税额占全国比重（%）	3.33	3.57
信息传输、软件和信息技术服务业固定资产投资（亿元）	635.82	389.69
信息传输、软件和信息技术服务业固定资产投资占比重（%）	1.68	1.13
邮政业务总量（亿元）	321.79	248.24
电信业务总量（亿元）	4248.82	2477.10
邮电业务总量与地区生产总值比值（万元/亿元）	1145.68	750.17
固定电话和移动电话用户数（万户）	7271.22	6949.66

湖南创新能力监测指标（2）

指标名称	2019	2018
百人固定电话和移动电话用户数（户）	105.10	100.73
移动互联网用户数（万户）	5489.68	5226.59
万人移动互联网用户数（万户）	0.79	0.76
有效商标注册数（万件）	57.86	43.44
百万人有效商标注册数（件）	8363.82	6297.10
地区生产总值（亿元）	39894.10	36329.68
第二产业增加值（亿元）	15401.70	13904.11
第二产业增加值占地区生产总值比重（%）	38.61	38.27
工业增加值（亿元）	11995.80	10785.60
工业增加值占地区生产总值比重（%）	30.07	29.69
装备制造业营业收入（亿元）	11087.84	9694.76
装备制造业营业收入占营业收入比重（%）	29.24	27.82
人均地区生产总值（元）	57746	52809
城镇登记失业人员数（万人）	31.09	40.35
城镇登记失业率（%）	2.73	3.58
客运量（亿人）	10.14	10.67
旅客周转量（亿人公里）	1442.96	1463.10
货运量（亿吨）	18.97	23.00
货物周转量（亿吨公里）	2593.58	4386.56
研究与试验发展（R&D）经费支出（亿元）	787.16	658.27
R&D经费支出与地区生产总值之比（%）	1.97	1.81
R&D经费中基础研究经费支出（亿元）	31.51	22.78
R&D经费中应用研究经费支出（亿元）	86.97	72.49
R&D经费中试验发展经费支出（亿元）	668.68	563.00
R&D经费中基础研究经费支出占比重（%）	4.00	3.46
R&D经费中应用研究经费支出占比重（%）	11.05	11.01
R&D经费中试验发展经费支出占比重（%）	84.95	85.53
R&D经费中政府资金经费支出（亿元）	88.59	83.60
R&D经费中企业资金经费支出（亿元）	681.28	561.41
R&D经费中政府资金经费支出占比重（%）	11.25	12.70
R&D经费中企业资金经费支出占比重（%）	86.55	85.29
高校R&D经费支出（亿元）	66.92	44.28

湖南创新能力监测指标（3）

指标名称	2019	2018
研发机构R&D经费支出（亿元）	39.02	34.76
高校R&D经费支出占全社会R&D经费比重（%）	8.50	6.73
研发机构R&D经费支出占全社会R&D经费比重（%）	4.96	5.28
高新技术企业R&D经费支出（亿元）	405.07	377.01
高新技术企业R&D经费支出占全社会R&D经费比重（%）	51.46	57.27
财政性教育经费支出（亿元）	1270.02	1186.72
财政性教育经费支出与地区生产总值比值（万元/亿元）	318.35	326.65
地方财政科技支出（亿元）	171.92	129.94
地方财政科技支出占地方财政支出比重（%）	2.14	1.74
地方财政科技支出与地区生产总值比值（万元/亿元）	43.09	35.77
R&D人员全时当量（人年）	157277	146948
万人R&D人员全时当量（人年）	22.73	21.30
R&D人员中基础研究人员数（人年）	13342	10103
R&D人员中应用研究人员数（人年）	21670	18487
R&D人员中试验发展人员数（人年）	122285	118366
R&D人员中基础研究人员占比重（%）	8.48	6.88
R&D人员中应用研究人员占比重（%）	13.78	12.58
R&D人员中试验发展人员占比重（%）	77.75	80.55
R&D研究人员全时当量（人年）	74126	66677
R&D研究人员占全社会R&D人员比重（%）	47.13	45.37
高校R&D人员全时当量（人年）	23109	16692
研发机构R&D人员全时当量（人年）	7186	7268
高校R&D人员占全社会R&D人员比重（%）	14.69	11.36
研发机构R&D人员占全社会R&D人员比重（%）	4.57	4.95
高技术产业R&D经费支出（亿元）	85.85	86.47
高技术产业R&D经费支出占全社会R&D经费比重（%）	10.91	13.14
高技术产业R&D经费支出占营业收入比重（%）	2.14	2.45
高技术产业引进技术经费支出（万元）	1769.90	18444.20
高技术产业消化吸收经费支出（万元）	15572.40	8439.50
高技术产业购买境内技术经费支出（万元）	19622.50	33284.70
高技术产业技术改造经费支出（万元）	139679.80	150517.70

湖南创新能力监测指标（4）

指标名称	2019	2018
高技术产业技术获取和技术改造经费支出占营业收入比重（%）	0.44	0.60
高技术产业新产品研发经费支出（亿元）	122.19	97.59
高技术产业新产品研发经费支出占新产品销售收入比重（%）	10.61	9.19
高技术产业R&D人员全时当量（人年）	19524	20338
高技术产业R&D人员占全社会R&D人员比重（%）	12.41	13.84
高新技术企业R&D人员全时当量（人年）	91025	94230
高新技术企业R&D人员占全社会R&D人员比重（%）	57.88	64.12
科学研究和技术服务业新增固定资产（亿元）	786.22	640.94
科学研究和技术服务业新增固定资产占比重（%）	3.51	3.15
开展创新活动的企业数（个）	11340	9519
开展创新活动的企业占比重（%）	68.46	60.74
实现创新的企业数（个）	8358	7117
实现创新企业占比重（%）	50.46	45.41
企业创新费用支出（亿元）	926.60	812.70
企业R&D经费支出（亿元）	593.15	516.72
企业R&D经费支出占创新费用支出比重（%）	64.01	63.58
企业R&D经费支出占全社会R&D经费比重（%）	75.35	78.50
企业R&D经费支出占营业收入比重（%）	1.56	1.46
企业引进技术经费支出（亿元）	12.17	8.60
企业消化吸收经费支出（亿元）	3.37	3.00
企业购买境内技术经费支出（亿元）	3.88	9.09
企业技术改造经费支出（亿元）	152.69	146.13
企业技术获取和技术改造经费支出（亿元）	172.12	166.82
企业技术获取和技术改造经费支出占营业收入比重（%）	0.45	0.47
企业科学研究经费支出占企业R&D经费支出比重（%）	5.97	5.92
研发机构来源于企业的R&D经费支出（亿元）	4.02	5.05
高校来源于企业的R&D经费支出（亿元）	16.20	9.56
研发机构和高校R&D经费支出中企业资金占比重（%）	19.09	18.48
企业平均吸纳技术成交额（万元）	207.54	121.24
企业R&D人员全时当量（人年）	106946	102800

湖南创新能力监测指标（5）

指标名称	2019	2018
企业R&D研究人员全时当量（人年）	38911	37767
企业R&D研究人员占全社会R&D研究人员比重（%）	52.49	56.64
万名企业就业人员中R&D人员数（人年）	346.77	345.20
有R&D活动的企业数（个）	7122	5979
有R&D活动的企业占工业企业比重（%）	43.00	37.24
有研发机构的企业数（个）	1772	1514
有研发机构的企业占工业企业比重（%）	10.70	9.43
企业专利申请数（件）	30900	26339
企业发明专利申请数（件）	13356	11517
企业发明专利拥有量（件）	39642	33659
万名企业就业人员发明专利拥有量（件）	128.54	113.03
发明专利申请数（件）	39104	35414
实用新型专利申请数（件）	48462	43361
外观设计专利申请数（件）	18547	15728
研发机构专利申请数（件）	614	772
研发机构发明专利申请数（件）	470	550
高校专利申请数（件）	15843	14877
高校发明专利申请数（件）	8487	7325
万人发明专利申请数（件）	5.65	5.13
亿元R&D经费支出发明专利申请数（件）	49.68	53.80
发明专利授权数（件）	8479	8261
实用新型专利授权数（件）	32699	29132
外观设计专利授权数（件）	13507	11564
万人发明专利授权数（件）	1.23	1.20
亿元R&D经费支出发明专利授权数（件）	10.77	12.55
发明专利拥有量（件）	46736	40684
实用新型专利拥有量（件）	110785	93061
外观设计专利拥有量（件）	37450	31715
研发机构发明专利拥有量（件）	2012	2146
高校发明专利拥有量（件）	13352	10758

湖南创新能力监测指标（6）

指标名称	2019	2018
万人发明专利拥有量（件）	6.76	5.90
国内科技论文数（篇）	13609	13993
万人国内科技论文数（篇）	1.97	2.03
SCI 收录科技论文数（篇）	16345	12944
EI 收录科技论文数（篇）	10687	9971
CPCI-S 收录科技论文数（篇）	1173	1888
万人国际科技论文数（篇）	4.08	3.60
技术市场成交合同数（项）	9023	6047
技术市场输出技术成交额（亿元）	490.69	281.61
万人输出技术成交额（万元）	709.26	408.19
国外技术引进合同数（项）	94	68
国外技术合同成交额（亿美元）	3.61	7.49
万人国外技术引进合同成交额（万美元）	5.22	10.85
国外技术引进合同成交额中技术经费（亿美元）	2.14	7.48
国外技术引进合同成交额中技术经费占比重（%）	59.26	99.86
百万人技术国际收入（万美元）	172.62	154.45
高技术产业有效发明专利数（件）	7647	7546
万名高技术产业就业人员有效发明专利数（件）	208.24	203.20
高技术产业营业收入（亿元）	4015.77	3522.83
高技术产业营业收入占工业营业收入比重（%）	10.59	9.95
高技术产业新产品销售收入（亿元）	1151.85	1061.40
高技术产业新产品销售收入占营业收入比重（%）	28.68	30.13
万元地区生产总值高技术产业营业收入（万元）	0.10	0.10
新产品销售收入（亿元）	8105.36	7616.24
新产品销售收入占营业收入比重（%）	21.38	21.50
商品出口额（亿美元）	263.28	210.27
商品出口额与地区生产总值比值（万美元/亿元）	66.00	57.88
高技术产品出口额（亿美元）	60.37	36.58
高技术产品出口额占商品出口额比重（%）	22.93	17.40

湖南创新能力监测指标（7）

指标名称	2019	2018
第三产业增加值（亿元）	20845.20	19341.39
第三产业增加值占地区生产总值比重（%）	52.25	53.24
高新技术企业数（个）	6209	4579
高新技术企业年末从业人员数（万人）	117.64	108.57
高新技术企业营业收入（亿元）	16251.81	14151.76
高新技术企业技术收入（亿元）	2123.58	1865.75
高新技术企业技术收入占营业收入比重（%）	13.07	13.18
高新技术企业净利润（亿元）	881.51	796.43
高新技术企业利润率（%）	5.42	5.63
高新技术企业出口总额（亿元）	886.59	765.18
劳动生产率（万元/人）	9.71	8.85
固定资本形成总额（亿元）	18814.42	18066.92
资本生产率（万元/万元）	0.29	0.30
综合能耗产出率（元/千克标准煤）	17.66	16.91
空气达到二级以上天数（天）	306	311
空气达到二级以上天数占比重（%）	83.90	85.19
废水中化学需氧量排放量（万吨）	31.22	30.70
废水中化学需氧量排放降低率（%）	-1.70	0.64
二氧化硫排放量（万吨）	19.13	22.94
二氧化硫排放降低率（%）	16.62	16.83
万元地区生产总值用水量（立方米）	83.77	92.52
万元地区生产总值用水量降低率（%）	9.46	4.05
废水中氨氮排放量（万吨）	2.97	3.10
废水中氨氮排放降低率（%）	4.21	-4.10
固体废物产生量（万吨）	7510	6127
固体废物综合利用量（万吨）	5206	4555
固体废物综合治理率（%）	82.30	91.76
生活垃圾无害化处理率（%）	99.98	99.96
污水处理率（%）	97.09	96.01
建成区绿化覆盖率（%）	41.24	41.16

广东创新能力监测指标（1）

指标名称	2019	2018
大专以上学历人数（万人）	1530.77	1301.46
万人大专以上学历人数（人）	1438.99	1240.83
高校数（个）	154	152
高校在校学生数（万人）	316.94	288.42
十万人高校在校学生数（人）	2751.00	2542.00
高校（机构）硕士毕业生数（人）	27093	25758
十万人硕士毕业生数（人）	23.52	22.70
高校（机构）博士毕业生数（人）	3085	3120
十万人博士毕业生数（人）	2.68	2.75
研发机构数（个）	187	182
科技企业孵化器管理机构从业人员数（人）	11713	11848
国家级孵化器管理机构从业人员数（人）	2473	1927
国家大学科技园管理机构从业人员数（人）	53	38
火炬计划特色产业基地企业从业人员数（人）	2348622	2321798
国家级示范生产力促进中心人员数（人）	900	1119
众创空间服务人员数（人）	7988	16121
众创空间数（个）	952	716
科技企业孵化器数（个）	1013	962
国家级科技企业孵化器数（个）	150	108
科技企业孵化器在孵企业数（个）	32918	30928
科技企业孵化器累计毕业企业数（个）	18858	16175
科技企业孵化器总收入（亿元）	107.50	118.08
企业研究开发费用加计扣除减免税额（亿元）	329.94	220.14
高新技术企业减免税额（亿元）	337.27	291.17
高新技术企业减免税额占全国比重（%）	23.69	23.77
信息传输、软件和信息技术服务业固定资产投资（亿元）	537.65	510.39
信息传输、软件和信息技术服务业固定资产投资占比重（%）	1.17	1.23
邮政业务总量（亿元）	4403.44	3215.75
电信业务总量（亿元）	12046.36	7798.43
邮电业务总量与地区生产总值比值（万元/亿元）	1523.31	1102.02
固定电话和移动电话用户数（万户）	18836.33	19034.68

广东创新能力监测指标（2）

指标名称	2019	2018
百人固定电话和移动电话用户数（户）	163.50	167.77
移动互联网用户数（万户）	14200.29	14106.94
万人移动互联网用户数（万户）	1.23	1.24
有效商标注册数（万件）	447.71	341.00
百万人有效商标注册数（件）	38860.42	30054.83
地区生产总值（亿元）	107986.90	99945.22
第二产业增加值（亿元）	43368.20	41398.45
第二产业增加值占地区生产总值比重（%）	40.16	41.42
工业增加值（亿元）	39141.80	37651.10
工业增加值占地区生产总值比重（%）	36.25	37.67
装备制造业营业收入（亿元）	75912.45	70586.75
装备制造业营业收入占营业收入比重（%）	51.74	52.05
人均地区生产总值（元）	94448	88781
城镇登记失业人员数（万人）	36.87	36.55
城镇登记失业率（%）	2.25	2.41
客运量（亿人）	14.23	14.21
旅客周转量（亿人公里）	2125.72	2085.59
货运量（亿吨）	35.84	41.64
货物周转量（亿吨公里）	27373.67	28338.33
研究与试验发展（R&D）经费支出（亿元）	3098.49	2704.70
R&D经费支出与地区生产总值之比（%）	2.87	2.71
R&D经费中基础研究经费支出（亿元）	141.86	115.18
R&D经费中应用研究经费支出（亿元）	247.28	230.53
R&D经费中试验发展经费支出（亿元）	2709.36	2358.99
R&D经费中基础研究经费支出占比重（%）	4.58	4.26
R&D经费中应用研究经费支出占比重（%）	7.98	8.52
R&D经费中试验发展经费支出占比重（%）	87.44	87.22
R&D经费中政府资金经费支出（亿元）	397.26	287.68
R&D经费中企业资金经费支出（亿元）	2649.95	2369.05
R&D经费中政府资金经费支出占比重（%）	12.82	10.64
R&D经费中企业资金经费支出占比重（%）	85.52	87.59
高校R&D经费支出（亿元）	185.78	153.12

广东创新能力监测指标（3）

指标名称	2019	2018
研发机构R&D经费支出（亿元）	112.16	88.43
高校R&D经费支出占全社会R&D经费比重（%）	6.00	5.66
研发机构R&D经费支出占全社会R&D经费比重（%）	3.62	3.27
高新技术企业R&D经费支出（亿元）	2894.92	2717.54
高新技术企业R&D经费支出占全社会R&D经费比重（%）	93.43	100.47
财政性教育经费支出（亿元）	3210.51	2792.90
财政性教育经费支出与地区生产总值比值（万元/亿元）	297.31	279.44
地方财政科技支出（亿元）	1168.79	1034.71
地方财政科技支出占地方财政支出比重（%）	6.76	6.58
地方财政科技支出与地区生产总值比值（万元/亿元）	108.23	103.53
R&D人员全时当量（人年）	803208	762733
万人R&D人员全时当量（人年）	69.72	67.22
R&D人员中基础研究人员数（人年）	30104	23614
R&D人员中应用研究人员数（人年）	58978	61865
R&D人员中试验发展人员数（人年）	714161	677269
R&D人员中基础研究人员占比重（%）	3.75	3.10
R&D人员中应用研究人员占比重（%）	7.34	8.11
R&D人员中试验发展人员占比重（%）	88.91	88.80
R&D研究人员全时当量（人年）	280061	271449
R&D研究人员占全社会R&D人员比重（%）	34.87	35.59
高校R&D人员全时当量（人年）	36914	28290
研发机构R&D人员全时当量（人年）	18240	15445
高校R&D人员占全社会R&D人员比重（%）	4.60	3.71
研发机构R&D人员占全社会R&D人员比重（%）	2.27	2.02
高技术产业R&D经费支出（亿元）	1204.03	1124.70
高技术产业R&D经费支出占全社会R&D经费比重（%）	38.86	41.58
高技术产业R&D经费支出占营业收入比重（%）	2.58	2.41
高技术产业引进技术经费支出（万元）	756215.80	968778.70
高技术产业消化吸收经费支出（万元）	5876.10	8107.80
高技术产业购买境内技术经费支出（万元）	2253307.10	1422489.40
高技术产业技术改造经费支出（万元）	2169100.00	1904253.30

广东创新能力监测指标（4）

指标名称	2019	2018
高技术产业技术获取和技术改造经费支出占营业收入比重（%）	1.11	0.92
高技术产业新产品研发经费支出（亿元）	2165.25	1786.21
高技术产业新产品研发经费支出占新产品销售收入比重（%）	9.84	8.57
高技术产业R&D人员全时当量（人年）	277561	286010
高技术产业R&D人员占全社会R&D人员比重（%）	34.56	37.50
高新技术企业R&D人员全时当量（人年）	646014	677695
高新技术企业R&D人员占全社会R&D人员比重（%）	80.43	88.85
科学研究和技术服务业新增固定资产（亿元）	87.36	85.01
科学研究和技术服务业新增固定资产占比重（%）	0.48	0.52
开展创新活动的企业数（个）	34819	28974
开展创新活动的企业占比重（%）	62.87	57.31
实现创新的企业数（个）	32440	26436
实现创新企业占比重（%）	58.58	52.29
企业创新费用支出（亿元）	4556.00	3995.70
企业R&D经费支出（亿元）	2314.86	2107.20
企业R&D经费支出占创新费用支出比重（%）	50.81	52.74
企业R&D经费支出占全社会R&D经费比重（%）	74.71	77.91
企业R&D经费支出占营业收入比重（%）	1.58	1.53
企业引进技术经费支出（亿元）	142.55	157.39
企业消化吸收经费支出（亿元）	2.16	2.13
企业购买境内技术经费支出（亿元）	259.74	163.28
企业技术改造经费支出（亿元）	564.63	452.88
企业技术获取和技术改造经费支出（亿元）	969.08	775.68
企业技术获取和技术改造经费支出占营业收入比重（%）	0.66	0.56
企业科学研究经费支出占企业R&D经费支出比重（%）	3.69	4.89
研发机构来源于企业的R&D经费支出（亿元）	5.57	4.19
高校来源于企业的R&D经费支出（亿元）	33.29	30.08
研发机构和高校R&D经费支出中企业资金占比重（%）	13.04	14.19
企业平均吸纳技术成交额（万元）	564.27	389.23
企业R&D人员全时当量（人年）	642490	621950

广东创新能力监测指标（5）

指标名称	2019	2018
企业R&D研究人员全时当量（人年）	186054	190823
企业R&D研究人员占全社会R&D研究人员比重（%）	66.43	70.30
万名企业就业人员中R&D人员数（人年）	463.70	484.91
有R&D活动的企业数（个）	20922	16570
有R&D活动的企业占工业企业比重（%）	37.77	34.92
有研发机构的企业数（个）	23592	19397
有研发机构的企业占工业企业比重（%）	42.59	40.87
企业专利申请数（件）	272616	241700
企业发明专利申请数（件）	121320	103499
企业发明专利拥有量（件）	375515	328467
万名企业就业人员发明专利拥有量（件）	271.02	256.09
发明专利申请数（件）	203311	216469
实用新型专利申请数（件）	369143	367938
外观设计专利申请数（件）	235246	209412
研发机构专利申请数（件）	4351	3882
研发机构发明专利申请数（件）	2995	2694
高校专利申请数（件）	27042	27733
高校发明专利申请数（件）	16514	15864
万人发明专利申请数（件）	17.65	19.08
亿元R&D经费支出发明专利申请数（件）	65.62	80.03
发明专利授权数（件）	59742	53259
实用新型专利授权数（件）	282741	268508
外观设计专利授权数（件）	184907	156315
万人发明专利授权数（件）	5.19	4.69
亿元R&D经费支出发明专利授权数（件）	19.28	19.69
发明专利拥有量（件）	295869	248539
实用新型专利拥有量（件）	960233	771546
外观设计专利拥有量（件）	547773	453750
研发机构发明专利拥有量（件）	8316	12531
高校发明专利拥有量（件）	20938	17039

广东创新能力监测指标（6）

指标名称	2019	2018
万人发明专利拥有量（件）	25.68	21.91
国内科技论文数（篇）	28718	28905
万人国内科技论文数（篇）	2.49	2.55
SCI 收录科技论文数（篇）	32633	25942
EI 收录科技论文数（篇）	13606	13394
CPCI-S 收录科技论文数（篇）	3914	4559
万人国际科技论文数（篇）	4.35	3.87
技术市场成交合同数（项）	33321	23700
技术市场输出技术成交额（亿元）	2223.08	1365.42
万人输出技术成交额（万元）	1929.59	1203.44
国外技术引进合同数（项）	514	465
国外技术合同成交额（亿美元）	66.06	55.48
万人国外技术引进合同成交额（万美元）	57.34	48.89
国外技术引进合同成交额中技术经费（亿美元）	64.48	54.76
国外技术引进合同成交额中技术经费占比重（%）	97.61	98.70
百万人技术国际收入（万美元）	11151.83	9084.15
高技术产业有效发明专利数（件）	230537	206134
万名高技术产业就业人员有效发明专利数（件）	604.91	529.76
高技术产业营业收入（亿元）	46723.44	46747.47
高技术产业营业收入占工业营业收入比重（%）	31.84	33.87
高技术产业新产品销售收入（亿元）	22005.08	20850.97
高技术产业新产品销售收入占营业收入比重（%）	47.10	44.60
万元地区生产总值高技术产业营业收入（万元）	0.43	0.47
新产品销售收入（亿元）	42970.06	39376.06
新产品销售收入占营业收入比重（%）	29.29	28.53
商品出口额（亿美元）	7199.15	7077.23
商品出口额与地区生产总值比值（万美元/亿元）	666.67	708.11
高技术产品出口额（亿美元）	2192.90	2326.38
高技术产品出口额占商品出口额比重（%）	30.46	32.87

广东创新能力监测指标（7）

指标名称	2019	2018
第三产业增加值（亿元）	60268.10	54710.37
第三产业增加值占地区生产总值比重（%）	55.81	54.74
高新技术企业数（个）	49991	44686
高新技术企业年末从业人员数（万人）	707.73	680.78
高新技术企业营业收入（亿元）	82884.37	74248.30
高新技术企业技术收入（亿元）	8905.86	6903.52
高新技术企业技术收入占营业收入比重（%）	10.74	9.30
高新技术企业净利润（亿元）	5672.10	4928.57
高新技术企业利润率（%）	6.84	6.64
高新技术企业出口总额（亿元）	15323.11	14217.22
劳动生产率（万元/人）	12.68	11.97
固定资本形成总额（亿元）	44218.42	41643.33
资本生产率（万元/万元）	0.49	0.48
综合能耗产出率（元/千克标准煤）	24.96	24.08
空气达到二级以上天数（天）	331	323
空气达到二级以上天数占比重（%）	90.80	88.39
废水中化学需氧量排放量（万吨）	63.48	64.43
废水中化学需氧量排放降低率（%）	1.47	4.52
二氧化硫排放量（万吨）	12.04	15.10
二氧化硫排放降低率（%）	20.24	19.38
万元地区生产总值用水量（立方米）	38.29	43.27
万元地区生产总值用水量降低率（%）	11.50	10.46
废水中氨氮排放量（万吨）	4.48	4.94
废水中氨氮排放降低率（%）	9.18	3.49
固体废物产生量（万吨）	10111	9112
固体废物综合利用量（万吨）	7331	7283
固体废物综合治理率（%）	81.65	89.64
生活垃圾无害化处理率（%）	99.95	99.87
污水处理率（%）	96.72	94.84
建成区绿化覆盖率（%）	43.31	44.03

广西创新能力监测指标（1）

指标名称	2019	2018
大专以上学历人数（万人）	426.15	316.59
万人大专以上学历人数（人）	945.63	706.99
高校数（个）	78	75
高校在校学生数（万人）	143.20	128.17
十万人高校在校学生数（人）	2887.00	2602.00
高校（机构）硕士毕业生数（人）	9668	8900
十万人硕士毕业生数（人）	19.49	18.07
高校（机构）博士毕业生数（人）	199	246
十万人博士毕业生数（人）	0.40	0.50
研发机构数（个）	108	113
科技企业孵化器管理机构从业人员数（人）	1114	993
国家级孵化器管理机构从业人员数（人）	292	222
国家大学科技园管理机构从业人员数（人）	19	19
火炬计划特色产业基地企业从业人员数（人）	8966	9520
国家级示范生产力促进中心人员数（人）	241	263
众创空间服务人员数（人）	1837	1865
众创空间数（个）	136	121
科技企业孵化器数（个）	106	89
国家级科技企业孵化器数（个）	15	10
科技企业孵化器在孵企业数（个）	3417	2842
科技企业孵化器累计毕业企业数（个）	1952	1431
科技企业孵化器总收入（亿元）	3.91	2.25
企业研究开发费用加计扣除减免税额（亿元）	11.88	7.70
高新技术企业减免税额（亿元）	7.55	4.67
高新技术企业减免税额占全国比重（%）	0.53	0.38
信息传输、软件和信息技术服务业固定资产投资（亿元）	319.47	249.03
信息传输、软件和信息技术服务业固定资产投资占比重（%）	1.32	1.13
邮政业务总量（亿元）	159.44	126.77
电信业务总量（亿元）	3587.75	2053.66
邮电业务总量与地区生产总值比值（万元/亿元）	1764.46	1110.89
固定电话和移动电话用户数（万户）	5458.17	5376.39

广西创新能力监测指标（2）

指标名称	2019	2018
百人固定电话和移动电话用户数（户）	110.04	109.14
移动互联网用户数（万户）	4450.21	4130.82
万人移动互联网用户数（万户）	0.90	0.84
有效商标注册数（万件）	23.56	17.24
百万人有效商标注册数（件）	4749.35	3499.31
地区生产总值（亿元）	21237.10	19627.81
第二产业增加值（亿元）	7046.40	6692.87
第二产业增加值占地区生产总值比重（%）	33.18	34.10
工业增加值（亿元）	5246.60	5101.90
工业增加值占地区生产总值比重（%）	24.70	25.99
装备制造业营业收入（亿元）	4162.55	4803.19
装备制造业营业收入占营业收入比重（%）	23.87	25.67
人均地区生产总值（元）	42964	40012
城镇登记失业人员数（万人）	19.66	16.71
城镇登记失业率（%）	2.60	2.34
客运量（亿人）	4.71	4.79
旅客周转量（亿人公里）	817.45	816.65
货运量（亿吨）	18.30	19.07
货物周转量（亿吨公里）	3989.18	4983.78
研究与试验发展（R&D）经费支出（亿元）	167.13	144.85
R&D经费支出与地区生产总值之比（%）	0.79	0.74
R&D经费中基础研究经费支出（亿元）	14.99	17.37
R&D经费中应用研究经费支出（亿元）	16.86	17.34
R&D经费中试验发展经费支出（亿元）	135.28	110.14
R&D经费中基础研究经费支出占比重（%）	8.97	11.99
R&D经费中应用研究经费支出占比重（%）	10.09	11.97
R&D经费中试验发展经费支出占比重（%）	80.94	76.04
R&D经费中政府资金经费支出（亿元）	45.05	42.60
R&D经费中企业资金经费支出（亿元）	116.15	95.08
R&D经费中政府资金经费支出占比重（%）	26.96	29.41
R&D经费中企业资金经费支出占比重（%）	69.50	65.64
高校R&D经费支出（亿元）	23.72	21.43

广西创新能力监测指标（3）

指标名称	2019	2018
研发机构R&D经费支出（亿元）	19.49	19.08
高校R&D经费支出占全社会R&D经费比重（%）	14.19	14.80
研发机构R&D经费支出占全社会R&D经费比重（%）	11.66	13.17
高新技术企业R&D经费支出（亿元）	104.00	83.32
高新技术企业R&D经费支出占全社会R&D经费比重（%）	62.23	57.52
财政性教育经费支出（亿元）	1014.52	933.22
财政性教育经费支出与地区生产总值比值（万元/亿元）	477.71	475.46
地方财政科技支出（亿元）	72.33	64.43
地方财政科技支出占地方财政支出比重（%）	1.24	1.21
地方财政科技支出与地区生产总值比值（万元/亿元）	34.06	32.83
R&D人员全时当量（人年）	47420	39961
万人R&D人员全时当量（人年）	9.56	8.11
R&D人员中基础研究人员数（人年）	8436	7993
R&D人员中应用研究人员数（人年）	10923	10577
R&D人员中试验发展人员数（人年）	28061	21391
R&D人员中基础研究人员占比重（%）	17.79	20.00
R&D人员中应用研究人员占比重（%）	23.03	26.47
R&D人员中试验发展人员占比重（%）	59.17	53.53
R&D研究人员全时当量（人年）	26068	22176
R&D研究人员占全社会R&D人员比重（%）	54.97	55.49
高校R&D人员全时当量（人年）	13218	11625
研发机构R&D人员全时当量（人年）	4462	4401
高校R&D人员占全社会R&D人员比重（%）	27.87	29.09
研发机构R&D人员占全社会R&D人员比重（%）	9.41	11.01
高技术产业R&D经费支出（亿元）	4.95	6.08
高技术产业R&D经费支出占全社会R&D经费比重（%）	2.96	4.20
高技术产业R&D经费支出占营业收入比重（%）	0.32	0.42
高技术产业引进技术经费支出（万元）	42.90	40.50
高技术产业消化吸收经费支出（万元）	401.50	126.50
高技术产业购买境内技术经费支出（万元）	4108.60	11.00
高技术产业技术改造经费支出（万元）	7985.30	3884.00

广西创新能力监测指标（4）

指标名称	2019	2018
高技术产业技术获取和技术改造经费支出占营业收入比重（%）	0.08	0.03
高技术产业新产品研发经费支出（亿元）	8.69	6.52
高技术产业新产品研发经费支出占新产品销售收入比重（%）	4.78	3.85
高技术产业R&D人员全时当量（人年）	1879	1846
高技术产业R&D人员占全社会R&D人员比重（%）	3.96	4.62
高新技术企业R&D人员全时当量（人年）	24169	21860
高新技术企业R&D人员占全社会R&D人员比重（%）	50.97	54.70
科学研究和技术服务业新增固定资产（亿元）	157.20	163.13
科学研究和技术服务业新增固定资产占比重（%）	1.18	1.34
开展创新活动的企业数（个）	2236	1739
开展创新活动的企业占比重（%）	36.21	29.15
实现创新的企业数（个）	2101	1640
实现创新企业占比重（%）	34.02	27.49
企业创新费用支出（亿元）	329.00	187.20
企业R&D经费支出（亿元）	104.47	89.10
企业R&D经费支出占创新费用支出比重（%）	31.76	47.60
企业R&D经费支出占全社会R&D经费比重（%）	62.51	61.51
企业R&D经费支出占营业收入比重（%）	0.60	0.47
企业引进技术经费支出（亿元）	0.67	0.63
企业消化吸收经费支出（亿元）	0.04	0.53
企业购买境内技术经费支出（亿元）	2.00	1.28
企业技术改造经费支出（亿元）	174.88	63.48
企业技术获取和技术改造经费支出（亿元）	177.59	65.92
企业技术获取和技术改造经费支出占营业收入比重（%）	1.02	0.35
企业科学研究经费支出占企业R&D经费支出比重（%）	1.19	1.87
研发机构来源于企业的R&D经费支出（亿元）	0.20	0.21
高校来源于企业的R&D经费支出（亿元）	1.50	1.91
研发机构和高校R&D经费支出中企业资金占比重（%）	3.93	5.21
企业平均吸纳技术成交额（万元）	512.08	317.28
企业R&D人员全时当量（人年）	22102	17228

广西创新能力监测指标（5）

指标名称	2019	2018
企业R&D研究人员全时当量（人年）	8348	6482
企业R&D研究人员占全社会R&D研究人员比重（%）	32.02	29.23
万名企业就业人员中R&D人员数（人年）	176.79	124.03
有R&D活动的企业数（个）	615	485
有R&D活动的企业占工业企业比重（%）	9.94	8.01
有研发机构的企业数（个）	263	204
有研发机构的企业占工业企业比重（%）	4.25	3.37
企业专利申请数（件）	6373	6239
企业发明专利申请数（件）	2634	2559
企业发明专利拥有量（件）	8176	6846
万名企业就业人员发明专利拥有量（件）	65.40	49.29
发明专利申请数（件）	12412	20302
实用新型专利申请数（件）	22026	18105
外观设计专利申请数（件）	7462	5817
研发机构专利申请数（件）	1059	918
研发机构发明专利申请数（件）	571	566
高校专利申请数（件）	5944	4824
高校发明专利申请数（件）	2896	2805
万人发明专利申请数（件）	2.50	4.12
亿元R&D经费支出发明专利申请数（件）	74.26	140.16
发明专利授权数（件）	3413	4330
实用新型专利授权数（件）	14130	12069
外观设计专利授权数（件）	5144	4152
万人发明专利授权数（件）	0.69	0.88
亿元R&D经费支出发明专利授权数（件）	20.42	29.89
发明专利拥有量（件）	22347	20986
实用新型专利拥有量（件）	42207	33569
外观设计专利拥有量（件）	13696	11072
研发机构发明专利拥有量（件）	1468	1257
高校发明专利拥有量（件）	6703	5033

广西创新能力监测指标（6）

指标名称	2019	2018
万人发明专利拥有量（件）	4.51	4.26
国内科技论文数（篇）	8403	8125
万人国内科技论文数（篇）	1.69	1.65
SCI 收录科技论文数（篇）	4063	2974
EI 收录科技论文数（篇）	1951	1575
CPCI-S 收录科技论文数（篇）	331	606
万人国际科技论文数（篇）	1.28	1.05
技术市场成交合同数（项）	2647	2149
技术市场输出技术成交额（亿元）	77.56	61.41
万人输出技术成交额（万元）	156.37	124.66
国外技术引进合同数（项）	35	25
国外技术合同成交额（亿美元）	1.64	1.08
万人国外技术引进合同成交额（万美元）	3.31	2.19
国外技术引进合同成交额中技术经费（亿美元）	1.64	1.08
国外技术引进合同成交额中技术经费占比重（%）	100.00	99.99
百万人技术国际收入（万美元）	58.31	77.78
高技术产业有效发明专利数（件）	1335	857
万名高技术产业就业人员有效发明专利数（件）	111.27	67.52
高技术产业营业收入（亿元）	1535.67	1438.80
高技术产业营业收入占工业营业收入比重（%）	8.80	7.54
高技术产业新产品销售收入（亿元）	181.61	169.34
高技术产业新产品销售收入占营业收入比重（%）	11.83	11.77
万元地区生产总值高技术产业营业收入（万元）	0.07	0.07
新产品销售收入（亿元）	1838.24	1833.59
新产品销售收入占营业收入比重（%）	10.54	9.62
商品出口额（亿美元）	193.23	177.14
商品出口额与地区生产总值比值（万美元/亿元）	90.99	90.25
高技术产品出口额（亿美元）	76.62	67.69
高技术产品出口额占商品出口额比重（%）	39.65	38.21

广西创新能力监测指标（7）

指标名称	2019	2018
第三产业增加值（亿元）	10801.00	9913.85
第三产业增加值占地区生产总值比重（%）	50.86	50.51
高新技术企业数（个）	2366	1849
高新技术企业年末从业人员数（万人）	41.02	37.04
高新技术企业营业收入（亿元）	7037.82	6426.14
高新技术企业技术收入（亿元）	591.28	591.82
高新技术企业技术收入占营业收入比重（%）	8.40	9.21
高新技术企业净利润（亿元）	225.39	262.87
高新技术企业利润率（%）	3.20	4.09
高新技术企业出口总额（亿元）	269.55	213.35
劳动生产率（万元/人）	7.05	6.66
固定资本形成总额（亿元）	10319.08	10129.99
资本生产率（万元/万元）	0.20	0.20
综合能耗产出率（元/千克标准煤）	18.15	17.84
空气达到二级以上天数（天）	335	333
空气达到二级以上天数占比重（%）	91.78	91.28
废水中化学需氧量排放量（万吨）	32.73	32.17
废水中化学需氧量排放降低率（%）	-1.73	1.45
二氧化硫排放量（万吨）	9.51	10.06
二氧化硫排放降低率（%）	5.47	4.33
万元地区生产总值用水量（立方米）	133.45	141.41
万元地区生产总值用水量降低率（%）	5.63	8.06
废水中氨氮排放量（万吨）	2.47	2.44
废水中氨氮排放降低率（%）	-1.48	-6.64
固体废物产生量（万吨）	10278	9769
固体废物综合利用量（万吨）	5408	4799
固体废物综合治理率（%）	65.64	67.15
生活垃圾无害化处理率（%）	100.00	100.00
污水处理率（%）	97.47	95.02
建成区绿化覆盖率（%）	40.76	39.92

海南创新能力监测指标（1）

指标名称	2019	2018
大专以上学历人数（万人）	127.56	143.17
万人大专以上学历人数（人）	1470.15	1665.01
高校数（个）	20	20
高校在校学生数（万人）	23.59	21.53
十万人高校在校学生数（人）	2497.00	2305.00
高校（机构）硕士毕业生数（人）	1597	1488
十万人硕士毕业生数（人）	16.90	15.93
高校（机构）博士毕业生数（人）	47	38
十万人博士毕业生数（人）	0.50	0.41
研发机构数（个）	28	28
科技企业孵化器管理机构从业人员数（人）	192	140
国家级孵化器管理机构从业人员数（人）	102	66
国家大学科技园管理机构从业人员数（人）	21	25
火炬计划特色产业基地企业从业人员数（人）	0	0
国家级示范生产力促进中心人员数（人）	0	0
众创空间服务人员数（人）	260	454
众创空间数（个）	24	26
科技企业孵化器数（个）	8	6
国家级科技企业孵化器数（个）	2	1
科技企业孵化器在孵企业数（个）	754	1335
科技企业孵化器累计毕业企业数（个）	171	84
科技企业孵化器总收入（亿元）	0.68	0.17
企业研究开发费用加计扣除减免税额（亿元）	2.87	1.38
高新技术企业减免税额（亿元）	4.37	2.49
高新技术企业减免税额占全国比重（%）	0.31	0.20
信息传输、软件和信息技术服务业固定资产投资（亿元）	69.33	72.49
信息传输、软件和信息技术服务业固定资产投资占比重（%）	2.12	2.01
邮政业务总量（亿元）	25.37	21.84
电信业务总量（亿元）	873.99	569.24
邮电业务总量与地区生产总值比值（万元/亿元）	1687.10	1203.66
固定电话和移动电话用户数（万户）	1306.73	1256.99

海南创新能力监测指标（2）

指标名称	2019	2018
百人固定电话和移动电话用户数（户）	138.32	134.58
移动互联网用户数（万户）	931.51	913.96
万人移动互联网用户数（万户）	0.99	0.98
有效商标注册数（万件）	9.99	7.46
百万人有效商标注册数（件）	10572.97	7987.69
地区生产总值（亿元）	5330.80	4910.69
第二产业增加值（亿元）	1083.80	1053.14
第二产业增加值占地区生产总值比重（%）	20.33	21.45
工业增加值（亿元）	597.90	582.00
工业增加值占地区生产总值比重（%）	11.22	11.85
装备制造业营业收入（亿元）	81.24	103.28
装备制造业营业收入占营业收入比重（%）	3.51	4.69
人均地区生产总值（元）	56740	52801
城镇登记失业人员数（万人）	5.57	5.51
城镇登记失业率（%）	2.25	2.30
客运量（亿人）	1.42	1.44
旅客周转量（亿人公里）	130.36	130.54
货运量（亿吨）	1.85	2.20
货物周转量（亿吨公里）	1648.03	875.83
研究与试验发展（R&D）经费支出（亿元）	29.91	26.87
R&D经费支出与地区生产总值之比（%）	0.56	0.55
R&D经费中基础研究经费支出（亿元）	5.71	5.51
R&D经费中应用研究经费支出（亿元）	7.36	5.93
R&D经费中试验发展经费支出（亿元）	16.84	15.43
R&D经费中基础研究经费支出占比重（%）	19.10	20.51
R&D经费中应用研究经费支出占比重（%）	24.60	22.06
R&D经费中试验发展经费支出占比重（%）	56.30	57.43
R&D经费中政府资金经费支出（亿元）	12.99	13.32
R&D经费中企业资金经费支出（亿元）	14.43	12.24
R&D经费中政府资金经费支出占比重（%）	43.44	49.55
R&D经费中企业资金经费支出占比重（%）	48.25	45.57
高校R&D经费支出（亿元）	2.70	2.58

海南创新能力监测指标（3）

指标名称	2019	2018
研发机构R&D经费支出（亿元）	12.30	11.32
高校R&D经费支出占全社会R&D经费比重（%）	9.04	9.60
研发机构R&D经费支出占全社会R&D经费比重（%）	41.11	42.11
高新技术企业R&D经费支出（亿元）	8.69	7.31
高新技术企业R&D经费支出占全社会R&D经费比重（%）	29.07	27.20
财政性教育经费支出（亿元）	273.50	248.98
财政性教育经费支出与地区生产总值比值（万元/亿元）	513.06	507.01
地方财政科技支出（亿元）	30.10	15.04
地方财政科技支出占地方财政支出比重（%）	1.62	0.89
地方财政科技支出与地区生产总值比值（万元/亿元）	56.47	30.63
R&D人员全时当量（人年）	8903	8160
万人R&D人员全时当量（人年）	9.42	8.74
R&D人员中基础研究人员数（人年）	1779	1578
R&D人员中应用研究人员数（人年）	2398	1830
R&D人员中试验发展人员数（人年）	4728	4753
R&D人员中基础研究人员占比重（%）	19.98	19.34
R&D人员中应用研究人员占比重（%）	26.94	22.42
R&D人员中试验发展人员占比重（%）	53.10	58.24
R&D研究人员全时当量（人年）	4935	4237
R&D研究人员占全社会R&D人员比重（%）	55.43	51.92
高校R&D人员全时当量（人年）	1709	1644
研发机构R&D人员全时当量（人年）	2266	2076
高校R&D人员占全社会R&D人员比重（%）	19.20	20.15
研发机构R&D人员占全社会R&D人员比重（%）	25.45	25.44
高技术产业R&D经费支出（亿元）	3.99	4.61
高技术产业R&D经费支出占全社会R&D经费比重（%）	13.34	17.15
高技术产业R&D经费支出占营业收入比重（%）	1.54	1.86
高技术产业引进技术经费支出（万元）	0	0
高技术产业消化吸收经费支出（万元）	0	0
高技术产业购买境内技术经费支出（万元）	1635.00	2083.50
高技术产业技术改造经费支出（万元）	3407.40	9001.10

海南创新能力监测指标（4）

指标名称	2019	2018
高技术产业技术获取和技术改造经费支出占营业收入比重（%）	0.20	0.45
高技术产业新产品研发经费支出（亿元）	6.53	5.60
高技术产业新产品研发经费支出占新产品销售收入比重（%）	80.01	23.95
高技术产业R&D人员全时当量（人年）	616	1306
高技术产业R&D人员占全社会R&D人员比重（%）	6.92	16.01
高新技术企业R&D人员全时当量（人年）	2624	2190
高新技术企业R&D人员占全社会R&D人员比重（%）	29.47	26.84
科学研究和技术服务业新增固定资产（亿元）	9.46	5.40
科学研究和技术服务业新增固定资产占比重（%）	2.88	1.49
开展创新活动的企业数（个）	199	150
开展创新活动的企业占比重（%）	48.30	42.98
实现创新的企业数（个）	175	131
实现创新企业占比重（%）	42.48	37.54
企业创新费用支出（亿元）	22.90	20.70
企业R&D经费支出（亿元）	10.82	11.37
企业R&D经费支出占创新费用支出比重（%）	47.23	54.93
企业R&D经费支出占全社会R&D经费比重（%）	36.16	42.31
企业R&D经费支出占营业收入比重（%）	0.47	0.51
企业引进技术经费支出（亿元）	0	0
企业消化吸收经费支出（亿元）	0	0
企业购买境内技术经费支出（亿元）	0.62	0.21
企业技术改造经费支出（亿元）	1.67	1.31
企业技术获取和技术改造经费支出（亿元）	2.29	1.52
企业技术获取和技术改造经费支出占营业收入比重（%）	0.10	0.07
企业科学研究经费支出占企业R&D经费支出比重（%）	0.30	0.23
研发机构来源于企业的R&D经费支出（亿元）	0.14	0.10
高校来源于企业的R&D经费支出（亿元）	0.28	0.24
研发机构和高校R&D经费支出中企业资金占比重（%）	2.80	2.43
企业平均吸纳技术成交额（万元）	1724.40	2350.55
企业R&D人员全时当量（人年）	1779	1971

海南创新能力监测指标（5）

指标名称	2019	2018
企业R&D研究人员全时当量（人年）	603	762
企业R&D研究人员占全社会R&D研究人员比重（%）	12.22	17.99
万名企业就业人员中R&D人员数（人年）	167.67	195.15
有R&D活动的企业数（个）	76	66
有R&D活动的企业占工业企业比重（%）	18.45	19.58
有研发机构的企业数（个）	33	31
有研发机构的企业占工业企业比重（%）	8.01	9.20
企业专利申请数（件）	734	576
企业发明专利申请数（件）	269	249
企业发明专利拥有量（件）	1501	1258
万名企业就业人员发明专利拥有量（件）	141.47	124.55
发明专利申请数（件）	2183	2127
实用新型专利申请数（件）	6073	3355
外观设计专利申请数（件）	1046	969
研发机构专利申请数（件）	350	296
研发机构发明专利申请数（件）	225	180
高校专利申请数（件）	541	646
高校发明专利申请数（件）	284	255
万人发明专利申请数（件）	2.31	2.28
亿元R&D经费支出发明专利申请数（件）	72.99	79.15
发明专利授权数（件）	530	489
实用新型专利授权数（件）	3065	2052
外观设计专利授权数（件）	828	751
万人发明专利授权数（件）	0.56	0.52
亿元R&D经费支出发明专利授权数（件）	17.72	18.20
发明专利拥有量（件）	3150	2655
实用新型专利拥有量（件）	7901	5638
外观设计专利拥有量（件）	2352	1984
研发机构发明专利拥有量（件）	879	851
高校发明专利拥有量（件）	374	315

海南创新能力监测指标（6）

指标名称	2019	2018
万人发明专利拥有量（件）	3.33	2.84
国内科技论文数（篇）	3625	3388
万人国内科技论文数（篇）	3.84	3.63
SCI 收录科技论文数（篇）	1319	942
EI 收录科技论文数（篇）	412	324
CPCI-S 收录科技论文数（篇）	101	103
万人国际科技论文数（篇）	1.94	1.47
技术市场成交合同数（项）	398	373
技术市场输出技术成交额（亿元）	9.11	6.94
万人输出技术成交额（万元）	96.41	74.31
国外技术引进合同数（项）	3	7
国外技术合同成交额（亿美元）	0.86	1.18
万人国外技术引进合同成交额（万美元）	9.14	12.66
国外技术引进合同成交额中技术经费（亿美元）	0.81	1.18
国外技术引进合同成交额中技术经费占比重（%）	94.16	100.00
百万人技术国际收入（万美元）	532.04	335.78
高技术产业有效发明专利数（件）	690	560
万名高技术产业就业人员有效发明专利数（件）	358.16	284.51
高技术产业营业收入（亿元）	258.45	248.20
高技术产业营业收入占工业营业收入比重（%）	11.18	11.12
高技术产业新产品销售收入（亿元）	8.16	23.39
高技术产业新产品销售收入占营业收入比重（%）	3.16	9.43
万元地区生产总值高技术产业营业收入（万元）	0.05	0.05
新产品销售收入（亿元）	93.55	105.31
新产品销售收入占营业收入比重（%）	4.05	4.72
商品出口额（亿美元）	48.49	46.46
商品出口额与地区生产总值比值（万美元/亿元）	90.96	94.61
高技术产品出口额（亿美元）	6.44	2.36
高技术产品出口额占商品出口额比重（%）	13.27	5.07

海南创新能力监测指标（7）

指标名称	2019	2018
第三产业增加值（亿元）	3168.10	2871.59
第三产业增加值占地区生产总值比重（%）	59.43	58.48
高新技术企业数（个）	563	381
高新技术企业年末从业人员数（万人）	6.77	5.59
高新技术企业营业收入（亿元）	766.12	662.09
高新技术企业技术收入（亿元）	78.03	65.13
高新技术企业技术收入占营业收入比重（%）	10.19	9.84
高新技术企业净利润（亿元）	51.13	50.95
高新技术企业利润率（%）	6.67	7.70
高新技术企业出口总额（亿元）	37.94	29.89
劳动生产率（万元/人）	7.13	6.57
固定资本形成总额（亿元）	3215.34	3026.21
资本生产率（万元/万元）	0.24	0.24
综合能耗产出率（元/千克标准煤）	17.69	17.45
空气达到二级以上天数（天）	352	358
空气达到二级以上天数占比重（%）	96.37	98.02
废水中化学需氧量排放量（万吨）	4.49	4.95
废水中化学需氧量排放降低率（%）	9.34	3.94
二氧化硫排放量（万吨）	0.69	0.81
二氧化硫排放降低率（%）	15.05	16.22
万元地区生产总值用水量（立方米）	87.40	93.34
万元地区生产总值用水量降低率（%）	6.36	8.66
废水中氨氮排放量（万吨）	0.47	0.50
废水中氨氮排放降低率（%）	4.55	9.65
固体废物产生量（万吨）	609	490
固体废物综合利用量（万吨）	398	269
固体废物综合治理率（%）	98.19	98.37
生活垃圾无害化处理率（%）	100.00	100.00
污水处理率（%）	93.71	89.20
建成区绿化覆盖率（%）	41.75	40.62

重庆创新能力监测指标（1）

指标名称	2019	2018
大专以上学历人数（万人）	448.72	438.29
万人大专以上学历人数（人）	1541.85	1519.08
高校数（个）	65	65
高校在校学生数（万人）	101.79	95.57
十万人高校在校学生数（人）	3258.00	3081.00
高校（机构）硕士毕业生数（人）	15567	15417
十万人硕士毕业生数（人）	49.83	49.70
高校（机构）博士毕业生数（人）	1110	1093
十万人博士毕业生数（人）	3.55	3.52
研发机构数（个）	31	30
科技企业孵化器管理机构从业人员数（人）	938	959
国家级孵化器管理机构从业人员数（人）	275	280
国家大学科技园管理机构从业人员数（人）	28	28
火炬计划特色产业基地企业从业人员数（人）	135601	133557
国家级示范生产力促进中心人员数（人）	162	159
众创空间服务人员数（人）	2523	9880
众创空间数（个）	214	215
科技企业孵化器数（个）	77	65
国家级科技企业孵化器数（个）	19	16
科技企业孵化器在孵企业数（个）	2733	2585
科技企业孵化器累计毕业企业数（个）	2756	2340
科技企业孵化器总收入（亿元）	3.08	2.64
企业研究开发费用加计扣除减免税额（亿元）	24.02	12.79
高新技术企业减免税额（亿元）	4.20	5.60
高新技术企业减免税额占全国比重（%）	0.30	0.46
信息传输、软件和信息技术服务业固定资产投资（亿元）	113.15	50.28
信息传输、软件和信息技术服务业固定资产投资占比重（%）	0.57	0.27
邮政业务总量（亿元）	166.31	134.83
电信业务总量（亿元）	2603.00	1543.52
邮电业务总量与地区生产总值比值（万元/亿元）	1173.15	777.42
固定电话和移动电话用户数（万户）	4282.99	4243.79

重庆创新能力监测指标（2）

指标名称	2019	2018
百人固定电话和移动电话用户数（户）	137.09	136.81
移动互联网用户数（万户）	3016.09	2862.24
万人移动互联网用户数（万户）	0.97	0.92
有效商标注册数（万件）	48.46	37.74
百万人有效商标注册数（件）	15511.47	12166.57
地区生产总值（亿元）	23605.80	21588.80
第二产业增加值（亿元）	9392.00	8842.23
第二产业增加值占地区生产总值比重（%）	39.79	40.96
工业增加值（亿元）	6551.80	6268.10
工业增加值占地区生产总值比重（%）	27.76	29.03
装备制造业营业收入（亿元）	11786.98	10878.55
装备制造业营业收入占营业收入比重（%）	54.97	55.29
人均地区生产总值（元）	75828	69901
城镇登记失业人员数（万人）	17.46	13.09
城镇登记失业率（%）	2.62	2.96
客运量（亿人）	6.02	6.06
旅客周转量（亿人公里）	487.95	493.10
货运量（亿吨）	11.30	12.85
货物周转量（亿吨公里）	3614.15	3597.91
研究与试验发展（R&D）经费支出（亿元）	469.57	410.21
R&D经费支出与地区生产总值之比（%）	1.99	1.90
R&D经费中基础研究经费支出（亿元）	28.15	20.97
R&D经费中应用研究经费支出（亿元）	45.91	48.25
R&D经费中试验发展经费支出（亿元）	395.51	340.99
R&D经费中基础研究经费支出占比重（%）	5.99	5.11
R&D经费中应用研究经费支出占比重（%）	9.78	11.76
R&D经费中试验发展经费支出占比重（%）	84.23	83.13
R&D经费中政府资金经费支出（亿元）	77.81	69.73
R&D经费中企业资金经费支出（亿元）	373.36	324.05
R&D经费中政府资金经费支出占比重（%）	16.57	17.00
R&D经费中企业资金经费支出占比重（%）	79.51	79.00
高校R&D经费支出（亿元）	46.25	39.63

重庆创新能力监测指标（3）

指标名称	2019	2018
研发机构R&D经费支出（亿元）	35.11	30.65
高校R&D经费支出占全社会R&D经费比重（%）	9.85	9.66
研发机构R&D经费支出占全社会R&D经费比重（%）	7.48	7.47
高新技术企业R&D经费支出（亿元）	215.61	202.08
高新技术企业R&D经费支出占全社会R&D经费比重（%）	45.92	49.26
财政性教育经费支出（亿元）	728.26	680.99
财政性教育经费支出与地区生产总值比值（万元/亿元）	308.51	315.44
地方财政科技支出（亿元）	79.23	68.59
地方财政科技支出占地方财政支出比重（%）	1.63	1.51
地方财政科技支出与地区生产总值比值（万元/亿元）	33.57	31.77
R&D人员全时当量（人年）	97602	91973
万人R&D人员全时当量（人年）	31.24	29.65
R&D人员中基础研究人员数（人年）	7955	6215
R&D人员中应用研究人员数（人年）	15603	14447
R&D人员中试验发展人员数（人年）	74049	71311
R&D人员中基础研究人员占比重（%）	8.15	6.76
R&D人员中应用研究人员占比重（%）	15.99	15.71
R&D人员中试验发展人员占比重（%）	75.87	77.53
R&D研究人员全时当量（人年）	44130	38650
R&D研究人员占全社会R&D人员比重（%）	45.21	42.02
高校R&D人员全时当量（人年）	12120	10033
研发机构R&D人员全时当量（人年）	10183	9389
高校R&D人员占全社会R&D人员比重（%）	12.42	10.91
研发机构R&D人员占全社会R&D人员比重（%）	10.43	10.21
高技术产业R&D经费支出（亿元）	68.86	58.15
高技术产业R&D经费支出占全社会R&D经费比重（%）	14.67	14.18
高技术产业R&D经费支出占营业收入比重（%）	1.19	1.10
高技术产业引进技术经费支出（万元）	9056.70	9615.30
高技术产业消化吸收经费支出（万元）	0	503.00
高技术产业购买境内技术经费支出（万元）	8788.70	7703.90
高技术产业技术改造经费支出（万元）	75051.20	43096.10

重庆创新能力监测指标（4）

指标名称	2019	2018
高技术产业技术获取和技术改造经费支出占营业收入比重（%）	0.16	0.11
高技术产业新产品研发经费支出（亿元）	77.67	55.75
高技术产业新产品研发经费支出占新产品销售收入比重（%）	5.84	4.52
高技术产业R&D人员全时当量（人年）	14334	13489
高技术产业R&D人员占全社会R&D人员比重（%）	14.69	14.67
高新技术企业R&D人员全时当量（人年）	48057	46895
高新技术企业R&D人员占全社会R&D人员比重（%）	49.24	50.99
科学研究和技术服务业新增固定资产（亿元）	29.41	25.19
科学研究和技术服务业新增固定资产占比重（%）	0.28	0.25
开展创新活动的企业数（个）	4156	3731
开展创新活动的企业占比重（%）	62.11	57.99
实现创新的企业数（个）	3893	3473
实现创新企业占比重（%）	58.18	53.98
企业创新费用支出（亿元）	472.70	411.10
企业R&D经费支出（亿元）	335.89	299.21
企业R&D经费支出占创新费用支出比重（%）	71.06	72.78
企业R&D经费支出占全社会R&D经费比重（%）	71.53	72.94
企业R&D经费支出占营业收入比重（%）	1.57	1.49
企业引进技术经费支出（亿元）	9.90	16.20
企业消化吸收经费支出（亿元）	0.49	0.22
企业购买境内技术经费支出（亿元）	1.82	1.67
企业技术改造经费支出（亿元）	72.33	39.91
企业技术获取和技术改造经费支出（亿元）	84.54	57.99
企业技术获取和技术改造经费支出占营业收入比重（%）	0.39	0.29
企业科学研究经费支出占企业R&D经费支出比重（%）	1.39	3.05
研发机构来源于企业的R&D经费支出（亿元）	1.32	0.61
高校来源于企业的R&D经费支出（亿元）	11.92	11.52
研发机构和高校R&D经费支出中企业资金占比重（%）	16.28	17.26
企业平均吸纳技术成交额（万元）	376.93	764.80
企业R&D人员全时当量（人年）	62424	61956

重庆创新能力监测指标（5）

指标名称	2019	2018
企业R&D研究人员全时当量（人年）	20603	18696
企业R&D研究人员占全社会R&D研究人员比重（%）	46.69	48.37
万名企业就业人员中R&D人员数（人年）	403.26	400.23
有R&D活动的企业数（个）	2581	2292
有R&D活动的企业占工业企业比重（%）	38.56	33.85
有研发机构的企业数（个）	995	965
有研发机构的企业占工业企业比重（%）	14.86	14.25
企业专利申请数（件）	16650	18049
企业发明专利申请数（件）	5565	6198
企业发明专利拥有量（件）	18281	17579
万名企业就业人员发明专利拥有量（件）	118.09	113.56
发明专利申请数（件）	20103	22686
实用新型专利申请数（件）	39566	40958
外观设计专利申请数（件）	7602	8477
研发机构专利申请数（件）	938	691
研发机构发明专利申请数（件）	668	463
高校专利申请数（件）	6920	7030
高校发明专利申请数（件）	4711	3752
万人发明专利申请数（件）	6.43	7.31
亿元R&D经费支出发明专利申请数（件）	42.81	55.30
发明专利授权数（件）	6988	6570
实用新型专利授权数（件）	30648	31261
外观设计专利授权数（件）	6236	7857
万人发明专利授权数（件）	2.24	2.12
亿元R&D经费支出发明专利授权数（件）	14.88	16.02
发明专利拥有量（件）	32443	27932
实用新型专利拥有量（件）	100880	88577
外观设计专利拥有量（件）	24853	23555
研发机构发明专利拥有量（件）	1826	1423
高校发明专利拥有量（件）	11621	8981

重庆创新能力监测指标（6）

指标名称	2019	2018
万人发明专利拥有量（件）	10.38	9.00
国内科技论文数（篇）	12122	12287
万人国内科技论文数（篇）	3.88	3.96
SCI 收录科技论文数（篇）	10070	8481
EI 收录科技论文数（篇）	6113	5724
CPCI-S 收录科技论文数（篇）	979	1202
万人国际科技论文数（篇）	5.49	4.97
技术市场成交合同数（项）	3760	2911
技术市场输出技术成交额（亿元）	56.65	188.35
万人输出技术成交额（万元）	181.33	607.20
国外技术引进合同数（项）	158	220
国外技术合同成交额（亿美元）	7.59	52.50
万人国外技术引进合同成交额（万美元）	24.29	169.24
国外技术引进合同成交额中技术经费（亿美元）	7.50	52.30
国外技术引进合同成交额中技术经费占比重（%）	98.89	99.62
百万人技术国际收入（万美元）	1504.84	1026.47
高技术产业有效发明专利数（件）	4211	4179
万名高技术产业就业人员有效发明专利数（件）	129.36	131.85
高技术产业营业收入（亿元）	5777.27	5304.90
高技术产业营业收入占工业营业收入比重（%）	26.94	26.46
高技术产业新产品销售收入（亿元）	1330.40	1233.91
高技术产业新产品销售收入占营业收入比重（%）	23.03	23.26
万元地区生产总值高技术产业营业收入（万元）	0.24	0.25
新产品销售收入（亿元）	4365.41	4216.31
新产品销售收入占营业收入比重（%）	20.36	21.03
商品出口额（亿美元）	497.18	459.72
商品出口额与地区生产总值比值（万美元/亿元）	210.62	212.95
高技术产品出口额（亿美元）	389.75	347.47
高技术产品出口额占商品出口额比重（%）	78.39	75.58

重庆创新能力监测指标（7）

指标名称	2019	2018
第三产业增加值（亿元）	12662.20	11367.89
第三产业增加值占地区生产总值比重（%）	53.64	52.66
高新技术企业数（个）	3105	2430
高新技术企业年末从业人员数（万人）	69.26	65.45
高新技术企业营业收入（亿元）	9176.30	8610.10
高新技术企业技术收入（亿元）	733.35	430.34
高新技术企业技术收入占营业收入比重（%）	7.99	5.00
高新技术企业净利润（亿元）	251.45	311.17
高新技术企业利润率（%）	2.74	3.61
高新技术企业出口总额（亿元）	648.01	541.29
劳动生产率（万元/人）	11.58	10.86
固定资本形成总额（亿元）	11648.01	10379.76
资本生产率（万元/万元）	0.34	0.34
综合能耗产出率（元/千克标准煤）	15.60	15.26
空气达到二级以上天数（天）	309	295
空气达到二级以上天数占比重（%）	84.66	80.82
废水中化学需氧量排放量（万吨）	5.15	5.36
废水中化学需氧量排放降低率（%）	3.97	3.74
二氧化硫排放量（万吨）	7.50	9.17
二氧化硫排放降低率（%）	18.29	25.05
万元地区生产总值用水量（立方米）	32.41	37.91
万元地区生产总值用水量降低率（%）	14.52	4.86
废水中氨氮排放量（万吨）	0.49	0.53
废水中氨氮排放降低率（%）	9.00	-1.41
固体废物产生量（万吨）	2730	2658
固体废物综合利用量（万吨）	1935	1894
固体废物综合治理率（%）	89.41	84.65
生活垃圾无害化处理率（%）	88.82	99.97
污水处理率（%）	97.19	95.23
建成区绿化覆盖率（%）	41.82	40.36

四川创新能力监测指标（1）

指标名称	2019	2018
大专以上学历人数（万人）	1103.46	1006.34
万人大专以上学历人数（人）	1413.60	1291.96
高校数（个）	126	119
高校在校学生数（万人）	213.23	200.93
十万人高校在校学生数（人）	2546.00	2409.00
高校（机构）硕士毕业生数（人）	25973	24732
十万人硕士毕业生数（人）	31.01	29.65
高校（机构）博士毕业生数（人）	2531	2249
十万人博士毕业生数（人）	3.02	2.70
研发机构数（个）	160	155
科技企业孵化器管理机构从业人员数（人）	2244	2038
国家级孵化器管理机构从业人员数（人）	577	508
国家大学科技园管理机构从业人员数（人）	140	136
火炬计划特色产业基地企业从业人员数（人）	72143	70351
国家级示范生产力促进中心人员数（人）	286	290
众创空间服务人员数（人）	2050	1909
众创空间数（个）	175	156
科技企业孵化器数（个）	168	147
国家级科技企业孵化器数（个）	34	28
科技企业孵化器在孵企业数（个）	8190	7590
科技企业孵化器累计毕业企业数（个）	5464	4659
科技企业孵化器总收入（亿元）	14.31	13.03
企业研究开发费用加计扣除减免税额（亿元）	22.23	15.55
高新技术企业减免税额（亿元）	15.37	14.56
高新技术企业减免税额占全国比重（%）	1.08	1.19
信息传输、软件和信息技术服务业固定资产投资（亿元）	507.09	383.45
信息传输、软件和信息技术服务业固定资产投资占比重（%）	1.36	1.11
邮政业务总量（亿元）	447.76	348.45
电信业务总量（亿元）	5164.95	3297.15
邮电业务总量与地区生产总值比值（万元/亿元）	1210.58	849.75
固定电话和移动电话用户数（万户）	11315.29	10901.52

四川创新能力监测指标（2）

指标名称	2019	2018
百人固定电话和移动电话用户数（户）	135.11	130.70
移动互联网用户数（万户）	7277.70	7332.03
万人移动互联网用户数（万户）	0.87	0.88
有效商标注册数（万件）	83.37	63.16
百万人有效商标注册数（件）	9954.53	7571.87
地区生产总值（亿元）	46363.80	42902.10
第二产业增加值（亿元）	17187.90	16056.94
第二产业增加值占地区生产总值比重（%）	37.07	37.43
工业增加值（亿元）	13165.90	12360.10
工业增加值占地区生产总值比重（%）	28.40	28.81
装备制造业营业收入（亿元）	12909.82	12574.43
装备制造业营业收入占营业收入比重（%）	29.26	30.94
人均地区生产总值（元）	55472	51556
城镇登记失业人员数（万人）	50.40	53.31
城镇登记失业率（%）	3.31	3.47
客运量（亿人）	9.17	9.86
旅客周转量（亿人公里）	872.68	878.30
货运量（亿吨）	17.73	18.74
货物周转量（亿吨公里）	2710.83	2946.09
研究与试验发展（R&D）经费支出（亿元）	870.95	737.08
R&D经费支出与地区生产总值之比（%）	1.88	1.72
R&D经费中基础研究经费支出（亿元）	51.15	40.13
R&D经费中应用研究经费支出（亿元）	128.40	94.37
R&D经费中试验发展经费支出（亿元）	691.40	602.58
R&D经费中基础研究经费支出占比重（%）	5.87	5.44
R&D经费中应用研究经费支出占比重（%）	14.74	12.80
R&D经费中试验发展经费支出占比重（%）	79.38	81.75
R&D经费中政府资金经费支出（亿元）	318.11	290.95
R&D经费中企业资金经费支出（亿元）	510.45	423.46
R&D经费中政府资金经费支出占比重（%）	36.52	39.47
R&D经费中企业资金经费支出占比重（%）	58.61	57.45
高校R&D经费支出（亿元）	78.59	66.27

四川创新能力监测指标（3）

指标名称	2019	2018
研发机构R&D经费支出（亿元）	285.92	239.14
高校R&D经费支出占全社会R&D经费比重（%）	9.02	8.99
研发机构R&D经费支出占全社会R&D经费比重（%）	32.83	32.44
高新技术企业R&D经费支出（亿元）	265.02	233.05
高新技术企业R&D经费支出占全社会R&D经费比重（%）	30.43	31.62
财政性教育经费支出（亿元）	1578.88	1461.78
财政性教育经费支出与地区生产总值比值（万元/亿元）	340.54	340.72
地方财政科技支出（亿元）	184.95	147.91
地方财政科技支出占地方财政支出比重（%）	1.79	1.52
地方财政科技支出与地区生产总值比值（万元/亿元）	39.89	34.48
R&D人员全时当量（人年）	170777	158847
万人R&D人员全时当量（人年）	20.39	19.04
R&D人员中基础研究人员数（人年）	16127	12377
R&D人员中应用研究人员数（人年）	33042	26092
R&D人员中试验发展人员数（人年）	121625	120380
R&D人员中基础研究人员占比重（%）	9.44	7.79
R&D人员中应用研究人员占比重（%）	19.35	16.43
R&D人员中试验发展人员占比重（%）	71.22	75.78
R&D研究人员全时当量（人年）	91965	81071
R&D研究人员占全社会R&D人员比重（%）	53.85	51.04
高校R&D人员全时当量（人年）	27127	21529
研发机构R&D人员全时当量（人年）	39091	36675
高校R&D人员占全社会R&D人员比重（%）	15.88	13.55
研发机构R&D人员占全社会R&D人员比重（%）	22.89	23.09
高技术产业R&D经费支出（亿元）	134.82	139.43
高技术产业R&D经费支出占全社会R&D经费比重（%）	15.48	18.92
高技术产业R&D经费支出占营业收入比重（%）	1.74	2.01
高技术产业引进技术经费支出（万元）	34647.40	14691.30
高技术产业消化吸收经费支出（万元）	2836.20	124.50
高技术产业购买境内技术经费支出（万元）	46479.00	34905.10
高技术产业技术改造经费支出（万元）	329917.80	331740.90

四川创新能力监测指标（4）

指标名称	2019	2018
高技术产业技术获取和技术改造经费支出占营业收入比重（%）	0.53	0.55
高技术产业新产品研发经费支出（亿元）	165.11	183.55
高技术产业新产品研发经费支出占新产品销售收入比重（%）	10.48	15.84
高技术产业R&D人员全时当量（人年）	27133	33144
高技术产业R&D人员占全社会R&D人员比重（%）	15.89	20.87
高新技术企业R&D人员全时当量（人年）	75748	71767
高新技术企业R&D人员占全社会R&D人员比重（%）	44.36	45.18
科学研究和技术服务业新增固定资产（亿元）	111.86	65.64
科学研究和技术服务业新增固定资产占比重（%）	0.63	0.40
开展创新活动的企业数（个）	7219	6460
开展创新活动的企业占比重（%）	49.44	46.44
实现创新的企业数（个）	6797	6038
实现创新企业占比重（%）	46.55	43.41
企业创新费用支出（亿元）	630.30	566.60
企业R&D经费支出（亿元）	387.86	342.39
企业R&D经费支出占创新费用支出比重（%）	61.54	60.43
企业R&D经费支出占全社会R&D经费比重（%）	44.53	46.45
企业R&D经费支出占营业收入比重（%）	0.88	0.83
企业引进技术经费支出（亿元）	6.37	5.01
企业消化吸收经费支出（亿元）	1.14	1.42
企业购买境内技术经费支出（亿元）	8.64	6.10
企业技术改造经费支出（亿元）	111.12	100.07
企业技术获取和技术改造经费支出（亿元）	127.27	112.60
企业技术获取和技术改造经费支出占营业收入比重（%）	0.29	0.27
企业科学研究经费支出占企业R&D经费支出比重（%）	3.53	3.95
研发机构来源于企业的R&D经费支出（亿元）	9.40	5.95
高校来源于企业的R&D经费支出（亿元）	27.20	25.22
研发机构和高校R&D经费支出中企业资金占比重（%）	10.04	10.21
企业平均吸纳技术成交额（万元）	558.07	414.37
企业R&D人员全时当量（人年）	78289	77848

四川创新能力监测指标（5）

指标名称	2019	2018
企业R&D研究人员全时当量（人年）	28177	27638
企业R&D研究人员占全社会R&D研究人员比重（%）	30.64	34.09
万名企业就业人员中R&D人员数（人年）	261.96	263.89
有R&D活动的企业数（个）	3448	2569
有R&D活动的企业占工业企业比重（%）	23.62	18.09
有研发机构的企业数（个）	1237	1051
有研发机构的企业占工业企业比重（%）	8.47	7.40
企业专利申请数（件）	29678	26277
企业发明专利申请数（件）	11250	10705
企业发明专利拥有量（件）	39658	35959
万名企业就业人员发明专利拥有量（件）	132.70	121.89
发明专利申请数（件）	39539	53805
实用新型专利申请数（件）	71474	73167
外观设计专利申请数（件）	20516	26015
研发机构专利申请数（件）	3625	2945
研发机构发明专利申请数（件）	2904	2301
高校专利申请数（件）	15546	14309
高校发明专利申请数（件）	7979	6973
万人发明专利申请数（件）	4.72	6.45
亿元R&D经费支出发明专利申请数（件）	45.40	73.00
发明专利授权数（件）	12053	11697
实用新型专利授权数（件）	51521	53121
外观设计专利授权数（件）	18492	22554
万人发明专利授权数（件）	1.44	1.40
亿元R&D经费支出发明专利授权数（件）	13.84	15.87
发明专利拥有量（件）	60231	52074
实用新型专利拥有量（件）	175550	150270
外观设计专利拥有量（件）	56492	56664
研发机构发明专利拥有量（件）	7938	7939
高校发明专利拥有量（件）	15684	12041

四川创新能力监测指标（6）

指标名称	2019	2018
万人发明专利拥有量（件）	7.19	6.24
国内科技论文数（篇）	23216	23579
万人国内科技论文数（篇）	2.77	2.83
SCI 收录科技论文数（篇）	20505	16778
EI 收录科技论文数（篇）	12217	11668
CPCI-S 收录科技论文数（篇）	2618	2848
万人国际科技论文数（篇）	4.22	3.75
技术市场成交合同数（项）	13203	15156
技术市场输出技术成交额（亿元）	1211.95	996.70
万人输出技术成交额（万元）	1447.11	1194.94
国外技术引进合同数（项）	185	260
国外技术合同成交额（亿美元）	3.66	6.24
万人国外技术引进合同成交额（万美元）	4.38	7.49
国外技术引进合同成交额中技术经费（亿美元）	3.55	5.95
国外技术引进合同成交额中技术经费占比重（%）	96.88	95.37
百万人技术国际收入（万美元）	2527.68	2040.25
高技术产业有效发明专利数（件）	13595	13203
万名高技术产业就业人员有效发明专利数（件）	251.68	255.72
高技术产业营业收入（亿元）	7761.08	6942.89
高技术产业营业收入占工业营业收入比重（%）	17.59	16.83
高技术产业新产品销售收入（亿元）	1574.87	1158.82
高技术产业新产品销售收入占营业收入比重（%）	20.29	16.69
万元地区生产总值高技术产业营业收入（万元）	0.17	0.16
新产品销售收入（亿元）	4211.83	3576.34
新产品销售收入占营业收入比重（%）	9.55	8.67
商品出口额（亿美元）	527.81	477.77
商品出口额与地区生产总值比值（万美元/亿元）	113.84	111.36
高技术产品出口额（亿美元）	389.32	334.88
高技术产品出口额占商品出口额比重（%）	73.76	70.09

四川创新能力监测指标（7）

指标名称	2019	2018
第三产业增加值（亿元）	24368.30	22417.73
第三产业增加值占地区生产总值比重（%）	52.56	52.25
高新技术企业数（个）	5594	4250
高新技术企业年末从业人员数（万人）	94.31	84.65
高新技术企业营业收入（亿元）	10664.02	8741.38
高新技术企业技术收入（亿元）	2167.66	1668.34
高新技术企业技术收入占营业收入比重（%）	20.33	19.09
高新技术企业净利润（亿元）	590.83	545.44
高新技术企业利润率（%）	5.54	6.24
高新技术企业出口总额（亿元）	645.20	613.30
劳动生产率（万元/人）	7.93	7.39
固定资本形成总额（亿元）	21570.39	19397.10
资本生产率（万元/万元）	0.43	0.43
综合能耗产出率（元/千克标准煤）	14.65	14.24
空气达到二级以上天数（天）	312	290
空气达到二级以上天数占比重（%）	85.52	79.40
废水中化学需氧量排放量（万吨）	32.94	32.63
废水中化学需氧量排放降低率（%）	-0.97	-0.19
二氧化硫排放量（万吨）	18.82	19.17
二氧化硫排放降低率（%）	1.84	14.13
万元地区生产总值用水量（立方米）	54.14	63.70
万元地区生产总值用水量降低率（%）	14.99	12.24
废水中氨氮排放量（万吨）	3.39	3.37
废水中氨氮排放降低率（%）	-0.77	-3.53
固体废物产生量（万吨）	18722	16708
固体废物综合利用量（万吨）	7632	6805
固体废物综合治理率（%）	52.68	51.13
生活垃圾无害化处理率（%）	99.82	99.30
污水处理率（%）	95.29	93.58
建成区绿化覆盖率（%）	41.85	40.55

贵州创新能力监测指标（1）

指标名称	2019	2018
大专以上学历人数（万人）	273.85	303.41
万人大专以上学历人数（人）	832.07	929.85
高校数（个）	72	72
高校在校学生数（万人）	88.87	81.14
十万人高校在校学生数（人）	2453.00	2254.00
高校（机构）硕士毕业生数（人）	5447	5251
十万人硕士毕业生数（人）	15.03	14.59
高校（机构）博士毕业生数（人）	112	110
十万人博士毕业生数（人）	0.31	0.31
研发机构数（个）	76	77
科技企业孵化器管理机构从业人员数（人）	1051	1007
国家级孵化器管理机构从业人员数（人）	268	267
国家大学科技园管理机构从业人员数（人）	29	36
火炬计划特色产业基地企业从业人员数（人）	87031	85498
国家级示范生产力促进中心人员数（人）	112	122
众创空间服务人员数（人）	1332	2127
众创空间数（个）	82	78
科技企业孵化器数（个）	42	31
国家级科技企业孵化器数（个）	8	6
科技企业孵化器在孵企业数（个）	1251	1047
科技企业孵化器累计毕业企业数（个）	789	673
科技企业孵化器总收入（亿元）	9.12	11.69
企业研究开发费用加计扣除减免税额（亿元）	3.68	2.28
高新技术企业减免税额（亿元）	3.60	3.97
高新技术企业减免税额占全国比重（%）	0.25	0.32
信息传输、软件和信息技术服务业固定资产投资（亿元）	156.90	207.50
信息传输、软件和信息技术服务业固定资产投资占比重（%）	0.88	1.17
邮政业务总量（亿元）	76.05	63.07
电信业务总量（亿元）	3874.72	2193.37
邮电业务总量与地区生产总值比值（万元/亿元）	2355.95	1469.69
固定电话和移动电话用户数（万户）	4279.46	4184.53

贵州创新能力监测指标（2）

指标名称	2019	2018
百人固定电话和移动电话用户数（户）	118.12	116.24
移动互联网用户数（万户）	3520.08	3323.10
万人移动互联网用户数（万户）	0.97	0.92
有效商标注册数（万件）	21.22	15.38
百万人有效商标注册数（件）	5857.11	4273.00
地区生产总值（亿元）	16769.30	15353.21
第二产业增加值（亿元）	5971.50	5506.24
第二产业增加值占地区生产总值比重（%）	35.61	35.86
工业增加值（亿元）	4459.00	4165.50
工业增加值占地区生产总值比重（%）	26.59	27.13
装备制造业营业收入（亿元）	1314.68	1362.00
装备制造业营业收入占营业收入比重（%）	13.46	14.50
人均地区生产总值（元）	46433	42767
城镇登记失业人员数（万人）	15.33	15.06
城镇登记失业率（%）	3.11	3.16
客运量（亿人）	9.38	9.30
旅客周转量（亿人公里）	832.94	798.67
货运量（亿吨）	8.34	10.25
货物周转量（亿吨公里）	1235.32	1797.91
研究与试验发展（R&D）经费支出（亿元）	144.68	121.61
R&D经费支出与地区生产总值之比（%）	0.86	0.79
R&D经费中基础研究经费支出（亿元）	13.97	10.27
R&D经费中应用研究经费支出（亿元）	20.35	19.83
R&D经费中试验发展经费支出（亿元）	110.37	91.51
R&D经费中基础研究经费支出占比重（%）	9.66	8.45
R&D经费中应用研究经费支出占比重（%）	14.06	16.31
R&D经费中试验发展经费支出占比重（%）	76.28	75.25
R&D经费中政府资金经费支出（亿元）	35.72	26.46
R&D经费中企业资金经费支出（亿元）	105.02	90.93
R&D经费中政府资金经费支出占比重（%）	24.68	21.76
R&D经费中企业资金经费支出占比重（%）	72.58	74.77
高校R&D经费支出（亿元）	17.53	14.65

贵州创新能力监测指标（3）

指标名称	2019	2018
研发机构R&D经费支出（亿元）	14.49	12.06
高校R&D经费支出占全社会R&D经费比重（%）	12.12	12.04
研发机构R&D经费支出占全社会R&D经费比重（%）	10.02	9.92
高新技术企业R&D经费支出（亿元）	45.04	37.06
高新技术企业R&D经费支出占全社会R&D经费比重（%）	31.13	30.48
财政性教育经费支出（亿元）	1067.62	985.95
财政性教育经费支出与地区生产总值比值（万元/亿元）	636.65	642.18
地方财政科技支出（亿元）	114.13	102.88
地方财政科技支出占地方财政支出比重（%）	1.92	2.05
地方财政科技支出与地区生产总值比值（万元/亿元）	68.06	67.01
R&D人员全时当量（人年）	37757	33357
万人R&D人员全时当量（人年）	10.42	9.27
R&D人员中基础研究人员数（人年）	5282	4773
R&D人员中应用研究人员数（人年）	6689	6057
R&D人员中试验发展人员数（人年）	25791	22526
R&D人员中基础研究人员占比重（%）	13.99	14.31
R&D人员中应用研究人员占比重（%）	17.71	18.16
R&D人员中试验发展人员占比重（%）	68.31	67.53
R&D研究人员全时当量（人年）	17106	14318
R&D研究人员占全社会R&D人员比重（%）	45.31	42.92
高校R&D人员全时当量（人年）	5693	4889
研发机构R&D人员全时当量（人年）	4037	3981
高校R&D人员占全社会R&D人员比重（%）	15.08	14.66
研发机构R&D人员占全社会R&D人员比重（%）	10.69	11.93
高技术产业R&D经费支出（亿元）	24.85	20.72
高技术产业R&D经费支出占全社会R&D经费比重（%）	17.18	17.04
高技术产业R&D经费支出占营业收入比重（%）	2.16	1.73
高技术产业引进技术经费支出（万元）	1211.50	0
高技术产业消化吸收经费支出（万元）	81.10	8.50
高技术产业购买境内技术经费支出（万元）	2661.60	3778.40
高技术产业技术改造经费支出（万元）	139997.80	75207.10

贵州创新能力监测指标（4）

指标名称	2019	2018
高技术产业技术获取和技术改造经费支出占营业收入比重（%）	1.25	0.66
高技术产业新产品研发经费支出（亿元）	27.15	26.48
高技术产业新产品研发经费支出占新产品销售收入比重（%）	14.24	12.62
高技术产业R&D人员全时当量（人年）	5601	6098
高技术产业R&D人员占全社会R&D人员比重（%）	14.83	18.28
高新技术企业R&D人员全时当量（人年）	13448	11648
高新技术企业R&D人员占全社会R&D人员比重（%）	35.62	34.92
科学研究和技术服务业新增固定资产（亿元）	56.31	30.88
科学研究和技术服务业新增固定资产占比重（%）	0.63	0.35
开展创新活动的企业数（个）	2500	2209
开展创新活动的企业占比重（%）	53.35	41.70
实现创新的企业数（个）	2161	1936
实现创新企业占比重（%）	46.12	36.54
企业创新费用支出（亿元）	182.90	151.90
企业R&D经费支出（亿元）	91.02	76.23
企业R&D经费支出占创新费用支出比重（%）	49.77	50.18
企业R&D经费支出占全社会R&D经费比重（%）	62.91	62.68
企业R&D经费支出占营业收入比重（%）	0.93	0.80
企业引进技术经费支出（亿元）	0.12	0.03
企业消化吸收经费支出（亿元）	0.01	0.02
企业购买境内技术经费支出（亿元）	12.41	0.82
企业技术改造经费支出（亿元）	48.28	47.71
企业技术获取和技术改造经费支出（亿元）	60.82	48.58
企业技术获取和技术改造经费支出占营业收入比重（%）	0.62	0.51
企业科学研究经费支出占企业R&D经费支出比重（%）	6.40	7.41
研发机构来源于企业的R&D经费支出（亿元）	0.09	0.68
高校来源于企业的R&D经费支出（亿元）	2.41	2.60
研发机构和高校R&D经费支出中企业资金占比重（%）	7.82	12.30
企业平均吸纳技术成交额（万元）	851.30	919.45
企业R&D人员全时当量（人年）	23164	20041

贵州创新能力监测指标（5）

指标名称	2019	2018
企业R&D研究人员全时当量（人年）	6872	5501
企业R&D研究人员占全社会R&D研究人员比重（%）	40.17	38.42
万名企业就业人员中R&D人员数（人年）	288.58	242.92
有R&D活动的企业数（个）	1078	948
有R&D活动的企业占工业企业比重（%）	23.00	16.98
有研发机构的企业数（个）	520	406
有研发机构的企业占工业企业比重（%）	11.10	7.27
企业专利申请数（件）	6919	5976
企业发明专利申请数（件）	2985	2611
企业发明专利拥有量（件）	7740	6544
万名企业就业人员发明专利拥有量（件）	96.42	79.32
发明专利申请数（件）	10770	14992
实用新型专利申请数（件）	28364	25577
外观设计专利申请数（件）	5194	3939
研发机构专利申请数（件）	407	416
研发机构发明专利申请数（件）	292	292
高校专利申请数（件）	4412	3536
高校发明专利申请数（件）	1714	1217
万人发明专利申请数（件）	2.97	4.16
亿元R&D经费支出发明专利申请数（件）	74.44	123.27
发明专利授权数（件）	1900	2081
实用新型专利授权数（件）	19392	13980
外观设计专利授权数（件）	3437	3395
万人发明专利授权数（件）	0.52	0.58
亿元R&D经费支出发明专利授权数（件）	13.13	17.11
发明专利拥有量（件）	11218	10099
实用新型专利拥有量（件）	49697	36698
外观设计专利拥有量（件）	9583	8647
研发机构发明专利拥有量（件）	762	750
高校发明专利拥有量（件）	1845	1468

贵州创新能力监测指标（6）

指标名称	2019	2018
万人发明专利拥有量（件）	3.10	2.81
国内科技论文数（篇）	6875	6486
万人国内科技论文数（篇）	1.90	1.80
SCI 收录科技论文数（篇）	2598	1888
EI 收录科技论文数（篇）	1066	852
CPCI-S 收录科技论文数（篇）	219	251
万人国际科技论文数（篇）	1.07	0.83
技术市场成交合同数（项）	2906	2813
技术市场输出技术成交额（亿元）	227.18	171.10
万人输出技术成交额（万元）	627.05	475.27
国外技术引进合同数（项）	8	17
国外技术合同成交额（亿美元）	0.17	0.24
万人国外技术引进合同成交额（万美元）	0.46	0.67
国外技术引进合同成交额中技术经费（亿美元）	0.17	0.23
国外技术引进合同成交额中技术经费占比重（%）	100.00	93.74
百万人技术国际收入（万美元）	78.90	111.97
高技术产业有效发明专利数（件）	3044	2709
万名高技术产业就业人员有效发明专利数（件）	257.41	213.11
高技术产业营业收入（亿元）	1150.63	1198.35
高技术产业营业收入占工业营业收入比重（%）	11.78	12.56
高技术产业新产品销售收入（亿元）	190.66	209.88
高技术产业新产品销售收入占营业收入比重（%）	16.57	17.51
万元地区生产总值高技术产业营业收入（万元）	0.07	0.08
新产品销售收入（亿元）	818.83	746.99
新产品销售收入占营业收入比重（%）	8.39	7.83
商品出口额（亿美元）	52.10	57.44
商品出口额与地区生产总值比值（万美元/亿元）	31.07	37.41
高技术产品出口额（亿美元）	14.30	19.67
高技术产品出口额占商品出口额比重（%）	27.46	34.25

贵州创新能力监测指标（7）

指标名称	2019	2018
第三产业增加值（亿元）	8517.30	7690.95
第三产业增加值占地区生产总值比重（%）	50.79	50.09
高新技术企业数（个）	1620	1163
高新技术企业年末从业人员数（万人）	21.61	20.15
高新技术企业营业收入（亿元）	2436.58	2220.58
高新技术企业技术收入（亿元）	216.69	217.18
高新技术企业技术收入占营业收入比重（%）	8.89	9.78
高新技术企业净利润（亿元）	68.19	104.71
高新技术企业利润率（%）	2.80	4.72
高新技术企业出口总额（亿元）	73.90	72.43
劳动生产率（万元/人）	5.82	5.41
固定资本形成总额（亿元）	10860.60	9920.98
资本生产率（万元/万元）	0.23	0.22
综合能耗产出率（元/千克标准煤）	9.30	8.93
空气达到二级以上天数（天）	351	357
空气达到二级以上天数占比重（%）	96.16	97.84
废水中化学需氧量排放量（万吨）	12.42	12.21
废水中化学需氧量排放降低率（%）	-1.78	-0.71
二氧化硫排放量（万吨）	23.37	32.55
二氧化硫排放降低率（%）	28.21	9.30
万元地区生产总值用水量（立方米）	64.46	72.13
万元地区生产总值用水量降低率（%）	10.63	5.63
废水中氨氮排放量（万吨）	1.56	1.43
废水中氨氮排放降低率（%）	-9.05	-3.46
固体废物产生量（万吨）	12734	12186
固体废物综合利用量（万吨）	7078	6808
固体废物综合治理率（%）	69.96	72.08
生活垃圾无害化处理率（%）	96.59	96.09
污水处理率（%）	96.84	97.08
建成区绿化覆盖率（%）	39.42	38.64

云南创新能力监测指标（1）

指标名称	2019	2018
大专以上学历人数（万人）	506.03	443.29
万人大专以上学历人数（人）	1127.75	993.60
高校数（个）	81	79
高校在校学生数（万人）	116.64	104.62
十万人高校在校学生数（人）	2401.00	2166.00
高校（机构）硕士毕业生数（人）	10390	10047
十万人硕士毕业生数（人）	21.39	20.80
高校（机构）博士毕业生数（人）	405	352
十万人博士毕业生数（人）	0.83	0.73
研发机构数（个）	112	115
科技企业孵化器管理机构从业人员数（人）	632	549
国家级孵化器管理机构从业人员数（人）	256	226
国家大学科技园管理机构从业人员数（人）	73	71
火炬计划特色产业基地企业从业人员数（人）	24896	23023
国家级示范生产力促进中心人员数（人）	59	62
众创空间服务人员数（人）	1893	7417
众创空间数（个）	122	132
科技企业孵化器数（个）	40	33
国家级科技企业孵化器数（个）	13	11
科技企业孵化器在孵企业数（个）	2280	2073
科技企业孵化器累计毕业企业数（个）	1416	1127
科技企业孵化器总收入（亿元）	1.67	1.36
企业研究开发费用加计扣除减免税额（亿元）	5.39	3.21
高新技术企业减免税额（亿元）	4.87	4.85
高新技术企业减免税额占全国比重（%）	0.34	0.40
信息传输、软件和信息技术服务业固定资产投资（亿元）	103.61	124.87
信息传输、软件和信息技术服务业固定资产投资占比重（%）	0.46	0.61
邮政业务总量（亿元）	118.32	90.43
电信业务总量（亿元）	4185.22	2478.73
邮电业务总量与地区生产总值比值（万元/亿元）	1853.07	1230.40
固定电话和移动电话用户数（万户）	5150.79	4962.60

云南创新能力监测指标（2）

指标名称	2019	2018
百人固定电话和移动电话用户数（户）	106.03	102.75
移动互联网用户数（万户）	3829.35	3918.88
万人移动互联网用户数（万户）	0.79	0.81
有效商标注册数（万件）	36.01	27.73
百万人有效商标注册数（件）	7411.71	5740.29
地区生产总值（亿元）	23223.80	20880.63
第二产业增加值（亿元）	8060.40	7267.50
第二产业增加值占地区生产总值比重（%）	34.71	34.80
工业增加值（亿元）	5400.50	4911.70
工业增加值占地区生产总值比重（%）	23.25	23.52
装备制造业营业收入（亿元）	1105.43	935.25
装备制造业营业收入占营业收入比重（%）	7.53	7.07
人均地区生产总值（元）	47944	43366
城镇登记失业人员数（万人）	22.93	20.88
城镇登记失业率（%）	3.25	3.40
客运量（亿人）	3.84	4.15
旅客周转量（亿人公里）	441.48	431.57
货运量（亿吨）	12.27	14.07
货物周转量（亿吨公里）	1552.05	1971.91
研究与试验发展（R&D）经费支出（亿元）	220.05	187.30
R&D经费支出与地区生产总值之比（%）	0.95	0.90
R&D经费中基础研究经费支出（亿元）	21.65	19.60
R&D经费中应用研究经费支出（亿元）	23.71	25.27
R&D经费中试验发展经费支出（亿元）	174.68	142.43
R&D经费中基础研究经费支出占比重（%）	9.84	10.47
R&D经费中应用研究经费支出占比重（%）	10.78	13.49
R&D经费中试验发展经费支出占比重（%）	79.38	76.04
R&D经费中政府资金经费支出（亿元）	55.53	44.03
R&D经费中企业资金经费支出（亿元）	153.89	130.62
R&D经费中政府资金经费支出占比重（%）	25.24	23.51
R&D经费中企业资金经费支出占比重（%）	69.94	69.74
高校R&D经费支出（亿元）	16.27	14.41

云南创新能力监测指标（3）

指标名称	2019	2018
研发机构R&D经费支出（亿元）	35.84	34.32
高校R&D经费支出占全社会R&D经费比重（%）	7.39	7.69
研发机构R&D经费支出占全社会R&D经费比重（%）	16.29	18.32
高新技术企业R&D经费支出（亿元）	94.81	97.12
高新技术企业R&D经费支出占全社会R&D经费比重（%）	43.09	51.85
财政性教育经费支出（亿元）	1069.85	1077.43
财政性教育经费支出与地区生产总值比值（万元/亿元）	460.67	515.99
地方财政科技支出（亿元）	59.00	54.94
地方财政科技支出占地方财政支出比重（%）	0.87	0.90
地方财政科技支出与地区生产总值比值（万元/亿元）	25.41	26.31
R&D人员全时当量（人年）	57157	49667
万人R&D人员全时当量（人年）	11.77	10.28
R&D人员中基础研究人员数（人年）	9705	7921
R&D人员中应用研究人员数（人年）	8940	9035
R&D人员中试验发展人员数（人年）	38520	32714
R&D人员中基础研究人员占比重（%）	16.98	15.95
R&D人员中应用研究人员占比重（%）	15.64	18.19
R&D人员中试验发展人员占比重（%）	67.39	65.87
R&D研究人员全时当量（人年）	27502	24228
R&D研究人员占全社会R&D人员比重（%）	48.12	48.78
高校R&D人员全时当量（人年）	9473	7814
研发机构R&D人员全时当量（人年）	7369	7401
高校R&D人员占全社会R&D人员比重（%）	16.57	15.73
研发机构R&D人员占全社会R&D人员比重（%）	12.89	14.90
高技术产业R&D经费支出（亿元）	9.01	9.22
高技术产业R&D经费支出占全社会R&D经费比重（%）	4.09	4.92
高技术产业R&D经费支出占营业收入比重（%）	1.05	1.30
高技术产业引进技术经费支出（万元）	2993.80	1763.00
高技术产业消化吸收经费支出（万元）	0	0
高技术产业购买境内技术经费支出（万元）	1434.10	2280.80
高技术产业技术改造经费支出（万元）	8895.10	16839.50

云南创新能力监测指标（4）

指标名称	2019	2018
高技术产业技术获取和技术改造经费支出占营业收入比重（%）	0.16	0.29
高技术产业新产品研发经费支出（亿元）	11.91	10.95
高技术产业新产品研发经费支出占新产品销售收入比重（%）	10.67	11.42
高技术产业R&D人员全时当量（人年）	4080	3009
高技术产业R&D人员占全社会R&D人员比重（%）	7.14	6.06
高新技术企业R&D人员全时当量（人年）	18066	21371
高新技术企业R&D人员占全社会R&D人员比重（%）	31.61	43.03
科学研究和技术服务业新增固定资产（亿元）	14.29	26.74
科学研究和技术服务业新增固定资产占比重（%）	0.13	0.27
开展创新活动的企业数（个）	2321	2125
开展创新活动的企业占比重（%）	53.16	48.22
实现创新的企业数（个）	2145	1989
实现创新企业占比重（%）	49.13	45.13
企业创新费用支出（亿元）	259.70	180.80
企业R&D经费支出（亿元）	129.77	107.02
企业R&D经费支出占创新费用支出比重（%）	49.97	59.19
企业R&D经费支出占全社会R&D经费比重（%）	58.98	57.14
企业R&D经费支出占营业收入比重（%）	0.88	0.78
企业引进技术经费支出（亿元）	8.33	3.12
企业消化吸收经费支出（亿元）	0.10	0.18
企业购买境内技术经费支出（亿元）	11.67	6.90
企业技术改造经费支出（亿元）	70.00	40.33
企业技术获取和技术改造经费支出（亿元）	90.10	50.53
企业技术获取和技术改造经费支出占营业收入比重（%）	0.61	0.37
企业科学研究经费支出占企业R&D经费支出比重（%）	1.86	3.17
研发机构来源于企业的R&D经费支出（亿元）	1.25	1.70
高校来源于企业的R&D经费支出（亿元）	1.80	1.73
研发机构和高校R&D经费支出中企业资金占比重（%）	5.85	7.04
企业平均吸纳技术成交额（万元）	492.46	769.60
企业R&D人员全时当量（人年）	29440	24048

云南创新能力监测指标（5）

指标名称	2019	2018
企业R&D研究人员全时当量（人年）	8303	7066
企业R&D研究人员占全社会R&D研究人员比重（%）	30.19	29.16
万名企业就业人员中R&D人员数（人年）	347.21	289.73
有R&D活动的企业数（个）	1243	1003
有R&D活动的企业占工业企业比重（%）	28.47	23.54
有研发机构的企业数（个）	465	474
有研发机构的企业占工业企业比重（%）	10.65	11.13
企业专利申请数（件）	7611	6190
企业发明专利申请数（件）	2665	2038
企业发明专利拥有量（件）	10131	6466
万名企业就业人员发明专利拥有量（件）	119.48	77.90
发明专利申请数（件）	8996	9606
实用新型专利申请数（件）	22765	23655
外观设计专利申请数（件）	3451	3254
研发机构专利申请数（件）	775	639
研发机构发明专利申请数（件）	524	442
高校专利申请数（件）	3848	4825
高校发明专利申请数（件）	1726	2729
万人发明专利申请数（件）	1.85	1.99
亿元R&D经费支出发明专利申请数（件）	40.88	51.29
发明专利授权数（件）	2174	2297
实用新型专利授权数（件）	17405	15573
外观设计专利授权数（件）	2745	2470
万人发明专利授权数（件）	0.45	0.48
亿元R&D经费支出发明专利授权数（件）	9.88	12.26
发明专利拥有量（件）	13703	12194
实用新型专利拥有量（件）	52261	42267
外观设计专利拥有量（件）	8932	8009
研发机构发明专利拥有量（件）	1835	1381
高校发明专利拥有量（件）	4419	3941

云南创新能力监测指标（6）

指标名称	2019	2018
万人发明专利拥有量（件）	2.82	2.52
国内科技论文数（篇）	8371	8171
万人国内科技论文数（篇）	1.72	1.69
SCI 收录科技论文数（篇）	4584	3703
EI 收录科技论文数（篇）	2007	1727
CPCI-S 收录科技论文数（篇）	390	502
万人国际科技论文数（篇）	1.44	1.23
技术市场成交合同数（项）	3324	3684
技术市场输出技术成交额（亿元）	82.70	89.49
万人输出技术成交额（万元）	170.24	185.28
国外技术引进合同数（项）	41	53
国外技术合同成交额（亿美元）	0.10	0.35
万人国外技术引进合同成交额（万美元）	0.21	0.71
国外技术引进合同成交额中技术经费（亿美元）	0.10	0.34
国外技术引进合同成交额中技术经费占比重（%）	100.00	99.97
百万人技术国际收入（万美元）	199.05	193.99
高技术产业有效发明专利数（件）	1237	1182
万名高技术产业就业人员有效发明专利数（件）	202.33	194.06
高技术产业营业收入（亿元）	854.15	709.61
高技术产业营业收入占工业营业收入比重（%）	5.82	5.20
高技术产业新产品销售收入（亿元）	111.62	95.86
高技术产业新产品销售收入占营业收入比重（%）	13.07	13.51
万元地区生产总值高技术产业营业收入（万元）	0.04	0.03
新产品销售收入（亿元）	939.55	928.83
新产品销售收入占营业收入比重（%）	6.40	6.81
商品出口额（亿美元）	144.75	105.29
商品出口额与地区生产总值比值（万美元/亿元）	62.33	50.42
高技术产品出口额（亿美元）	27.85	20.95
高技术产品出口额占商品出口额比重（%）	19.24	19.89

云南创新能力监测指标（7）

指标名称	2019	2018
第三产业增加值（亿元）	12125.70	11114.46
第三产业增加值占地区生产总值比重（%）	52.21	53.23
高新技术企业数（个）	1454	1329
高新技术企业年末从业人员数（万人）	23.74	22.52
高新技术企业营业收入（亿元）	4450.56	4033.47
高新技术企业技术收入（亿元）	420.57	405.61
高新技术企业技术收入占营业收入比重（%）	9.45	10.06
高新技术企业净利润（亿元）	264.66	218.14
高新技术企业利润率（%）	5.95	5.41
高新技术企业出口总额（亿元）	80.88	70.24
劳动生产率（万元/人）	5.73	5.29
固定资本形成总额（亿元）	20287.38	16149.66
资本生产率（万元/万元）	0.18	0.18
综合能耗产出率（元/千克标准煤）	12.57	12.20
空气达到二级以上天数（天）	355	362
空气达到二级以上天数占比重（%）	97.14	99.13
废水中化学需氧量排放量（万吨）	11.06	10.77
废水中化学需氧量排放降低率（%）	-2.73	4.17
二氧化硫排放量（万吨）	23.58	24.74
二氧化硫排放降低率（%）	4.69	4.90
万元地区生产总值用水量（立方米）	66.70	87.08
万元地区生产总值用水量降低率（%）	23.40	8.94
废水中氨氮排放量（万吨）	1.30	1.25
废水中氨氮排放降低率（%）	-3.89	1.46
固体废物产生量（万吨）	20797	19767
固体废物综合利用量（万吨）	10694	8732
固体废物综合治理率（%）	87.06	93.44
生活垃圾无害化处理率（%）	99.77	98.16
污水处理率（%）	95.73	95.92
建成区绿化覆盖率（%）	39.73	39.78

西藏创新能力监测指标（1）

指标名称	2019	2018
大专以上学历人数（万人）	26.67	24.76
万人大专以上学历人数（人）	849.67	800.16
高校数（个）	7	7
高校在校学生数（万人）	5.57	5.56
十万人高校在校学生数（人）	1588.00	1616.00
高校（机构）硕士毕业生数（人）	563	492
十万人硕士毕业生数（人）	16.06	14.30
高校（机构）博士毕业生数（人）	14	16
十万人博士毕业生数（人）	0.40	0.47
研发机构数（个）	18	17
科技企业孵化器管理机构从业人员数（人）	8	8
国家级孵化器管理机构从业人员数（人）	8	8
国家大学科技园管理机构从业人员数（人）	0	0
火炬计划特色产业基地企业从业人员数（人）	0	0
国家级示范生产力促进中心人员数（人）	14	12
众创空间服务人员数（人）	13	372
众创空间数（个）	2	20
科技企业孵化器数（个）	1	1
国家级科技企业孵化器数（个）	1	1
科技企业孵化器在孵企业数（个）	17	13
科技企业孵化器累计毕业企业数（个）	60	60
科技企业孵化器总收入（亿元）	0	0
企业研究开发费用加计扣除减免税额（亿元）	0.00	0.11
高新技术企业减免税额（亿元）	0.00	0.15
高新技术企业减免税额占全国比重（％）	0.00	0.01
信息传输、软件和信息技术服务业固定资产投资（亿元）	5.33	9.02
信息传输、软件和信息技术服务业固定资产投资占比重（％）	0.25	0.42
邮政业务总量（亿元）	4.79	4.21
电信业务总量（亿元）	301.37	112.47
邮电业务总量与地区生产总值比值（万元/亿元）	1803.31	753.55
固定电话和移动电话用户数（万户）	393.12	374.26

西藏创新能力监测指标（2）

指标名称	2019	2018
百人固定电话和移动电话用户数（户）	112.13	108.80
移动互联网用户数（万户）	267.34	260.23
万人移动互联网用户数（万户）	0.76	0.76
有效商标注册数（万件）	3.08	2.15
百万人有效商标注册数（件）	8774.39	6244.19
地区生产总值（亿元）	1697.80	1548.39
第二产业增加值（亿元）	635.60	582.72
第二产业增加值占地区生产总值比重（%）	37.44	37.63
工业增加值（亿元）	131.70	127.00
工业增加值占地区生产总值比重（%）	7.76	8.20
装备制造业营业收入（亿元）	0.57	0.47
装备制造业营业收入占营业收入比重（%）	0.19	0.18
人均地区生产总值（元）	48902	45476
城镇登记失业人员数（万人）	2.14	2.11
城镇登记失业率（%）	2.86	2.83
客运量（亿人）	0.14	0.14
旅客周转量（亿人公里）	45.31	46.83
货运量（亿吨）	0.40	0.24
货物周转量（亿吨公里）	154.38	150.06
研究与试验发展（R&D）经费支出（亿元）	4.33	3.71
R&D经费支出与地区生产总值之比（%）	0.26	0.24
R&D经费中基础研究经费支出（亿元）	0.86	0.93
R&D经费中应用研究经费支出（亿元）	1.33	0.88
R&D经费中试验发展经费支出（亿元）	2.15	1.89
R&D经费中基础研究经费支出占比重（%）	19.78	25.04
R&D经费中应用研究经费支出占比重（%）	30.68	23.86
R&D经费中试验发展经费支出占比重（%）	49.55	51.11
R&D经费中政府资金经费支出（亿元）	3.32	2.65
R&D经费中企业资金经费支出（亿元）	0.80	0.99
R&D经费中政府资金经费支出占比重（%）	76.62	71.53
R&D经费中企业资金经费支出占比重（%）	18.53	26.58
高校R&D经费支出（亿元）	0.91	0.67

西藏创新能力监测指标（3）

指标名称	2019	2018
研发机构R&D经费支出（亿元）	2.02	1.75
高校R&D经费支出占全社会R&D经费比重（%）	20.92	18.11
研发机构R&D经费支出占全社会R&D经费比重（%）	46.55	47.11
高新技术企业R&D经费支出（亿元）	3.25	2.16
高新技术企业R&D经费支出占全社会R&D经费比重（%）	75.09	58.24
财政性教育经费支出（亿元）	263.26	232.15
财政性教育经费支出与地区生产总值比值（万元/亿元）	1550.59	1499.27
地方财政科技支出（亿元）	7.28	8.12
地方财政科技支出占地方财政支出比重（%）	0.33	0.41
地方财政科技支出与地区生产总值比值（万元/亿元）	42.89	52.42
R&D人员全时当量（人年）	1751	1569
万人R&D人员全时当量（人年）	4.99	4.56
R&D人员中基础研究人员数（人年）	492	479
R&D人员中应用研究人员数（人年）	603	459
R&D人员中试验发展人员数（人年）	656	631
R&D人员中基础研究人员占比重（%）	28.12	30.50
R&D人员中应用研究人员占比重（%）	34.42	29.27
R&D人员中试验发展人员占比重（%）	37.47	40.23
R&D研究人员全时当量（人年）	1225	1048
R&D研究人员占全社会R&D人员比重（%）	69.98	66.78
高校R&D人员全时当量（人年）	510	426
研发机构R&D人员全时当量（人年）	664	543
高校R&D人员占全社会R&D人员比重（%）	29.13	27.18
研发机构R&D人员占全社会R&D人员比重（%）	37.92	34.61
高技术产业R&D经费支出（亿元）	0.40	0.13
高技术产业R&D经费支出占全社会R&D经费比重（%）	9.14	3.39
高技术产业R&D经费支出占营业收入比重（%）	2.45	1.18
高技术产业引进技术经费支出（万元）	0	0
高技术产业消化吸收经费支出（万元）	0	0
高技术产业购买境内技术经费支出（万元）	0	0
高技术产业技术改造经费支出（万元）	0	0

西藏创新能力监测指标（4）

指标名称	2019	2018
高技术产业技术获取和技术改造经费支出占营业收入比重（%）	0	0
高技术产业新产品研发经费支出（亿元）	0.38	0.27
高技术产业新产品研发经费支出占新产品销售收入比重（%）	0	0
高技术产业R&D人员全时当量（人年）	29	53
高技术产业R&D人员占全社会R&D人员比重（%）	1.66	3.38
高新技术企业R&D人员全时当量（人年）	631	363
高新技术企业R&D人员占全社会R&D人员比重（%）	36.04	23.14
科学研究和技术服务业新增固定资产（亿元）	11.81	14.04
科学研究和技术服务业新增固定资产占比重（%）	1.25	1.46
开展创新活动的企业数（个）	73	54
开展创新活动的企业占比重（%）	49.32	43.90
实现创新的企业数（个）	68	54
实现创新企业占比重（%）	45.95	43.90
企业创新费用支出（亿元）	1.40	1.40
企业R&D经费支出（亿元）	0.56	0.86
企业R&D经费支出占创新费用支出比重（%）	39.81	61.61
企业R&D经费支出占全社会R&D经费比重（%）	12.86	23.27
企业R&D经费支出占营业收入比重（%）	0.19	0.33
企业引进技术经费支出（亿元）	0.01	0
企业消化吸收经费支出（亿元）	0	0
企业购买境内技术经费支出（亿元）	0	0
企业技术改造经费支出（亿元）	0.00	0.00
企业技术获取和技术改造经费支出（亿元）	0.01	0
企业技术获取和技术改造经费支出占营业收入比重（%）	0.00	0.00
企业科学研究经费支出占企业R&D经费支出比重（%）	0	0.44
研发机构来源于企业的R&D经费支出（亿元）	0	0
高校来源于企业的R&D经费支出（亿元）	0.10	0.12
研发机构和高校R&D经费支出中企业资金占比重（%）	3.54	5.17
企业平均吸纳技术成交额（万元）	7582.94	5894.29
企业R&D人员全时当量（人年）	264	326

西藏创新能力监测指标（5）

指标名称	2019	2018
企业R&D研究人员全时当量（人年）	128	99
企业R&D研究人员占全社会R&D研究人员比重（%）	10.45	9.45
万名企业就业人员中R&D人员数（人年）	118.92	163.00
有R&D活动的企业数（个）	9	13
有R&D活动的企业占工业企业比重（%）	6.08	10.57
有研发机构的企业数（个）	5	2
有研发机构的企业占工业企业比重（%）	3.38	1.63
企业专利申请数（件）	51	39
企业发明专利申请数（件）	32	15
企业发明专利拥有量（件）	156	82
万名企业就业人员发明专利拥有量（件）	70.27	41.00
发明专利申请数（件）	456	453
实用新型专利申请数（件）	1296	669
外观设计专利申请数（件）	552	347
研发机构专利申请数（件）	42	13
研发机构发明专利申请数（件）	11	6
高校专利申请数（件）	62	53
高校发明专利申请数（件）	21	17
万人发明专利申请数（件）	1.30	1.32
亿元R&D经费支出发明专利申请数（件）	105.20	122.22
发明专利授权数（件）	79	73
实用新型专利授权数（件）	625	384
外观设计专利授权数（件）	316	298
万人发明专利授权数（件）	0.23	0.21
亿元R&D经费支出发明专利授权数（件）	18.23	19.70
发明专利拥有量（件）	688	600
实用新型专利拥有量（件）	1264	835
外观设计专利拥有量（件）	827	592
研发机构发明专利拥有量（件）	39	16
高校发明专利拥有量（件）	28	27

西藏创新能力监测指标（6）

指标名称	2019	2018
万人发明专利拥有量（件）	1.96	1.74
国内科技论文数（篇）	410	387
万人国内科技论文数（篇）	1.17	1.13
SCI 收录科技论文数（篇）	79	59
EI 收录科技论文数（篇）	20	20
CPCI-S 收录科技论文数（篇）	8	14
万人国际科技论文数（篇）	0.31	0.27
技术市场成交合同数（项）	40	3
技术市场输出技术成交额（亿元）	0.96	0.04
万人输出技术成交额（万元）	27.32	1.15
国外技术引进合同数（项）	1	2
国外技术合同成交额（亿美元）	0	0.16
万人国外技术引进合同成交额（万美元）	0	4.65
国外技术引进合同成交额中技术经费（亿美元）	0	0.16
国外技术引进合同成交额中技术经费占比重（%）	0	100.00
百万人技术国际收入（万美元）	7.41	16.86
高技术产业有效发明专利数（件）	74	67
万名高技术产业就业人员有效发明专利数（件）	402.61	488.34
高技术产业营业收入（亿元）	16.18	10.64
高技术产业营业收入占工业营业收入比重（%）	5.47	4.09
高技术产业新产品销售收入（亿元）	0	0
高技术产业新产品销售收入占营业收入比重（%）	0	0
万元地区生产总值高技术产业营业收入（万元）	0.01	0.01
新产品销售收入（亿元）	23.01	18.11
新产品销售收入占营业收入比重（%）	7.77	6.97
商品出口额（亿美元）	5.55	4.01
商品出口额与地区生产总值比值（万美元/亿元）	32.69	25.93
高技术产品出口额（亿美元）	0.14	0.03
高技术产品出口额占商品出口额比重（%）	2.56	0.81

西藏创新能力监测指标（7）

指标名称	2019	2018
第三产业增加值（亿元）	924.00	837.33
第三产业增加值占地区生产总值比重（%）	54.42	54.08
高新技术企业数（个）	66	49
高新技术企业年末从业人员数（万人）	1.68	1.25
高新技术企业营业收入（亿元）	231.34	168.31
高新技术企业技术收入（亿元）	40.41	24.66
高新技术企业技术收入占营业收入比重（%）	17.47	14.65
高新技术企业净利润（亿元）	41.44	49.11
高新技术企业利润率（%）	17.91	29.18
高新技术企业出口总额（亿元）	2.56	2.52
劳动生产率（万元/人）	4.62	4.48
固定资本形成总额（亿元）	1709.14	1528.59
资本生产率（万元/万元）	0.18	0.18
综合能耗产出率（元/千克标准煤）	0	0
空气达到二级以上天数（天）	362	360
空气达到二级以上天数占比重（%）	99.24	98.51
废水中化学需氧量排放量（万吨）	1.82	1.76
废水中化学需氧量排放降低率（%）	-3.33	5.50
二氧化硫排放量（万吨）	0.34	0.36
二氧化硫排放降低率（%）	5.01	-17.28
万元地区生产总值用水量（立方米）	188.48	214.53
万元地区生产总值用水量降低率（%）	12.15	10.43
废水中氨氮排放量（万吨）	0.22	0.21
废水中氨氮排放降低率（%）	-8.26	9.21
固体废物产生量（万吨）	3238	2624
固体废物综合利用量（万吨）	129	90
固体废物综合治理率（%）	10.84	10.06
生活垃圾无害化处理率（%）	98.34	95.97
污水处理率（%）	94.94	90.13
建成区绿化覆盖率（%）	37.61	37.35

陕西创新能力监测指标（1）

指标名称	2019	2018
大专以上学历人数（万人）	495.90	630.24
万人大专以上学历人数（人）	1370.66	1742.18
高校数（个）	95	95
高校在校学生数（万人）	147.76	137.64
十万人高校在校学生数（人）	3812.00	3562.00
高校（机构）硕士毕业生数（人）	29427	27940
十万人硕士毕业生数（人）	75.92	72.31
高校（机构）博士毕业生数（人）	3043	2819
十万人博士毕业生数（人）	7.85	7.30
研发机构数（个）	103	101
科技企业孵化器管理机构从业人员数（人）	2370	1508
国家级孵化器管理机构从业人员数（人）	952	844
国家大学科技园管理机构从业人员数（人）	86	88
火炬计划特色产业基地企业从业人员数（人）	162086	154750
国家级示范生产力促进中心人员数（人）	387	528
众创空间服务人员数（人）	3449	2848
众创空间数（个）	284	224
科技企业孵化器数（个）	122	69
国家级科技企业孵化器数（个）	33	30
科技企业孵化器在孵企业数（个）	4730	3644
科技企业孵化器累计毕业企业数（个）	4728	3255
科技企业孵化器总收入（亿元）	14.57	11.12
企业研究开发费用加计扣除减免税额（亿元）	16.03	11.42
高新技术企业减免税额（亿元）	8.51	8.70
高新技术企业减免税额占全国比重（%）	0.60	0.71
信息传输、软件和信息技术服务业固定资产投资（亿元）	173.11	240.13
信息传输、软件和信息技术服务业固定资产投资占比重（%）	0.65	0.93
邮政业务总量（亿元）	193.12	138.88
电信业务总量（亿元）	3366.91	2215.91
邮电业务总量与地区生产总值比值（万元/亿元）	1380.22	983.54
固定电话和移动电话用户数（万户）	5282.23	5339.34

陕西创新能力监测指标（2）

指标名称	2019	2018
百人固定电话和移动电话用户数（户）	136.27	138.18
移动互联网用户数（万户）	3839.85	3726.81
万人移动互联网用户数（万户）	0.99	0.96
有效商标注册数（万件）	40.29	31.10
百万人有效商标注册数（件）	10395.31	8048.01
地区生产总值（亿元）	25793.20	23941.88
第二产业增加值（亿元）	11779.50	11215.27
第二产业增加值占地区生产总值比重（%）	45.67	46.84
工业增加值（亿元）	9459.90	9088.10
工业增加值占地区生产总值比重（%）	36.68	37.96
装备制造业营业收入（亿元）	6515.54	4718.15
装备制造业营业收入占营业收入比重（%）	25.04	20.46
人均地区生产总值（元）	66649	62195
城镇登记失业人员数（万人）	23.80	24.12
城镇登记失业率（%）	3.23	3.21
客运量（亿人）	7.08	7.16
旅客周转量（亿人公里）	803.83	797.97
货运量（亿吨）	15.47	17.32
货物周转量（亿吨公里）	3482.15	4024.89
研究与试验发展（R&D）经费支出（亿元）	584.58	532.42
R&D经费支出与地区生产总值之比（%）	2.27	2.22
R&D经费中基础研究经费支出（亿元）	36.06	29.26
R&D经费中应用研究经费支出（亿元）	105.40	120.74
R&D经费中试验发展经费支出（亿元）	443.12	382.42
R&D经费中基础研究经费支出占比重（%）	6.17	5.50
R&D经费中应用研究经费支出占比重（%）	18.03	22.68
R&D经费中试验发展经费支出占比重（%）	75.80	71.83
R&D经费中政府资金经费支出（亿元）	264.16	266.86
R&D经费中企业资金经费支出（亿元）	293.46	239.97
R&D经费中政府资金经费支出占比重（%）	45.19	50.12
R&D经费中企业资金经费支出占比重（%）	50.20	45.07
高校R&D经费支出（亿元）	62.97	48.80

陕西创新能力监测指标（3）

指标名称	2019	2018
研发机构R&D经费支出（亿元）	216.71	215.06
高校R&D经费支出占全社会R&D经费比重（%）	10.77	9.17
研发机构R&D经费支出占全社会R&D经费比重（%）	37.07	40.39
高新技术企业R&D经费支出（亿元）	288.22	306.05
高新技术企业R&D经费支出占全社会R&D经费比重（%）	49.30	57.48
财政性教育经费支出（亿元）	951.23	871.44
财政性教育经费支出与地区生产总值比值（万元/亿元）	368.79	363.98
地方财政科技支出（亿元）	71.38	87.22
地方财政科技支出占地方财政支出比重（%）	1.25	1.64
地方财政科技支出与地区生产总值比值（万元/亿元）	27.68	36.43
R&D人员全时当量（人年）	115319	96710
万人R&D人员全时当量（人年）	29.75	25.03
R&D人员中基础研究人员数（人年）	16931	10623
R&D人员中应用研究人员数（人年）	25077	22418
R&D人员中试验发展人员数（人年）	73329	63671
R&D人员中基础研究人员占比重（%）	14.68	10.98
R&D人员中应用研究人员占比重（%）	21.75	23.18
R&D人员中试验发展人员占比重（%）	63.59	65.84
R&D研究人员全时当量（人年）	73048	56993
R&D研究人员占全社会R&D人员比重（%）	63.34	58.93
高校R&D人员全时当量（人年）	26432	13689
研发机构R&D人员全时当量（人年）	31413	29730
高校R&D人员占全社会R&D人员比重（%）	22.92	14.15
研发机构R&D人员占全社会R&D人员比重（%）	27.24	30.74
高技术产业R&D经费支出（亿元）	97.80	81.26
高技术产业R&D经费支出占全社会R&D经费比重（%）	16.73	15.26
高技术产业R&D经费支出占营业收入比重（%）	3.03	2.85
高技术产业引进技术经费支出（万元）	5346.40	7844.80
高技术产业消化吸收经费支出（万元）	0	2.70
高技术产业购买境内技术经费支出（万元）	11809.70	10497.50
高技术产业技术改造经费支出（万元）	201658.50	124860.30

陕西创新能力监测指标（4）

指标名称	2019	2018
高技术产业技术获取和技术改造经费支出占营业收入比重（%）	0.68	0.50
高技术产业新产品研发经费支出（亿元）	121.57	96.36
高技术产业新产品研发经费支出占新产品销售收入比重（%）	19.29	25.48
高技术产业R&D人员全时当量（人年）	19707	18608
高技术产业R&D人员占全社会R&D人员比重（%）	17.09	19.24
高新技术企业R&D人员全时当量（人年）	78340	92261
高新技术企业R&D人员占全社会R&D人员比重（%）	67.93	95.40
科学研究和技术服务业新增固定资产（亿元）	99.39	115.10
科学研究和技术服务业新增固定资产占比重（%）	0.84	0.99
开展创新活动的企业数（个）	3540	2968
开展创新活动的企业占比重（%）	50.41	44.59
实现创新的企业数（个）	3313	2780
实现创新企业占比重（%）	47.18	41.77
企业创新费用支出（亿元）	375.50	336.30
企业R&D经费支出（亿元）	240.80	216.56
企业R&D经费支出占创新费用支出比重（%）	64.13	64.39
企业R&D经费支出占全社会R&D经费比重（%）	41.19	40.67
企业R&D经费支出占营业收入比重（%）	0.93	0.92
企业引进技术经费支出（亿元）	1.52	1.07
企业消化吸收经费支出（亿元）	0.04	0.03
企业购买境内技术经费支出（亿元）	3.63	4.37
企业技术改造经费支出（亿元）	48.66	48.94
企业技术获取和技术改造经费支出（亿元）	53.86	54.42
企业技术获取和技术改造经费支出占营业收入比重（%）	0.21	0.23
企业科学研究经费支出占企业R&D经费支出比重（%）	6.40	11.64
研发机构来源于企业的R&D经费支出（亿元）	6.56	2.03
高校来源于企业的R&D经费支出（亿元）	21.37	14.50
研发机构和高校R&D经费支出中企业资金占比重（%）	9.99	6.26
企业平均吸纳技术成交额（万元）	984.27	920.28
企业R&D人员全时当量（人年）	42983	39315

陕西创新能力监测指标（5）

指标名称	2019	2018
企业R&D研究人员全时当量（人年）	18999	17418
企业R&D研究人员占全社会R&D研究人员比重（%）	26.01	30.56
万名企业就业人员中R&D人员数（人年）	254.88	267.81
有R&D活动的企业数（个）	1250	1096
有R&D活动的企业占工业企业比重（%）	17.76	17.06
有研发机构的企业数（个）	459	372
有研发机构的企业占工业企业比重（%）	6.52	5.79
企业专利申请数（件）	12797	10182
企业发明专利申请数（件）	5593	4436
企业发明专利拥有量（件）	18774	16892
万名企业就业人员发明专利拥有量（件）	111.33	115.07
发明专利申请数（件）	34812	30888
实用新型专利申请数（件）	40395	35241
外观设计专利申请数（件）	16880	10383
研发机构专利申请数（件）	4475	3358
研发机构发明专利申请数（件）	3824	2869
高校专利申请数（件）	18665	18451
高校发明专利申请数（件）	11717	11304
万人发明专利申请数（件）	8.98	7.99
亿元R&D经费支出发明专利申请数（件）	59.55	58.01
发明专利授权数（件）	9843	8884
实用新型专利授权数（件）	26574	24205
外观设计专利授权数（件）	7684	8390
万人发明专利授权数（件）	2.54	2.30
亿元R&D经费支出发明专利授权数（件）	16.84	16.69
发明专利拥有量（件）	46190	39329
实用新型专利拥有量（件）	82669	70913
外观设计专利拥有量（件）	17840	17679
研发机构发明专利拥有量（件）	8418	7454
高校发明专利拥有量（件）	24457	22159

陕西创新能力监测指标（6）

指标名称	2019	2018
万人发明专利拥有量（件）	11.92	10.18
国内科技论文数（篇）	28676	29180
万人国内科技论文数（篇）	7.40	7.55
SCI 收录科技论文数（篇）	24440	20523
EI 收录科技论文数（篇）	17967	17440
CPCI-S 收录科技论文数（篇）	3683	4416
万人国际科技论文数（篇）	11.89	10.97
技术市场成交合同数（项）	52999	37954
技术市场输出技术成交额（亿元）	1467.35	1125.29
万人输出技术成交额（万元）	3785.52	2912.24
国外技术引进合同数（项）	10	8
国外技术合同成交额（亿美元）	1.65	0.93
万人国外技术引进合同成交额（万美元）	4.27	2.40
国外技术引进合同成交额中技术经费（亿美元）	1.37	0.88
国外技术引进合同成交额中技术经费占比重（%）	82.88	94.54
百万人技术国际收入（万美元）	1347.81	1088.85
高技术产业有效发明专利数（件）	7170	6623
万名高技术产业就业人员有效发明专利数（件）	265.51	257.20
高技术产业营业收入（亿元）	3225.90	2846.53
高技术产业营业收入占工业营业收入比重（%）	12.40	12.13
高技术产业新产品销售收入（亿元）	630.07	378.20
高技术产业新产品销售收入占营业收入比重（%）	19.53	13.29
万元地区生产总值高技术产业营业收入（万元）	0.13	0.12
新产品销售收入（亿元）	2566.04	2033.36
新产品销售收入占营业收入比重（%）	9.86	8.66
商品出口额（亿美元）	265.76	303.62
商品出口额与地区生产总值比值（万美元/亿元）	103.03	126.82
高技术产品出口额（亿美元）	210.25	251.14
高技术产品出口额占商品出口额比重（%）	79.12	82.71

陕西创新能力监测指标（7）

指标名称	2019	2018
第三产业增加值（亿元）	12022.60	10896.42
第三产业增加值占地区生产总值比重（%）	46.61	45.51
高新技术企业数（个）	4357	3120
高新技术企业年末从业人员数（万人）	66.86	60.09
高新技术企业营业收入（亿元）	9006.31	7188.28
高新技术企业技术收入（亿元）	1952.56	1111.46
高新技术企业技术收入占营业收入比重（%）	21.68	15.46
高新技术企业净利润（亿元）	490.06	422.89
高新技术企业利润率（%）	5.44	5.88
高新技术企业出口总额（亿元）	388.91	340.23
劳动生产率（万元/人）	11.01	10.39
固定资本形成总额（亿元）	16093.26	15743.95
资本生产率（万元/万元）	0.21	0.21
综合能耗产出率（元/千克标准煤）	15.74	15.52
空气达到二级以上天数（天）	262	238
空气达到二级以上天数占比重（%）	71.75	65.28
废水中化学需氧量排放量（万吨）	9.84	10.32
废水中化学需氧量排放降低率（%）	4.62	8.59
二氧化硫排放量（万吨）	14.33	14.72
二氧化硫排放降低率（%）	2.69	20.77
万元地区生产总值用水量（立方米）	35.90	38.34
万元地区生产总值用水量降低率（%）	6.37	9.72
废水中氨氮排放量（万吨）	0.92	1.00
废水中氨氮排放降低率（%）	7.43	5.17
固体废物产生量（万吨）	14846	13619
固体废物综合利用量（万吨）	5411	4702
固体废物综合治理率（%）	81.62	87.21
生活垃圾无害化处理率（%）	99.71	99.06
污水处理率（%）	95.54	93.21
建成区绿化覆盖率（%）	39.32	38.77

甘肃创新能力监测指标（1）

指标名称	2019	2018
大专以上学历人数（万人）	291.92	306.95
万人大专以上学历人数（人）	1192.77	1259.26
高校数（个）	49	49
高校在校学生数（万人）	63.43	59.54
十万人高校在校学生数（人）	2396.00	2258.00
高校（机构）硕士毕业生数（人）	9708	8884
十万人硕士毕业生数（人）	36.67	33.69
高校（机构）博士毕业生数（人）	690	642
十万人博士毕业生数（人）	2.61	2.43
研发机构数（个）	98	104
科技企业孵化器管理机构从业人员数（人）	1508	1709
国家级孵化器管理机构从业人员数（人）	259	202
国家大学科技园管理机构从业人员数（人）	36	44
火炬计划特色产业基地企业从业人员数（人）	21534	21567
国家级示范生产力促进中心人员数（人）	154	159
众创空间服务人员数（人）	3866	4938
众创空间数（个）	207	215
科技企业孵化器数（个）	79	86
国家级科技企业孵化器数（个）	10	8
科技企业孵化器在孵企业数（个）	2570	2820
科技企业孵化器累计毕业企业数（个）	1358	1394
科技企业孵化器总收入（亿元）	4.76	5.54
企业研究开发费用加计扣除减免税额（亿元）	3.38	0.98
高新技术企业减免税额（亿元）	1.39	2.16
高新技术企业减免税额占全国比重（%）	0.10	0.18
信息传输、软件和信息技术服务业固定资产投资（亿元）	56.04	74.96
信息传输、软件和信息技术服务业固定资产投资占比重（%）	0.96	1.37
邮政业务总量（亿元）	38.63	31.05
电信业务总量（亿元）	1958.88	1194.20
邮电业务总量与地区生产总值比值（万元/亿元）	2291.17	1511.90
固定电话和移动电话用户数（万户）	3082.92	3068.83

甘肃创新能力监测指标（2）

指标名称	2019	2018
百人固定电话和移动电话用户数（户）	116.45	116.38
移动互联网用户数（万户）	2323.06	2210.61
万人移动互联网用户数（万户）	0.88	0.84
有效商标注册数（万件）	9.89	7.33
百万人有效商标注册数（件）	3736.79	2780.47
地区生产总值（亿元）	8718.30	8104.07
第二产业增加值（亿元）	2862.40	2761.64
第二产业增加值占地区生产总值比重（%）	32.83	34.08
工业增加值（亿元）	2319.80	2253.40
工业增加值占地区生产总值比重（%）	26.61	27.81
装备制造业营业收入（亿元）	426.04	297.75
装备制造业营业收入占营业收入比重（%）	5.61	3.35
人均地区生产总值（元）	32995	30797
城镇登记失业人员数（万人）	10.83	9.95
城镇登记失业率（%）	3.00	2.78
客运量（亿人）	4.21	4.22
旅客周转量（亿人公里）	647.07	634.71
货运量（亿吨）	6.36	7.04
货物周转量（亿吨公里）	2496.28	2609.93
研究与试验发展（R&D）经费支出（亿元）	110.24	97.05
R&D经费支出与地区生产总值之比（%）	1.26	1.20
R&D经费中基础研究经费支出（亿元）	18.56	15.82
R&D经费中应用研究经费支出（亿元）	23.96	21.34
R&D经费中试验发展经费支出（亿元）	67.72	59.89
R&D经费中基础研究经费支出占比重（%）	16.84	16.30
R&D经费中应用研究经费支出占比重（%）	21.73	21.99
R&D经费中试验发展经费支出占比重（%）	61.43	61.71
R&D经费中政府资金经费支出（亿元）	53.35	41.20
R&D经费中企业资金经费支出（亿元）	51.90	51.76
R&D经费中政府资金经费支出占比重（%）	48.39	42.46
R&D经费中企业资金经费支出占比重（%）	47.08	53.33
高校R&D经费支出（亿元）	14.35	12.08

甘肃创新能力监测指标（3）

指标名称	2019	2018
研发机构R&D经费支出（亿元）	36.15	30.38
高校R&D经费支出占全社会R&D经费比重（%）	13.01	12.45
研发机构R&D经费支出占全社会R&D经费比重（%）	32.79	31.30
高新技术企业R&D经费支出（亿元）	9.96	12.96
高新技术企业R&D经费支出占全社会R&D经费比重（%）	9.03	13.35
财政性教育经费支出（亿元）	636.05	592.96
财政性教育经费支出与地区生产总值比值（万元/亿元）	729.56	731.68
地方财政科技支出（亿元）	29.39	25.74
地方财政科技支出占地方财政支出比重（%）	0.74	0.68
地方财政科技支出与地区生产总值比值（万元/亿元）	33.71	31.76
R&D人员全时当量（人年）	25956	22214
万人R&D人员全时当量（人年）	9.80	8.42
R&D人员中基础研究人员数（人年）	6270	4537
R&D人员中应用研究人员数（人年）	7008	6207
R&D人员中试验发展人员数（人年）	12678	11469
R&D人员中基础研究人员占比重（%）	24.16	20.42
R&D人员中应用研究人员占比重（%）	27.00	27.94
R&D人员中试验发展人员占比重（%）	48.84	51.63
R&D研究人员全时当量（人年）	17586	14111
R&D研究人员占全社会R&D人员比重（%）	67.75	63.52
高校R&D人员全时当量（人年）	7329	4544
研发机构R&D人员全时当量（人年）	6500	6292
高校R&D人员占全社会R&D人员比重（%）	28.24	20.46
研发机构R&D人员占全社会R&D人员比重（%）	25.04	28.32
高技术产业R&D经费支出（亿元）	8.86	9.46
高技术产业R&D经费支出占全社会R&D经费比重（%）	8.04	9.75
高技术产业R&D经费支出占营业收入比重（%）	3.19	4.00
高技术产业引进技术经费支出（万元）	1015.00	156.20
高技术产业消化吸收经费支出（万元）	0	0
高技术产业购买境内技术经费支出（万元）	1039.70	6451.50
高技术产业技术改造经费支出（万元）	1923.80	5014.80

甘肃创新能力监测指标（4）

指标名称	2019	2018
高技术产业技术获取和技术改造经费支出占营业收入比重（%）	0.14	0.49
高技术产业新产品研发经费支出（亿元）	12.11	10.97
高技术产业新产品研发经费支出占新产品销售收入比重（%）	16.69	11.46
高技术产业R&D人员全时当量（人年）	1131	1546
高技术产业R&D人员占全社会R&D人员比重（%）	4.36	6.96
高新技术企业R&D人员全时当量（人年）	6343	6907
高新技术企业R&D人员占全社会R&D人员比重（%）	24.44	31.09
科学研究和技术服务业新增固定资产（亿元）	12.91	9.71
科学研究和技术服务业新增固定资产占比重（%）	0.49	0.39
开展创新活动的企业数（个）	911	811
开展创新活动的企业占比重（%）	50.14	45.72
实现创新的企业数（个）	810	724
实现创新企业占比重（%）	44.58	40.81
企业创新费用支出（亿元）	120.80	102.60
企业R&D经费支出（亿元）	50.55	47.62
企业R&D经费支出占创新费用支出比重（%）	41.85	46.41
企业R&D经费支出占全社会R&D经费比重（%）	45.86	49.06
企业R&D经费支出占营业收入比重（%）	0.67	0.53
企业引进技术经费支出（亿元）	0.10	0.02
企业消化吸收经费支出（亿元）	0	0
企业购买境内技术经费支出（亿元）	8.55	0.77
企业技术改造经费支出（亿元）	51.88	41.84
企业技术获取和技术改造经费支出（亿元）	60.53	42.63
企业技术获取和技术改造经费支出占营业收入比重（%）	0.80	0.47
企业科学研究经费支出占企业R&D经费支出比重（%）	3.90	9.93
研发机构来源于企业的R&D经费支出（亿元）	2.19	1.45
高校来源于企业的R&D经费支出（亿元）	3.37	2.93
研发机构和高校R&D经费支出中企业资金占比重（%）	11.01	10.31
企业平均吸纳技术成交额（万元）	1312.63	956.84
企业R&D人员全时当量（人年）	8547	8026

甘肃创新能力监测指标（5）

指标名称	2019	2018
企业R&D研究人员全时当量（人年）	3669	3389
企业R&D研究人员占全社会R&D研究人员比重（%）	20.86	24.02
万名企业就业人员中R&D人员数（人年）	174.93	161.16
有R&D活动的企业数（个）	416	330
有R&D活动的企业占工业企业比重（%）	22.79	17.21
有研发机构的企业数（个）	133	127
有研发机构的企业占工业企业比重（%）	7.29	6.62
企业专利申请数（件）	3393	3342
企业发明专利申请数（件）	1292	1207
企业发明专利拥有量（件）	3413	3208
万名企业就业人员发明专利拥有量（件）	69.85	64.42
发明专利申请数（件）	6056	6035
实用新型专利申请数（件）	19226	17400
外观设计专利申请数（件）	2355	4447
研发机构专利申请数（件）	1041	1015
研发机构发明专利申请数（件）	829	694
高校专利申请数（件）	3196	3053
高校发明专利申请数（件）	849	790
万人发明专利申请数（件）	2.29	2.29
亿元R&D经费支出发明专利申请数（件）	54.93	62.18
发明专利授权数（件）	1154	1280
实用新型专利授权数（件）	11722	10696
外观设计专利授权数（件）	2018	1982
万人发明专利授权数（件）	0.44	0.49
亿元R&D经费支出发明专利授权数（件）	10.47	13.19
发明专利拥有量（件）	7432	6879
实用新型专利拥有量（件）	29001	23770
外观设计专利拥有量（件）	4543	4254
研发机构发明专利拥有量（件）	2205	1885
高校发明专利拥有量（件）	1663	1802

甘肃创新能力监测指标（6）

指标名称	2019	2018
万人发明专利拥有量（件）	2.81	2.61
国内科技论文数（篇）	8434	8228
万人国内科技论文数（篇）	3.19	3.12
SCI 收录科技论文数（篇）	5785	4782
EI 收录科技论文数（篇）	3338	3047
CPCI-S 收录科技论文数（篇）	347	508
万人国际科技论文数（篇）	3.58	3.16
技术市场成交合同数（项）	5921	5072
技术市场输出技术成交额（亿元）	196.42	180.88
万人输出技术成交额（万元）	741.92	685.92
国外技术引进合同数（项）	1	1
国外技术合同成交额（亿美元）	0.15	0.01
万人国外技术引进合同成交额（万美元）	0.57	0.04
国外技术引进合同成交额中技术经费（亿美元）	0.15	0.01
国外技术引进合同成交额中技术经费占比重（%）	100.00	100.00
百万人技术国际收入（万美元）	88.48	45.40
高技术产业有效发明专利数（件）	476	479
万名高技术产业就业人员有效发明专利数（件）	163.39	166.70
高技术产业营业收入（亿元）	277.79	236.67
高技术产业营业收入占工业营业收入比重（%）	3.66	2.62
高技术产业新产品销售收入（亿元）	72.55	95.74
高技术产业新产品销售收入占营业收入比重（%）	26.12	40.45
万元地区生产总值高技术产业营业收入（万元）	0.03	0.03
新产品销售收入（亿元）	552.71	275.13
新产品销售收入占营业收入比重（%）	7.28	3.05
商品出口额（亿美元）	22.14	25.89
商品出口额与地区生产总值比值（万美元/亿元）	25.40	31.94
高技术产品出口额（亿美元）	3.51	3.65
高技术产品出口额占商品出口额比重（%）	15.84	14.09

甘肃创新能力监测指标（7）

指标名称	2019	2018
第三产业增加值（亿元）	4796.60	4416.38
第三产业增加值占地区生产总值比重（%）	55.02	54.50
高新技术企业数（个）	1045	892
高新技术企业年末从业人员数（万人）	15.67	15.14
高新技术企业营业收入（亿元）	1622.62	1444.92
高新技术企业技术收入（亿元）	137.82	115.56
高新技术企业技术收入占营业收入比重（%）	8.49	8.00
高新技术企业净利润（亿元）	94.01	94.02
高新技术企业利润率（%）	5.79	6.51
高新技术企业出口总额（亿元）	79.27	91.44
劳动生产率（万元/人）	5.52	5.18
固定资本形成总额（亿元）	4204.23	3994.59
资本生产率（万元/万元）	0.26	0.26
综合能耗产出率（元/千克标准煤）	10.59	9.97
空气达到二级以上天数（天）	338	310
空气达到二级以上天数占比重（%）	92.47	84.93
废水中化学需氧量排放量（万吨）	5.95	6.73
废水中化学需氧量排放降低率（%）	11.50	6.91
二氧化硫排放量（万吨）	11.29	12.55
二氧化硫排放降低率（%）	10.03	4.41
万元地区生产总值用水量（立方米）	126.17	136.19
万元地区生产总值用水量降低率（%）	7.35	12.49
废水中氨氮排放量（万吨）	0.50	0.55
废水中氨氮排放降低率（%）	8.96	7.78
固体废物产生量（万吨）	6485	6007
固体废物综合利用量（万吨）	2550	2215
固体废物综合治理率（%）	67.45	60.06
生活垃圾无害化处理率（%）	100.00	99.76
污水处理率（%）	97.11	96.36
建成区绿化覆盖率（%）	36.03	33.50

青海创新能力监测指标（1）

指标名称	2019	2018
大专以上学历人数（万人）	76.67	79.51
万人大专以上学历人数（人）	1375.34	1442.48
高校数（个）	12	12
高校在校学生数（万人）	9.03	8.60
十万人高校在校学生数（人）	1486.00	1426.00
高校（机构）硕士毕业生数（人）	1273	1156
十万人硕士毕业生数（人）	20.94	19.17
高校（机构）博士毕业生数（人）	15	19
十万人博士毕业生数（人）	0.25	0.32
研发机构数（个）	22	25
科技企业孵化器管理机构从业人员数（人）	372	350
国家级孵化器管理机构从业人员数（人）	247	220
国家大学科技园管理机构从业人员数（人）	14	14
火炬计划特色产业基地企业从业人员数（人）	0	0
国家级示范生产力促进中心人员数（人）	69	58
众创空间服务人员数（人）	420	973
众创空间数（个）	46	36
科技企业孵化器数（个）	14	14
国家级科技企业孵化器数（个）	6	5
科技企业孵化器在孵企业数（个）	471	457
科技企业孵化器累计毕业企业数（个）	502	440
科技企业孵化器总收入（亿元）	2.14	1.97
企业研究开发费用加计扣除减免税额（亿元）	0.92	0.53
高新技术企业减免税额（亿元）	1.12	0.63
高新技术企业减免税额占全国比重（%）	0.08	0.05
信息传输、软件和信息技术服务业固定资产投资（亿元）	106.51	98.01
信息传输、软件和信息技术服务业固定资产投资占比重（%）	2.48	2.39
邮政业务总量（亿元）	8.10	7.15
电信业务总量（亿元）	636.98	422.81
邮电业务总量与地区生产总值比值（万元/亿元）	2193.32	1564.63
固定电话和移动电话用户数（万户）	798.41	806.28

青海创新能力监测指标（2）

指标名称	2019	2018
百人固定电话和移动电话用户数（户）	131.36	133.71
移动互联网用户数（万户）	564.67	558.97
万人移动互联网用户数（万户）	0.93	0.93
有效商标注册数（万件）	4.06	3.12
百万人有效商标注册数（件）	6678.29	5175.62
地区生产总值（亿元）	2941.10	2748.00
第二产业增加值（亿元）	1153.90	1093.72
第二产业增加值占地区生产总值比重（%）	39.23	39.80
工业增加值（亿元）	821.90	777.50
工业增加值占地区生产总值比重（%）	27.95	28.29
装备制造业营业收入（亿元）	156.83	99.82
装备制造业营业收入占营业收入比重（%）	6.55	4.58
人均地区生产总值（元）	48570	45739
城镇登记失业人员数（万人）	3.10	4.65
城镇登记失业率（%）	2.24	2.97
客运量（亿人）	0.63	0.64
旅客周转量（亿人公里）	128.23	141.01
货运量（亿吨）	1.51	1.89
货物周转量（亿吨公里）	398.43	551.36
研究与试验发展（R&D）经费支出（亿元）	20.57	17.30
R&D经费支出与地区生产总值之比（%）	0.70	0.63
R&D经费中基础研究经费支出（亿元）	2.29	1.91
R&D经费中应用研究经费支出（亿元）	4.36	4.05
R&D经费中试验发展经费支出（亿元）	13.92	11.33
R&D经费中基础研究经费支出占比重（%）	11.14	11.07
R&D经费中应用研究经费支出占比重（%）	21.19	23.42
R&D经费中试验发展经费支出占比重（%）	67.67	65.51
R&D经费中政府资金经费支出（亿元）	7.39	6.68
R&D经费中企业资金经费支出（亿元）	12.70	10.28
R&D经费中政府资金经费支出占比重（%）	35.95	38.65
R&D经费中企业资金经费支出占比重（%）	61.73	59.46
高校R&D经费支出（亿元）	2.44	2.62

青海创新能力监测指标（3）

指标名称	2019	2018
研发机构R&D经费支出（亿元）	4.02	3.38
高校R&D经费支出占全社会R&D经费比重（%）	11.88	15.14
研发机构R&D经费支出占全社会R&D经费比重（%）	19.55	19.55
高新技术企业R&D经费支出（亿元）	6.55	6.27
高新技术企业R&D经费支出占全社会R&D经费比重（%）	31.86	36.26
财政性教育经费支出（亿元）	221.37	199.10
财政性教育经费支出与地区生产总值比值（万元/亿元）	752.67	724.54
地方财政科技支出（亿元）	10.37	12.80
地方财政科技支出占地方财政支出比重（%）	0.56	0.78
地方财政科技支出与地区生产总值比值（万元/亿元）	35.25	46.57
R&D人员全时当量（人年）	5476	4301
万人R&D人员全时当量（人年）	9.01	7.13
R&D人员中基础研究人员数（人年）	788	763
R&D人员中应用研究人员数（人年）	1304	1202
R&D人员中试验发展人员数（人年）	3386	2338
R&D人员中基础研究人员占比重（%）	14.38	17.73
R&D人员中应用研究人员占比重（%）	23.81	27.94
R&D人员中试验发展人员占比重（%）	61.83	54.35
R&D研究人员全时当量（人年）	2872	2300
R&D研究人员占全社会R&D人员比重（%）	52.45	53.48
高校R&D人员全时当量（人年）	664	620
研发机构R&D人员全时当量（人年）	956	904
高校R&D人员占全社会R&D人员比重（%）	12.12	14.41
研发机构R&D人员占全社会R&D人员比重（%）	17.46	21.02
高技术产业R&D经费支出（亿元）	1.41	2.47
高技术产业R&D经费支出占全社会R&D经费比重（%）	6.88	14.26
高技术产业R&D经费支出占营业收入比重（%）	1.08	2.34
高技术产业引进技术经费支出（万元）	0	0
高技术产业消化吸收经费支出（万元）	0	0
高技术产业购买境内技术经费支出（万元）	0	0
高技术产业技术改造经费支出（万元）	1086.10	1872.30

青海创新能力监测指标（4）

指标名称	2019	2018
高技术产业技术获取和技术改造经费支出占营业收入比重（%）	0.08	0.18
高技术产业新产品研发经费支出（亿元）	2.62	3.76
高技术产业新产品研发经费支出占新产品销售收入比重（%）	8.34	13.95
高技术产业R&D人员全时当量（人年）	446	358
高技术产业R&D人员占全社会R&D人员比重（%）	8.15	8.32
高新技术企业R&D人员全时当量（人年）	2077	1940
高新技术企业R&D人员占全社会R&D人员比重（%）	37.93	45.10
科学研究和技术服务业新增固定资产（亿元）	15.77	4.88
科学研究和技术服务业新增固定资产占比重（%）	0.65	0.21
开展创新活动的企业数（个）	268	241
开展创新活动的企业占比重（%）	45.89	42.88
实现创新的企业数（个）	250	219
实现创新企业占比重（%）	42.81	38.97
企业创新费用支出（亿元）	25.00	17.40
企业R&D经费支出（亿元）	9.37	6.77
企业R&D经费支出占创新费用支出比重（%）	37.48	38.92
企业R&D经费支出占全社会R&D经费比重（%）	45.56	39.15
企业R&D经费支出占营业收入比重（%）	0.39	0.30
企业引进技术经费支出（亿元）	0.09	0
企业消化吸收经费支出（亿元）	0	0
企业购买境内技术经费支出（亿元）	0.01	0
企业技术改造经费支出（亿元）	7.01	3.17
企业技术获取和技术改造经费支出（亿元）	7.10	3.17
企业技术获取和技术改造经费支出占营业收入比重（%）	0.30	0.14
企业科学研究经费支出占企业R&D经费支出比重（%）	4.69	20.65
研发机构来源于企业的R&D经费支出（亿元）	0.20	0.12
高校来源于企业的R&D经费支出（亿元）	0.24	0.16
研发机构和高校R&D经费支出中企业资金占比重（%）	6.87	4.57
企业平均吸纳技术成交额（万元）	1791.72	1301.80
企业R&D人员全时当量（人年）	2379	1157

青海创新能力监测指标（5）

指标名称	2019	2018
企业R&D研究人员全时当量（人年）	943	373
企业R&D研究人员占全社会R&D研究人员比重（%）	32.83	16.22
万名企业就业人员中R&D人员数（人年）	148.04	67.27
有R&D活动的企业数（个）	99	60
有R&D活动的企业占工业企业比重（%）	16.92	10.24
有研发机构的企业数（个）	29	33
有研发机构的企业占工业企业比重（%）	4.96	5.63
企业专利申请数（件）	1088	859
企业发明专利申请数（件）	438	321
企业发明专利拥有量（件）	760	559
万名企业就业人员发明专利拥有量（件）	47.29	32.50
发明专利申请数（件）	1232	1287
实用新型专利申请数（件）	3396	2885
外观设计专利申请数（件）	389	267
研发机构专利申请数（件）	133	103
研发机构发明专利申请数（件）	120	95
高校专利申请数（件）	562	247
高校发明专利申请数（件）	218	122
万人发明专利申请数（件）	2.03	2.13
亿元R&D经费支出发明专利申请数（件）	59.90	74.41
发明专利授权数（件）	292	298
实用新型专利授权数（件）	2452	2143
外观设计专利授权数（件）	302	227
万人发明专利授权数（件）	0.48	0.49
亿元R&D经费支出发明专利授权数（件）	14.20	17.23
发明专利拥有量（件）	1636	1402
实用新型专利拥有量（件）	6303	4677
外观设计专利拥有量（件）	1008	879
研发机构发明专利拥有量（件）	534	455
高校发明专利拥有量（件）	134	93

青海创新能力监测指标（6）

指标名称	2019	2018
万人发明专利拥有量（件）	2.69	2.33
国内科技论文数（篇）	2205	2021
万人国内科技论文数（篇）	3.63	3.35
SCI 收录科技论文数（篇）	503	386
EI 收录科技论文数（篇）	200	181
CPCI-S 收录科技论文数（篇）	47	73
万人国际科技论文数（篇）	1.23	1.06
技术市场成交合同数（项）	836	1071
技术市场输出技术成交额（亿元）	9.10	79.36
万人输出技术成交额（万元）	149.66	1316.01
国外技术引进合同数（项）	0	0
国外技术合同成交额（亿美元）	0	0
万人国外技术引进合同成交额（万美元）	0	0
国外技术引进合同成交额中技术经费（亿美元）	0	0
国外技术引进合同成交额中技术经费占比重（%）	0	0
百万人技术国际收入（万美元）	37.34	16.19
高技术产业有效发明专利数（件）	155	163
万名高技术产业就业人员有效发明专利数（件）	123.94	137.47
高技术产业营业收入（亿元）	131.35	105.43
高技术产业营业收入占工业营业收入比重（%）	5.48	4.72
高技术产业新产品销售收入（亿元）	31.43	26.98
高技术产业新产品销售收入占营业收入比重（%）	23.93	25.59
万元地区生产总值高技术产业营业收入（万元）	0.04	0.04
新产品销售收入（亿元）	123.39	123.27
新产品销售收入占营业收入比重（%）	5.15	5.52
商品出口额（亿美元）	2.30	3.29
商品出口额与地区生产总值比值（万美元/亿元）	7.84	11.98
高技术产品出口额（亿美元）	0.04	0.06
高技术产品出口额占商品出口额比重（%）	1.90	1.70

青海创新能力监测指标（7）

指标名称	2019	2018
第三产业增加值（亿元）	1485.30	1386.18
第三产业增加值占地区生产总值比重（%）	50.50	50.44
高新技术企业数（个）	176	166
高新技术企业年末从业人员数（万人）	4.93	4.78
高新技术企业营业收入（亿元）	698.34	696.14
高新技术企业技术收入（亿元）	202.07	199.02
高新技术企业技术收入占营业收入比重（%）	28.94	28.59
高新技术企业净利润（亿元）	-552.39	-0.73
高新技术企业利润率（%）	-79.10	-0.11
高新技术企业出口总额（亿元）	2.27	5.00
劳动生产率（万元/人）	9.01	8.50
固定资本形成总额（亿元）	2430.29	4188.59
资本生产率（万元/万元）	0.12	0.12
综合能耗产出率（元/千克标准煤）	7.04	6.43
空气达到二级以上天数（天）	347	286
空气达到二级以上天数占比重（%）	95.11	78.31
废水中化学需氧量排放量（万吨）	1.97	2.20
废水中化学需氧量排放降低率（%）	10.49	-8.65
二氧化硫排放量（万吨）	4.32	4.65
二氧化硫排放降低率（%）	7.02	7.67
万元地区生产总值用水量（立方米）	88.34	91.09
万元地区生产总值用水量降低率（%）	3.03	7.33
废水中氨氮排放量（万吨）	0.28	0.34
废水中氨氮排放降低率（%）	17.87	-24.07
固体废物产生量（万吨）	15603	13851
固体废物综合利用量（万吨）	8685	7970
固体废物综合治理率（%）	57.70	60.03
生活垃圾无害化处理率（%）	96.28	96.01
污水处理率（%）	95.15	87.70
建成区绿化覆盖率（%）	35.21	33.94

宁夏创新能力监测指标（1）

指标名称	2019	2018
大专以上学历人数（万人）	89.49	82.93
万人大专以上学历人数（人）	1413.81	1315.79
高校数（个）	19	19
高校在校学生数（万人）	17.93	16.37
十万人高校在校学生数（人）	2581.00	2379.00
高校（机构）硕士毕业生数（人）	1936	1540
十万人硕士毕业生数（人）	27.87	22.38
高校（机构）博士毕业生数（人）	61	50
十万人博士毕业生数（人）	0.88	0.73
研发机构数（个）	18	18
科技企业孵化器管理机构从业人员数（人）	239	319
国家级孵化器管理机构从业人员数（人）	85	76
国家大学科技园管理机构从业人员数（人）	14	14
火炬计划特色产业基地企业从业人员数（人）	12739	13665
国家级示范生产力促进中心人员数（人）	58	73
众创空间服务人员数（人）	55	939
众创空间数（个）	6	32
科技企业孵化器数（个）	15	18
国家级科技企业孵化器数（个）	4	4
科技企业孵化器在孵企业数（个）	558	629
科技企业孵化器累计毕业企业数（个）	387	277
科技企业孵化器总收入（亿元）	0.51	0.75
企业研究开发费用加计扣除减免税额（亿元）	4.69	1.27
高新技术企业减免税额（亿元）	0.70	0.53
高新技术企业减免税额占全国比重（%）	0.05	0.04
信息传输、软件和信息技术服务业固定资产投资（亿元）	42.83	42.45
信息传输、软件和信息技术服务业固定资产投资占比重（%）	1.60	1.43
邮政业务总量（亿元）	19.98	17.79
电信业务总量（亿元）	743.92	462.92
邮电业务总量与地区生产总值比值（万元/亿元）	2037.90	1369.48
固定电话和移动电话用户数（万户）	882.22	937.01

宁夏创新能力监测指标（2）

指标名称	2019	2018
百人固定电话和移动电话用户数（户）	127.00	136.19
移动互联网用户数（万户）	685.74	694.61
万人移动互联网用户数（万户）	0.99	1.01
有效商标注册数（万件）	5.56	4.32
百万人有效商标注册数（件）	8009.96	6277.03
地区生产总值（亿元）	3748.50	3510.21
第二产业增加值（亿元）	1587.10	1488.13
第二产业增加值占地区生产总值比重（%）	42.34	42.39
工业增加值（亿元）	1272.50	1191.00
工业增加值占地区生产总值比重（%）	33.95	33.93
装备制造业营业收入（亿元）	327.37	190.01
装备制造业营业收入占营业收入比重（%）	6.63	4.41
人均地区生产总值（元）	54217	51248
城镇登记失业人员数（万人）	5.05	5.39
城镇登记失业率（%）	3.74	3.89
客运量（亿人）	0.58	0.61
旅客周转量（亿人公里）	87.04	88.31
货运量（亿吨）	4.25	3.89
货物周转量（亿吨公里）	650.99	627.68
研究与试验发展（R&D）经费支出（亿元）	54.51	45.58
R&D经费支出与地区生产总值之比（%）	1.45	1.30
R&D经费中基础研究经费支出（亿元）	3.95	2.79
R&D经费中应用研究经费支出（亿元）	5.84	4.31
R&D经费中试验发展经费支出（亿元）	44.71	38.48
R&D经费中基础研究经费支出占比重（%）	7.25	6.12
R&D经费中应用研究经费支出占比重（%）	10.72	9.46
R&D经费中试验发展经费支出占比重（%）	82.03	84.42
R&D经费中政府资金经费支出（亿元）	13.27	9.86
R&D经费中企业资金经费支出（亿元）	40.14	35.01
R&D经费中政府资金经费支出占比重（%）	24.35	21.63
R&D经费中企业资金经费支出占比重（%）	73.64	76.80
高校R&D经费支出（亿元）	6.05	3.40

宁夏创新能力监测指标（3）

指标名称	2019	2018
研发机构R&D经费支出（亿元）	3.14	2.97
高校R&D经费支出占全社会R&D经费比重（%）	11.10	7.46
研发机构R&D经费支出占全社会R&D经费比重（%）	5.76	6.51
高新技术企业R&D经费支出（亿元）	15.73	15.06
高新技术企业R&D经费支出占全社会R&D经费比重（%）	28.85	33.03
财政性教育经费支出（亿元）	179.33	170.47
财政性教育经费支出与地区生产总值比值（万元/亿元）	478.40	485.63
地方财政科技支出（亿元）	31.26	34.02
地方财政科技支出占地方财政支出比重（%）	2.17	2.40
地方财政科技支出与地区生产总值比值（万元/亿元）	83.39	96.92
R&D人员全时当量（人年）	12016	11077
万人R&D人员全时当量（人年）	17.30	16.10
R&D人员中基础研究人员数（人年）	1559	1753
R&D人员中应用研究人员数（人年）	1755	1692
R&D人员中试验发展人员数（人年）	8704	7634
R&D人员中基础研究人员占比重（%）	12.98	15.82
R&D人员中应用研究人员占比重（%）	14.61	15.28
R&D人员中试验发展人员占比重（%）	72.43	68.92
R&D研究人员全时当量（人年）	5106	4919
R&D研究人员占全社会R&D人员比重（%）	42.49	44.40
高校R&D人员全时当量（人年）	1915	2224
研发机构R&D人员全时当量（人年）	648	644
高校R&D人员占全社会R&D人员比重（%）	15.94	20.08
研发机构R&D人员占全社会R&D人员比重（%）	5.39	5.81
高技术产业R&D经费支出（亿元）	8.98	5.95
高技术产业R&D经费支出占全社会R&D经费比重（%）	16.48	13.05
高技术产业R&D经费支出占营业收入比重（%）	4.94	3.19
高技术产业引进技术经费支出（万元）	0	0
高技术产业消化吸收经费支出（万元）	0	0
高技术产业购买境内技术经费支出（万元）	0	0
高技术产业技术改造经费支出（万元）	8075.40	6306.20

宁夏创新能力监测指标（4）

指标名称	2019	2018
高技术产业技术获取和技术改造经费支出占营业收入比重（%）	0.44	0.34
高技术产业新产品研发经费支出（亿元）	6.62	5.44
高技术产业新产品研发经费支出占新产品销售收入比重（%）	5.87	4.79
高技术产业R&D人员全时当量（人年）	1009	950
高技术产业R&D人员占全社会R&D人员比重（%）	8.40	8.58
高新技术企业R&D人员全时当量（人年）	2889	3182
高新技术企业R&D人员占全社会R&D人员比重（%）	24.04	28.73
科学研究和技术服务业新增固定资产（亿元）	5.64	8.00
科学研究和技术服务业新增固定资产占比重（%）	0.45	0.57
开展创新活动的企业数（个）	640	543
开展创新活动的企业占比重（%）	53.51	47.18
实现创新的企业数（个）	594	503
实现创新企业占比重（%）	49.67	43.70
企业创新费用支出（亿元）	94.10	91.00
企业R&D经费支出（亿元）	41.57	36.99
企业R&D经费支出占创新费用支出比重（%）	44.18	40.65
企业R&D经费支出占全社会R&D经费比重（%）	76.27	81.16
企业R&D经费支出占营业收入比重（%）	0.84	0.83
企业引进技术经费支出（亿元）	0.00	0.07
企业消化吸收经费支出（亿元）	0	0.00
企业购买境内技术经费支出（亿元）	0.14	0.43
企业技术改造经费支出（亿元）	41.70	44.74
企业技术获取和技术改造经费支出（亿元）	41.84	45.24
企业技术获取和技术改造经费支出占营业收入比重（%）	0.85	1.02
企业科学研究经费支出占企业R&D经费支出比重（%）	2.41	2.24
研发机构来源于企业的R&D经费支出（亿元）	0.01	0.01
高校来源于企业的R&D经费支出（亿元）	0.75	0.52
研发机构和高校R&D经费支出中企业资金占比重（%）	8.20	8.22
企业平均吸纳技术成交额（万元）	424.51	771.36
企业R&D人员全时当量（人年）	8073	7060

宁夏创新能力监测指标（5）

指标名称	2019	2018
企业R&D研究人员全时当量（人年）	2238	1956
企业R&D研究人员占全社会R&D研究人员比重（%）	43.83	39.77
万名企业就业人员中R&D人员数（人年）	272.09	248.59
有R&D活动的企业数（个）	361	306
有R&D活动的企业占工业企业比重（%）	30.18	24.48
有研发机构的企业数（个）	239	156
有研发机构的企业占工业企业比重（%）	19.98	12.48
企业专利申请数（件）	2885	2205
企业发明专利申请数（件）	1087	929
企业发明专利拥有量（件）	2777	2282
万名企业就业人员发明专利拥有量（件）	93.60	80.35
发明专利申请数（件）	2525	2999
实用新型专利申请数（件）	6249	6403
外观设计专利申请数（件）	501	458
研发机构专利申请数（件）	185	120
研发机构发明专利申请数（件）	55	38
高校专利申请数（件）	646	437
高校发明专利申请数（件）	263	151
万人发明专利申请数（件）	3.63	4.36
亿元R&D经费支出发明专利申请数（件）	46.33	65.80
发明专利授权数（件）	598	744
实用新型专利授权数（件）	4644	4489
外观设计专利授权数（件）	313	425
万人发明专利授权数（件）	0.86	1.08
亿元R&D经费支出发明专利授权数（件）	10.97	16.32
发明专利拥有量（件）	3205	2820
实用新型专利拥有量（件）	12632	10226
外观设计专利拥有量（件）	1104	986
研发机构发明专利拥有量（件）	97	62
高校发明专利拥有量（件）	158	185

宁夏创新能力监测指标（6）

指标名称	2019	2018
万人发明专利拥有量（件）	4.61	4.10
国内科技论文数（篇）	1974	1949
万人国内科技论文数（篇）	2.84	2.83
SCI 收录科技论文数（篇）	719	471
EI 收录科技论文数（篇）	327	242
CPCI-S 收录科技论文数（篇）	66	85
万人国际科技论文数（篇）	1.60	1.16
技术市场成交合同数（项）	1922	617
技术市场输出技术成交额（亿元）	14.90	12.11
万人输出技术成交额（万元）	214.54	175.96
国外技术引进合同数（项）	3	2
国外技术合同成交额（亿美元）	0.05	0
万人国外技术引进合同成交额（万美元）	0.75	0
国外技术引进合同成交额中技术经费（亿美元）	0.05	0
国外技术引进合同成交额中技术经费占比重（%）	100.00	0
百万人技术国际收入（万美元）	69.05	30.88
高技术产业有效发明专利数（件）	190	268
万名高技术产业就业人员有效发明专利数（件）	119.48	163.34
高技术产业营业收入（亿元）	181.99	186.28
高技术产业营业收入占工业营业收入比重（%）	3.69	4.19
高技术产业新产品销售收入（亿元）	112.87	113.49
高技术产业新产品销售收入占营业收入比重（%）	62.02	60.92
万元地区生产总值高技术产业营业收入（万元）	0.05	0.05
新产品销售收入（亿元）	447.69	482.65
新产品销售收入占营业收入比重（%）	9.07	10.86
商品出口额（亿美元）	27.84	27.52
商品出口额与地区生产总值比值（万美元/亿元）	74.26	78.40
高技术产品出口额（亿美元）	1.65	1.46
高技术产品出口额占商品出口额比重（%）	5.91	5.31

宁夏创新能力监测指标（7）

指标名称	2019	2018
第三产业增加值（亿元）	1881.40	1742.69
第三产业增加值占地区生产总值比重（%）	50.19	49.65
高新技术企业数（个）	201	150
高新技术企业年末从业人员数（万人）	5.23	4.05
高新技术企业营业收入（亿元）	559.27	400.58
高新技术企业技术收入（亿元）	7.81	4.64
高新技术企业技术收入占营业收入比重（%）	1.40	1.16
高新技术企业净利润（亿元）	38.08	21.48
高新技术企业利润率（%）	6.81	5.36
高新技术企业出口总额（亿元）	41.05	47.62
劳动生产率（万元/人）	9.32	8.85
固定资本形成总额（亿元）	4071.44	4038.50
资本生产率（万元/万元）	0.12	0.12
综合能耗产出率（元/千克标准煤）	4.52	4.58
空气达到二级以上天数（天）	323	279
空气达到二级以上天数占比重（%）	88.61	76.55
废水中化学需氧量排放量（万吨）	9.01	9.18
废水中化学需氧量排放降低率（%）	1.87	-5.60
二氧化硫排放量（万吨）	12.50	13.06
二氧化硫排放降低率（%）	4.29	11.78
万元地区生产总值用水量（立方米）	186.48	178.67
万元地区生产总值用水量降低率（%）	-4.37	6.92
废水中氨氮排放量（万吨）	0.33	0.38
废水中氨氮排放降低率（%）	14.13	14.94
固体废物产生量（万吨）	6423	6091
固体废物综合利用量（万吨）	2552	2225
固体废物综合治理率（%）	85.99	90.31
生活垃圾无害化处理率（%）	99.89	99.30
污水处理率（%）	95.85	95.46
建成区绿化覆盖率（%）	41.34	40.53

新疆创新能力监测指标（1）

指标名称	2019	2018
大专以上学历人数（万人）	340.13	386.10
万人大专以上学历人数（人）	1487.69	1722.99
高校数（个）	54	50
高校在校学生数（万人）	53.14	48.60
十万人高校在校学生数（人）	2106.00	1954.00
高校（机构）硕士毕业生数（人）	6423	5927
十万人硕士毕业生数（人）	25.46	23.83
高校（机构）博士毕业生数（人）	220	224
十万人博士毕业生数（人）	0.87	0.90
研发机构数（个）	102	102
科技企业孵化器管理机构从业人员数（人）	513	529
国家级孵化器管理机构从业人员数（人）	187	208
国家大学科技园管理机构从业人员数（人）	15	17
火炬计划特色产业基地企业从业人员数（人）	47565	38926
国家级示范生产力促进中心人员数（人）	285	234
众创空间服务人员数（人）	710	1202
众创空间数（个）	63	49
科技企业孵化器数（个）	29	24
国家级科技企业孵化器数（个）	9	9
科技企业孵化器在孵企业数（个）	1690	1640
科技企业孵化器累计毕业企业数（个）	811	675
科技企业孵化器总收入（亿元）	2.51	2.00
企业研究开发费用加计扣除减免税额（亿元）	2.33	3.58
高新技术企业减免税额（亿元）	4.51	5.24
高新技术企业减免税额占全国比重（%）	0.32	0.43
信息传输、软件和信息技术服务业固定资产投资（亿元）	150.38	156.10
信息传输、软件和信息技术服务业固定资产投资占比重（%）	1.66	1.77
邮政业务总量（亿元）	43.02	38.03
电信业务总量（亿元）	2006.00	856.18
邮电业务总量与地区生产总值比值（万元/亿元）	1506.96	698.09
固定电话和移动电话用户数（万户）	3161.89	3144.50

新疆创新能力监测指标（2）

指标名称	2019	2018
百人固定电话和移动电话用户数（户）	125.31	126.44
移动互联网用户数（万户）	2138.19	1992.49
万人移动互联网用户数（万户）	0.85	0.80
有效商标注册数（万件）	18.60	15.39
百万人有效商标注册数（件）	7369.71	6189.51
地区生产总值（亿元）	13597.10	12809.39
第二产业增加值（亿元）	4784.40	4657.16
第二产业增加值占地区生产总值比重（%）	35.19	36.36
工业增加值（亿元）	3831.00	3758.50
工业增加值占地区生产总值比重（%）	28.18	29.34
装备制造业营业收入（亿元）	640.43	467.82
装备制造业营业收入占营业收入比重（%）	5.56	4.53
人均地区生产总值（元）	54280	51950
城镇登记失业人员数（万人）	8.36	9.55
城镇登记失业率（%）	2.14	2.36
客运量（亿人）	2.03	2.12
旅客周转量（亿人公里）	414.53	405.76
货运量（亿吨）	8.44	9.75
货物周转量（亿吨公里）	1948.19	2483.87
研究与试验发展（R&D）经费支出（亿元）	64.10	64.31
R&D经费支出与地区生产总值之比（%）	0.47	0.50
R&D经费中基础研究经费支出（亿元）	6.84	7.16
R&D经费中应用研究经费支出（亿元）	8.43	11.33
R&D经费中试验发展经费支出（亿元）	48.84	45.82
R&D经费中基础研究经费支出占比重（%）	10.66	11.14
R&D经费中应用研究经费支出占比重（%）	13.15	17.62
R&D经费中试验发展经费支出占比重（%）	76.19	71.24
R&D经费中政府资金经费支出（亿元）	16.93	18.73
R&D经费中企业资金经费支出（亿元）	46.44	43.73
R&D经费中政府资金经费支出占比重（%）	26.42	29.12
R&D经费中企业资金经费支出占比重（%）	72.45	68.00
高校R&D经费支出（亿元）	4.42	5.10

新疆创新能力监测指标（3）

指标名称	2019	2018
研发机构R&D经费支出（亿元）	10.98	11.41
高校R&D经费支出占全社会R&D经费比重（%）	6.90	7.92
研发机构R&D经费支出占全社会R&D经费比重（%）	17.13	17.74
高新技术企业R&D经费支出（亿元）	14.11	17.36
高新技术企业R&D经费支出占全社会R&D经费比重（%）	22.01	26.99
财政性教育经费支出（亿元）	863.07	812.88
财政性教育经费支出与地区生产总值比值（万元/亿元）	634.74	634.60
地方财政科技支出（亿元）	40.81	42.25
地方财政科技支出占地方财政支出比重（%）	0.77	0.84
地方财政科技支出与地区生产总值比值（万元/亿元）	30.02	32.98
R&D人员全时当量（人年）	13820	15022
万人R&D人员全时当量（人年）	5.48	6.04
R&D人员中基础研究人员数（人年）	3366	3427
R&D人员中应用研究人员数（人年）	3861	4272
R&D人员中试验发展人员数（人年）	6594	7323
R&D人员中基础研究人员占比重（%）	24.36	22.82
R&D人员中应用研究人员占比重（%）	27.94	28.44
R&D人员中试验发展人员占比重（%）	47.71	48.74
R&D研究人员全时当量（人年）	9010	9734
R&D研究人员占全社会R&D人员比重（%）	65.20	64.80
高校R&D人员全时当量（人年）	3538	3546
研发机构R&D人员全时当量（人年）	3300	3770
高校R&D人员占全社会R&D人员比重（%）	25.60	23.61
研发机构R&D人员占全社会R&D人员比重（%）	23.88	25.10
高技术产业R&D经费支出（亿元）	2.20	2.77
高技术产业R&D经费支出占全社会R&D经费比重（%）	3.44	4.30
高技术产业R&D经费支出占营业收入比重（%）	2.02	1.55
高技术产业引进技术经费支出（万元）	0	0
高技术产业消化吸收经费支出（万元）	0	0
高技术产业购买境内技术经费支出（万元）	2394.70	800.70
高技术产业技术改造经费支出（万元）	2151.00	1343.80

新疆创新能力监测指标（4）

指标名称	2019	2018
高技术产业技术获取和技术改造经费支出占营业收入比重（%）	0.42	0.12
高技术产业新产品研发经费支出（亿元）	1.60	2.06
高技术产业新产品研发经费支出占新产品销售收入比重（%）	10.24	4.44
高技术产业R&D人员全时当量（人年）	327	488
高技术产业R&D人员占全社会R&D人员比重（%）	2.37	3.25
高新技术企业R&D人员全时当量（人年）	4167	4634
高新技术企业R&D人员占全社会R&D人员比重（%）	30.15	30.85
科学研究和技术服务业新增固定资产（亿元）	11.03	17.87
科学研究和技术服务业新增固定资产占比重（%）	0.26	0.43
开展创新活动的企业数（个）	1134	896
开展创新活动的企业占比重（%）	35.85	30.57
实现创新的企业数（个）	1062	834
实现创新企业占比重（%）	33.58	28.45
企业创新费用支出（亿元）	107.50	98.10
企业R&D经费支出（亿元）	44.13	44.88
企业R&D经费支出占创新费用支出比重（%）	41.06	45.75
企业R&D经费支出占全社会R&D经费比重（%）	68.85	69.78
企业R&D经费支出占营业收入比重（%）	0.38	0.42
企业引进技术经费支出（亿元）	0.04	0.71
企业消化吸收经费支出（亿元）	0.00	0.52
企业购买境内技术经费支出（亿元）	0.36	0.23
企业技术改造经费支出（亿元）	22.63	24.58
企业技术获取和技术改造经费支出（亿元）	23.04	26.03
企业技术获取和技术改造经费支出占营业收入比重（%）	0.20	0.24
企业科学研究经费支出占企业R&D经费支出比重（%）	4.05	7.95
研发机构来源于企业的R&D经费支出（亿元）	0.10	0.10
高校来源于企业的R&D经费支出（亿元）	0.62	0.40
研发机构和高校R&D经费支出中企业资金占比重（%）	4.68	2.99
企业平均吸纳技术成交额（万元）	552.54	496.62
企业R&D人员全时当量（人年）	4698	5806

新疆创新能力监测指标（5）

指标名称	2019	2018
企业R&D研究人员全时当量（人年）	1919	2450
企业R&D研究人员占全社会R&D研究人员比重（%）	21.30	25.17
万名企业就业人员中R&D人员数（人年）	66.46	87.18
有R&D活动的企业数（个）	153	175
有R&D活动的企业占工业企业比重（%）	4.81	5.79
有研发机构的企业数（个）	83	80
有研发机构的企业占工业企业比重（%）	2.61	2.64
企业专利申请数（件）	3632	3568
企业发明专利申请数（件）	1234	1244
企业发明专利拥有量（件）	3351	3252
万名企业就业人员发明专利拥有量（件）	47.40	48.83
发明专利申请数（件）	3544	3665
实用新型专利申请数（件）	9936	9473
外观设计专利申请数（件）	1291	1509
研发机构专利申请数（件）	546	463
研发机构发明专利申请数（件）	265	251
高校专利申请数（件）	1630	1427
高校发明专利申请数（件）	513	488
万人发明专利申请数（件）	1.40	1.47
亿元R&D经费支出发明专利申请数（件）	55.29	56.99
发明专利授权数（件）	856	923
实用新型专利授权数（件）	6792	7375
外观设计专利授权数（件）	1004	1360
万人发明专利授权数（件）	0.34	0.37
亿元R&D经费支出发明专利授权数（件）	13.35	14.35
发明专利拥有量（件）	5379	5028
实用新型专利拥有量（件）	23360	21388
外观设计专利拥有量（件）	4734	5437
研发机构发明专利拥有量（件）	984	775
高校发明专利拥有量（件）	1035	896

新疆创新能力监测指标（6）

指标名称	2019	2018
万人发明专利拥有量（件）	2.13	2.02
国内科技论文数（篇）	6880	7519
万人国内科技论文数（篇）	2.73	3.02
SCI 收录科技论文数（篇）	2227	1838
EI 收录科技论文数（篇）	997	886
CPCI-S 收录科技论文数（篇）	155	229
万人国际科技论文数（篇）	1.34	1.19
技术市场成交合同数（项）	687	452
技术市场输出技术成交额（亿元）	7.82	3.92
万人输出技术成交额（万元）	31.00	15.77
国外技术引进合同数（项）	39	37
国外技术合同成交额（亿美元）	0.58	0.40
万人国外技术引进合同成交额（万美元）	2.31	1.60
国外技术引进合同成交额中技术经费（亿美元）	0.19	0.40
国外技术引进合同成交额中技术经费占比重（%）	32.04	100.00
百万人技术国际收入（万美元）	1469.80	347.32
高技术产业有效发明专利数（件）	122	421
万名高技术产业就业人员有效发明专利数（件）	92.52	252.66
高技术产业营业收入（亿元）	109.09	178.49
高技术产业营业收入占工业营业收入比重（%）	0.95	1.66
高技术产业新产品销售收入（亿元）	15.58	46.47
高技术产业新产品销售收入占营业收入比重（%）	14.29	26.03
万元地区生产总值高技术产业营业收入（万元）	0.01	0.01
新产品销售收入（亿元）	557.14	432.86
新产品销售收入占营业收入比重（%）	4.83	4.02
商品出口额（亿美元）	171.68	153.82
商品出口额与地区生产总值比值（万美元/亿元）	126.26	120.08
高技术产品出口额（亿美元）	5.07	5.45
高技术产品出口额占商品出口额比重（%）	2.96	3.54

新疆创新能力监测指标（7）

指标名称	2019	2018
第三产业增加值（亿元）	7030.90	6460.14
第三产业增加值占地区生产总值比重（%）	51.71	50.43
高新技术企业数（个）	644	583
高新技术企业年末从业人员数（万人）	15.95	13.31
高新技术企业营业收入（亿元）	2403.16	1883.71
高新技术企业技术收入（亿元）	396.53	306.78
高新技术企业技术收入占营业收入比重（%）	16.50	16.29
高新技术企业净利润（亿元）	132.06	137.12
高新技术企业利润率（%）	5.50	7.28
高新技术企业出口总额（亿元）	89.69	54.50
劳动生产率（万元/人）	8.88	8.53
固定资本形成总额（亿元）	12877.84	11698.25
资本生产率（万元/万元）	0.16	0.16
综合能耗产出率（元/千克标准煤）	6.71	6.61
空气达到二级以上天数（天）	291	263
空气达到二级以上天数占比重（%）	79.62	72.10
废水中化学需氧量排放量（万吨）	16.54	18.53
废水中化学需氧量排放降低率（%）	10.78	5.42
二氧化硫排放量（万吨）	23.86	27.06
二氧化硫排放降低率（%）	11.82	19.69
万元地区生产总值用水量（立方米）	432.22	449.87
万元地区生产总值用水量降低率（%）	3.92	11.36
废水中氨氮排放量（万吨）	1.88	2.21
废水中氨氮排放降低率（%）	14.97	-2.74
固体废物产生量（万吨）	12176	11375
固体废物综合利用量（万吨）	6465	5699
固体废物综合治理率（%）	76.00	74.76
生活垃圾无害化处理率（%）	96.26	91.45
污水处理率（%）	97.81	95.47
建成区绿化覆盖率（%）	39.90	39.61

五、区域创新能力监测指标解释和数据来源

● 大专以上学历人数

是指取得大学专科以上毕业证书的人数，包括专科、本科、硕士、博士学历的人数。数据来源于《中国统计年鉴》。

● 万人大专以上学历人数

创新人才要素与国民的受教育水平密切联系，万人大专以上学历人数是反映创新人才要素水平的重要指标。大专以上学历人数来源于政府统计部门的人口调查。数据来源于《中国统计年鉴》。

● 高校数

指由国家部委、省级人民政府（含新疆生产建设兵团）、省（区、市）教育行政部门主管或联合主管的实行普通高等教育的学校，包括本科高等学校、高等职业学校、高等专科学校。数据来源于《中国教育统计年鉴》。

● 高校在校学生数

是指高等学校学年初开学以后，具有学籍的全部在校学习的学生总数。高等学校包括大学、专业学院和职业大学等。高等学校在校生在校期间已经具备从事研发活动和研发辅助活动的能力、条件和机会，因而属于重要的创新活动人力资源。数据来源于《中国统计年鉴》。

● 十万人高校在校学生数

是高等学校在校学生数与人口数（以十万为单位）的比值，是反映科技人力资源培养的重要指标。数据来源于《中国统计年鉴》。

● 高校（机构）硕士毕业生数

硕士是一个介于学士及博士之间的研究生学位，拥有硕士学位者通常被认定为已具有对所研究领域基本的、独立的思考能力。硕士毕业生数是反映科技人力资源规模的重要指标。数据来源于《中国教育统计年鉴》。

● 十万人硕士毕业生数

是指高等学校（机构）硕士毕业生数与人口数（以十万为单位）的比值，是反映科技人力资源水平的重要指标。数据来源于《中国教育统计年鉴》。

高校（机构）博士毕业生数

博士是最高级别的学位。拥有博士学位或博士学位同等学历，意味着已经有能力由学习阶段进入学术研究阶段。具备产出原创成果的能力或学力是博士学位的核心内涵，也是拥有博士学位的人最本质的特征。博士毕业生数是拥有科技创新人力资源规模的重要体现。数据来源于《中国教育统计年鉴》。

十万人博士毕业生数

博士是体现一个人具备较高学术研究能力的学位，是目前最高级别的学位。拥有博士毕业生的规模和水平是创新人才要素充裕与否的重要体现，也是反映一国、一地区或一城市是否具有较好的创新人才要素吸引力的重要指标。数据来源于《中国教育统计年鉴》。

研发机构数

指地级及以上独立核算的政府属科学研究与技术开发机构数。数据来源于《中国科技统计年鉴》。

科技企业孵化器管理机构从业人员数

是指在科技企业孵化器管理机构工作，取得工资或其他形式劳动报酬的人员数，可以体现科技企业孵化器管理机构的人力资源状况和相应的服务能力。数据来源于《中国火炬统计年鉴》。

国家级孵化器管理机构从业人员数

是指在国家级孵化器管理机构工作，取得工资或其他形式劳动报酬的人员数，可以体现国家级孵化器管理机构的人力资源状况和相应的服务能力。数据来源于《中国火炬统计年鉴》。

国家大学科技园管理机构从业人员数

是指在国家大学科技园管理机构工作，取得工资或其他形式劳动报酬的人员数，可以体现国家大学科技园管理机构的人力资源规模和服务能力。数据来源于《中国火炬统计年鉴》。

火炬计划特色产业基地企业从业人员数

是指在火炬计划特色产业基地企业工作，取得工资或其他形式劳动报酬的人员数，可以体现火炬计划特色产业基地企业的人力资源规模。数据来源于《中国火炬统计年鉴》。

国家级示范生产力促进中心人员数

是指在国家级示范生产力促进中心工作，取得工资或其他形式劳动报酬的人员数。可以体现国家级示范生产力促进中心的人力资源规模和服务能力。数据来源于《中国火炬统计年鉴》。

众创空间服务人员数

指众创空间内从事管理、运行工作的服务人员总数。数据来源于《中国火炬统计年鉴》。

● 众创空间数

指为满足大众创新创业需求，提供工作空间、网络空间、社交空间和资源共享空间，积极利用众筹、众扶、众包等新手段，以社会化、专业化、市场化、网络化为服务特色，实现低成本、便利化、全要素、开放式运营的创新创业平台数量。数据来源于《中国火炬统计年鉴》。

● 科技企业孵化器数

科技企业孵化器是培育和扶植高新技术中小企业的服务机构，对推动高新技术产业发展、完善国家和区域创新体系、繁荣经济发挥着重要的作用，具有重大的社会经济意义。科技企业孵化器数是在一定时间内拥有的科技企业孵化器的总量。数据来源于《中国火炬统计年鉴》。

● 国家级科技企业孵化器数

是指在一定时间内拥有的国家级科技企业孵化器的总量，体现了国家级科技企业孵化器的规模和服务能力。数据来源于《中国火炬统计年鉴》。

● 科技企业孵化器在孵企业数

是指已经进驻到科技企业孵化器内经营并接受该孵化器所提供的孵化服务，但是还处于初级阶段形式的企业数量。数据来源于《中国火炬统计年鉴》。

● 科技企业孵化器累计毕业企业数

是指科技企业孵化器孵化并毕业的全部企业数量。数据来源于《中国火炬统计年鉴》。

● 科技企业孵化器总收入

是指科技企业孵化器经营主要业务收入和其他业务所确认的收入总额。数据来源于《中国火炬统计年鉴》。

● 企业研究开发费用加计扣除减免税额

是指企业在报告期按有关政策和税法规定，税前加计扣除的研究开发活动费用所得税，体现了政府对企业科技活动的重视程度。数据来源于《工业企业科技活动统计资料》。

● 高新技术企业减免税额

是指高新技术企业在报告期按照国家有关政策依法享受的企业所得税减免额，是体现政府对高新技术企业科技活动重视程度的指标。高新技术企业是指在《国家重点支持的高新技术领域》内，持续进行研究开发与技术成果转化，形成企业核心自主知识产权，并以此为基础开展经营活动，在中国境内（不包括港、澳、台地区）注册一年以上的企业。数据来源于《工业企业科技活动统计资料》。

● 高新技术企业减免税额占全国比重

是反映政府对高新技术企业支持的相对力度的指标。数据来源于《工业企业科技活动统计资料》。

● 信息传输、软件和信息技术服务业固定资产投资

固定资产投资是以货币表现的建造和购置固定资产活动的工作量，它是反映固定资产投资规模、速度、比例关系和使用方向的综合性指标。根据我国《国民经济行业分类》（GB/T 4754—2017）标准的界定，信息传输、软件和信息技术服务业包括3个部分：①电信、广播电视和卫星传输服务；②互联网和相关服务；③软件和信息技术服务业。信息传输、软件和信息技术服务业固定资产投资额是在一定时期内以货币形式表现的信息传输、软件和信息技术服务业建造和购置固定资产的工作量及与此有关的费用的总和。数据来源于《中国统计年鉴》。

● 信息传输、软件和信息技术服务业固定资产投资占比重

信息传输、软件和信息技术服务业作为信息产业的重要载体，是知识密集型服务业中十分重要的部分。信息传输、软件和信息技术服务业固定资产投资占全社会固定资产投资比重是反映创新能力建设的重要指标。数据来源于《中国统计年鉴》。

● 邮政业务总量

指以货币形式表示的邮政企业为社会提供各类邮政服务的总数量。数据来源于《中国统计年鉴》。

● 电信业务总量

指以货币形式表示的电信通信企业为社会提供各类电信通信服务的总数量。数据来源于《中国统计年鉴》。

● 邮电业务总量与地区生产总值比值

是邮电业务总量（邮政业务总量和电信业务总量之和）与地区生产总值之比。数据来源于《中国统计年鉴》。

● 固定电话和移动电话用户数

固定电话用户是指在电信企业营业网点办理开户登记手续并已接入固定电话网上的全部电话用户。移动电话用户是指在电信运营企业营业网点办理开户登记手续，通过移动电话交换机进入移动电话网，占用移动电话号码的各类电话用户。二者均是体现社会生活信息化水平的指标。数据来源于《中国统计年鉴》。

● 百人固定电话和移动电话用户数

随着科技的迅速发展，移动电话已逐步成为主要的通信工具。因此，在监测中将固定电话和移动电话合二为一，用以反映社会生活信息化水平。数据来源于《中国统计年鉴》。

● 移动互联网用户数

移动互联网是移动和互联网融合的产物，继承了移动随时随地随身和互联网分享、开放、互动的优势，是整合二者优势的"升级版本"。移动互联网用户数指接入移动互联网进行信息查询和享受网上信息服务的人数。数据来源于《中国统计年鉴》。

● 万人移动互联网用户数

移动互联网的发展既是科技发展直接的成果和体现，又是创新活动应具备的基础条件。移动互联网用户数采用的是信息产业部统计并公布的数据，来源于《中国统计年鉴》。

● 有效商标注册数

是指在报告期末拥有的注册商标件数，包括在境内和境外注册的有效商标件数，一件商标在境内外同时注册时只统计一件。商标是知识产权的重要组成部分。商标总是与某一商品或服务特有的专利、非专利发明、技术标准或技术诀窍相联系，商标的拥有和使用反映了技术创新的水平和程度。数据来源于《中国科技统计年鉴》。

● 百万人有效商标注册数

是指有效商标注册数与人口数（以百万为单位）的比值，是反映创新环境的重要指标。数据来源于《中国科技统计年鉴》。

● 地区生产总值

经济社会的快速、持续、稳定发展离不开创新活动，创新活动的开展也依赖于一定的经济社会发展水平。创新资源不仅需要人力的支持，也需要财力、物力的支持。地区生产总值是指在一定时期内，一个地区所有常住单位按市场价格计算的生产活动的最终成果，体现了该地区新创造产品或服务的总价值，可以反映该地区的经济总量和经济规模。数据来源于《中国统计年鉴》。

● 第二产业增加值

是指一定时期采矿业（不含开采辅助活动），制造业（不含金属制品、机械和设备修理业），电力、热力、燃气及水生产和供应业，以及建筑业4个门类行业在报告期内以货币表现的生产活动最终成果。数据来源于《中国统计年鉴》。

● 第二产业增加值占地区生产总值比重

是第二产业增加值与地区生产总值之比。数据来源于《中国统计年鉴》。

● 工业增加值

是指采矿业（不含开采辅助活动），制造业（不含金属制品、机械和设备修理业），电力、热力、燃气及水生产和供应业3个门类行业在报告期内以货币表现的生产活动最终成果。数据来源于《中国统计年鉴》。

● 工业增加值占地区生产总值比重

是工业企业增加值与地区生产总值之比。数据来源于《中国统计年鉴》。

● 装备制造业营业收入

装备制造业是为国民经济和国防建设提供生产技术装备的制造业，是工业的核心组成部分，也是国民经济各行业发展的基础。装备制造业包括通用设备制造业，专用设备制造业，汽车制造业，铁路、船舶、航空航天和其他运输设备制造业，电气机械和器材制造业，计算机、通信和其他电子设备制造业，仪器仪表制造业，金属制品、机械和设备修理业等行业。数据来源于各地方统计年鉴，为规模以上工业企业数。

● 装备制造业营业收入占营业收入比重

是指装备制造业营业收入与工业企业营业收入之比，反映的是装备制造业占工业的份额。数据来源于各地方统计年鉴，为规模以上工业企业数。

● 人均地区生产总值

是地区生产总值和地区常住人口数之比，是衡量一个国家或地区经济发展水平最具代表性的指标。地区生产总值和常住人口数的数据均来源于《中国统计年鉴》。

● 城镇登记失业人员数

指有非农业户口，在一定的劳动年龄内（16周岁至退休年龄），有劳动能力，无业而要求就业，并在当地劳动保障部门进行失业登记的人员数量。数据来源于《中国统计年鉴》。

● 城镇登记失业率

城镇登记失业人员与城镇单位就业人员（扣除使用的农村劳动力、聘用的离退休人员、港澳台及外方人员）、城镇单位中的不在岗职工、城镇私营业主、个体户主、城镇私营企业和个体就业人员、城镇登记失业人员之和的比。数据来源于《中国统计年鉴》。

● 客运量

指在一定时期内各种运输工具实际运送的旅客数量。旅客不论行程远近或票价多少，均按一人一次客运量统计；半价票、儿童票也按一人统计。数据来源于《中国统计年鉴》。

● 旅客周转量

指在一定时期内由各种运输工具运送的旅客数量与其相应运输距离的乘积之总和。该指标可以反映运输业生产的总成果，也是编制和检查运输生产计划，计算运输效率、劳动生产率及核算运输单位成本的主要基础资料。计算旅客周转量通常按发出站与到达站之间的最短距离，也就是计费距离计算。数据来源于《中国统计年鉴》。

计算公式为：旅客周转量＝∑（旅客运输量×运输距离）。

● 货运量

指在一定时期内各种运输工具实际运送的货物重量。货物不论运输距离长短、货物类别，均按实际重量统计。数据来源于《中国统计年鉴》。

● 货物周转量

指在一定时期内由各种运输工具运送的货物数量与其相应运输距离的乘积之总和。计算货物周转量通常按发出站与到达站之间的最短距离，也就是计费距离计算。数据来源于《中国统计年鉴》。

计算公式为：货物周转量＝∑（货物运输量×运输距离）。

🔵 研究与试验发展（R&D）经费支出

指调查单位在报告年度用于内部开展R&D活动的实际支出。包括用于R&D项目（课题）活动的直接支出，以及间接用于R&D活动的管理费、服务费，与R&D有关的基本建设支出及外协加工费等。不包括生产性活动支出、归还贷款支出，以及与外单位合作或委托外单位进行R&D活动而转拨给对方的经费支出。数据来源于《中国科技统计年鉴》。

🔵 R&D经费支出与地区生产总值之比

也称R&D经费投入强度，是衡量创新资本要素投入强度最为重要、最为综合的指标。数据来源于《中国统计年鉴》。

🔵 R&D经费中基础研究经费支出

指为了获得关于现象和可观察事实的基本原理的新知识（揭示客观事物的本质、运动规律，获得新发展、新学说）而进行的实验性或理论性研究经费支出，它不以任何专门或特定的应用或使用为目的。数据来源于《中国科技统计年鉴》。

🔵 R&D经费中应用研究经费支出

指为获得新知识而进行的创造性研究经费支出，主要针对某一特定的目的或目标。应用研究是为了确定基础研究成果可能的用途，或是为达到预定的目标探索应采取的新方法（原理性）或新途径。数据来源于《中国科技统计年鉴》。

🔵 R&D经费中试验发展经费支出

指利用从基础研究、应用研究和实际经验所获得的现有知识，为产生新的产品、材料和装置，建立新的工艺、系统和服务，以及对已产生和建立的上述各项做实质性的改进而进行的系统性工作而产生的费用。数据来源于《中国科技统计年鉴》。

🔵 R&D经费中基础研究经费支出占比重

是衡量基础研究经费投入占R&D经费内部支出份额的指标。数据来源于《中国科技统计年鉴》。

🔵 R&D经费中应用研究经费支出占比重

是衡量应用研究经费投入占R&D经费内部支出份额的指标。数据来源于《中国科技统计年鉴》。

🔵 R&D经费中试验发展经费支出占比重

是衡量试验发展经费投入占R&D经费内部支出份额的指标。数据来源于《中国科技统计年鉴》。

◉ R&D经费中政府资金经费支出

指R&D经费内部支出中来自各级政府部门的各类资金，包括财政科学技术拨款、科学基金、教育等部门事业费及政府部门预算外资金的实际支出。数据来源于《中国科技统计年鉴》。

◉ R&D经费中企业资金经费支出

指R&D经费内部支出中来自本企业的自有资金和接受其他企业委托而获得的经费，以及科研院所、高等学校等事业单位从企业获得的资金的实际支出。数据来源于《中国科技统计年鉴》。

◉ R&D经费中政府资金经费支出占比重

是衡量R&D经费内部支出中政府投入所占份额的指标。数据来源于《中国科技统计年鉴》。

◉ R&D经费中企业资金经费支出占比重

是衡量R&D经费内部支出中企业投入所占份额的指标。数据来源于《中国科技统计年鉴》。

◉ 高校R&D经费支出

是指高等学校在报告年度用于内部开展R&D活动的实际支出。包括用于R&D项目（课题）活动的直接支出，以及间接用于R&D活动的管理费、服务费、与R&D有关的基本建设支出及外协加工费等。不包括生产性活动支出、归还贷款支出及与外单位合作或委托外单位进行R&D活动而转拨给对方的经费支出。数据来源于《中国科技统计年鉴》。

◉ 研发机构R&D经费支出

是指研究与开发机构在报告年度用于内部开展R&D活动的实际支出。数据来源于《中国科技统计年鉴》。

◉ 高校R&D经费支出占全社会R&D经费比重

是衡量R&D经费内部支出中高等学校R&D经费投入所占份额的重要指标。数据来源于《中国科技统计年鉴》。

◉ 研发机构R&D经费支出占全社会R&D经费比重

是衡量R&D经费内部支出中研究与开发机构R&D经费投入所占份额的重要指标。数据来源于《中国科技统计年鉴》。

◉ 高新技术企业R&D经费支出

是指高新技术企事业单位用于内部开展R&D活动的实际支出。数据来源于《中国火炬统计年鉴》。

● 高新技术企业R&D经费支出占全社会R&D经费比重

是衡量R&D经费内部支出中高新技术企业R&D经费投入所占份额的重要指标。数据来源于《中国火炬统计年鉴》。

● 财政性教育经费支出

财政性教育经费又称公共教育经费，是一国或一地区教育发展的重要保证，公共教育投入规模与速度可以反映国家或地方政府对教育的重视程度。财政性教育经费包括国家财政预算内教育经费，各级政府用于教育的税、费，企业办学经费，校办产业、勤工俭学和社会服务收入用于教育的经费。数据来源于《中国统计年鉴》。

● 财政性教育经费支出与地区生产总值比值

是财政性教育经费支出与地区生产总值之比，可以反映教育经费投入的强度。数据来源于《中国统计年鉴》。

● 地方财政科技支出

指地方财政预算用于科技支出的费用。数据来源于《中国统计年鉴》。

● 地方财政科技支出占地方财政支出比重

地方财政科技支出指地方财政预算用于科技支出的费用。地方财政科技支出占地方财政支出比重是衡量地方政府创新资本要素投入力度的重要指标。数据来源于《中国统计年鉴》。

● 地方财政科技支出与地区生产总值比值

是衡量地方政府科技投入力度的重要指标。地方财政科技支出与地区生产总值的数据均来源于《中国统计年鉴》。

● R&D人员全时当量

是国际上通用的用于比较科技人力投入的指标，指的是全时人员数加非全时人员按工作量折算为全时人员数的总和。例如：有两个全时人员和三个非全时人员（工作时间分别为20%、30%和70%），则全时当量为2.0+0.2+0.3+0.7=3.2人年。数据来源于《中国科技统计年鉴》。

● 万人R&D人员全时当量

是反映科技人力资源和研发活动人力投入强度的重要指标。数据来源于《中国科技统计年鉴》。

● R&D人员中基础研究人员数

指调查单位内部R&D活动中从事基础研究的人员。包括直接参加基础研究活动的人员及管理人员和直接服务人员。为研发活动提供直接服务的人员包括直接为研发活动提供资料文献、材料供应、设备维护等服务的人员。数据来源于《中国科技统计年鉴》。

◉ R&D人员中应用研究人员数

指调查单位内部R&D活动中从事应用研究的人员。包括直接参加应用研究活动的人员及管理人员和直接服务人员。为研发活动提供直接服务的人员包括直接为研发活动提供资料文献、材料供应、设备维护等服务的人员。数据来源于《中国科技统计年鉴》。

◉ R&D人员中试验发展人员数

指调查单位内部R&D活动中从事试验发展的人员。包括直接参加试验发展活动的人员及管理人员和直接服务人员。为研发活动提供直接服务的人员包括直接为研发活动提供资料文献、材料供应、设备维护等服务的人员。数据来源于《中国科技统计年鉴》。

◉ R&D人员中基础研究人员占比重

是衡量基础研究人员占R&D活动人员份额的指标。数据来源于《中国科技统计年鉴》。

◉ R&D人员中应用研究人员占比重

是衡量应用研究人员占R&D活动人员份额的指标。数据来源于《中国科技统计年鉴》。

◉ R&D人员中试验发展人员占比重

是衡量试验发展人员占R&D活动人员份额的指标。数据来源于《中国科技统计年鉴》。

◉ R&D研究人员全时当量

R&D研究人员是指R&D人员中具备中级以上职称或博士学历（学位）的人员，是反映科技创新人力投入的重要指标。全时当量指R&D研究人员中全时人员工作量与非全时人员按实际工作时间折算的工作量之和。数据来源于《中国科技统计年鉴》。

◉ R&D研究人员占全社会R&D人员比重

可以反映科技活动人力投入的质量。数据来源于《中国科技统计年鉴》。

◉ 高校R&D人员全时当量

指高等学校科技活动人员中从事基础研究、应用研究和试验发展3类活动的人员数。包括项目（课题）组人员、企业科技行政管理人员和直接为项目（课题）活动提供服务的辅助人员。高等学校R&D人员全时当量指高等学校在报告年度实际从事R&D活动的时间占制度工作时间90%及以上的人员。数据来源于《中国科技统计年鉴》。

◉ 研发机构R&D人员全时当量

指研究与开发机构科技活动人员中从事基础研究、应用研究和试验发展3类活动的人员数。包括项目（课题）组人员、企业科技行政管理人员和直接为项目和（课题）活动提供服务的辅助人员。研究与开发机构R&D人员全时当量指研究与开发机构在报告年度实际从事R&D活动的时间占制度工作时间90%及以上的人员。数据来源于《中国科技统计年鉴》。

◉ 高校R&D人员占全社会R&D人员比重

是衡量高等学校R&D活动人力投入强度的重要指标。数据来源于《中国科技统计年鉴》。

● 研发机构R&D人员占全社会R&D人员比重

是衡量研究与开发机构R&D活动人力投入强度的重要指标。数据来源于《中国科技统计年鉴》。

● 高技术产业R&D经费支出

是指高技术企业在报告年度用于内部开展R&D活动的实际支出。数据来源于《中国科技统计年鉴》。

● 高技术产业R&D经费支出占全社会R&D经费比重

是衡量高技术产业R&D活动经费投入占R&D经费支出份额的指标。数据来源于《中国科技统计年鉴》。

● 高技术产业R&D经费内部支出占营业收入比重

是衡量高技术企业创新能力和创新投入强度的重要指标之一。数据来源于《中国科技统计年鉴》。

● 高技术产业引进技术经费支出

是指高技术产业企业在报告期用于购买境外技术的费用支出，包括产品设计、工艺流程、图纸、配方、专利等技术资料的费用支出，以及购买关键设备、仪器、样机和样件等的费用支出。数据来源于《中国科技统计年鉴》。

● 高技术产业消化吸收经费支出

高技术产业引进技术的消化吸收是指对引进技术的掌握、应用、复制而开展的工作，以及在此基础上的创新。引进技术的消化吸收经费支出包括人员培训费，测绘费，参加消化吸收人员的工资、工装、工艺开发费，必备的配套设备费，翻版费等。数据来源于《中国科技统计年鉴》。

● 高技术产业购买境内技术经费支出

是指高技术产业企业在报告期用于购买境内其他单位科技成果的经费支出，包括产品设计、工艺流程、图纸、配方、专利、技术诀窍及关键设备的费用支出。数据来源于《中国科技统计年鉴》。

● 高技术产业技术改造经费支出

是指高技术产业企业在报告期进行技术改造而发生的费用支出。数据来源于《中国科技统计年鉴》。

● 高技术产业企业技术获取和技术改造经费支出占营业收入比重

高技术产业企业技术获取和技术改造经费支出是指高技术产业的引进技术经费支出、消化吸收经费支出、技术改造经费支出和购买境内技术经费支出的合计，与高技术产业营业收入之比,是衡量企业创新能力和创新投入强度的重要指标之一。数据来源于《中国科技统计年鉴》。

● 高技术产业新产品研发经费支出

是指属于高技术产业统计范围的企业报告期内对新产品研发所产生的费用。数据来源于《中国科技统计年鉴》。

● 高技术产业新产品研发经费支出占新产品销售收入比重

是衡量高技术企业创新产出的重要指标之一。数据来源于《中国科技统计年鉴》。

● 高技术产业R&D人员全时当量

是指高技术产业企业科技活动人员中从事基础研究、应用研究和试验发展3类活动的人员数。包括直接参加上述3类项目活动的人员及这3类项目的管理和服务人员总数。数据来源于《中国科技统计年鉴》。

● 高技术产业R&D人员占全社会R&D人员比重

是衡量R&D活动人力投入强度的重要指标之一。数据来源于《中国科技统计年鉴》。

● 高新技术企业R&D人员全时当量

是指高新技术企业中从事基础研究、应用研究和试验发展3类活动的人员数。包括项目(课题)组人员、企业科技行政管理人员和直接为项目(课题)活动提供服务的辅助人员。研究与开发机构R&D人员全时当量指研究与开发机构在报告年度实际从事R&D活动的时间占制度工作时间90%及以上的人员。数据来源于《中国火炬统计年鉴》。

● 高新技术企业R&D人员占全社会R&D人员比重

是衡量高新技术企业R&D活动人力投入强度的重要指标。数据来源于《中国火炬统计年鉴》。

● 科学研究和技术服务业新增固定资产

是指科学研究和技术服务业已经完成建造和购置过程,并已交付生产或使用单位的固定资产的价值,包括已经建成投入生产或交付使用的工程投资和达到固定资产标准的设备、工具、器具的投资及有关应摊入的费用。是表示科学研究和技术服务业固定资产投资成果的价值指标,也是反映科学研究和技术服务业建设进度、计算科学研究和技术服务业固定资产投资效果的重要指标。数据来源于《中国统计年鉴》。

● 科学研究和技术服务业新增固定资产占比重

固定资产投资是提高创新能力的重要手段。科学研究与技术服务业新增固定资产占全社会新增固定资产的比重是反映各级政府对科学研究与技术服务业支持力度的指标。数据来源于《中国统计年鉴》。

● **开展创新活动的企业数**

是指规模以上工业企业中开展创新活动的企业数量。创新活动是指为实现创新而进行的科学、技术、组织、商业等各种活动的总称。具体包括开展了产品或工艺创新活动，或实现了组织或营销创新。数据来源于《全国企业创新调查年鉴》。

● **开展创新活动的企业占比重**

是衡量规模以上工业企业中开展创新活动的企业所占份额。数据来源于《全国企业创新调查年鉴》。

● **实现创新的企业数**

是指规模以上工业企业中在创新活动中实现了产品或工艺创新，或实现了组织或营销创新的企业数。数据来源于《全国企业创新调查年鉴》。

● **实现创新企业占比重**

是衡量规模以上工业企业中实现创新企业数所占的份额。数据来源于《全国企业创新调查年鉴》。

● **企业创新费用支出**

是指规模以上工业企业创新经费支出。包括企业R&D经费内部支出、企业R&D经费外部支出、获得机器设备和软件经费支出、从外部获取相关技术经费支出等4项经费。数据来源于《全国企业创新调查年鉴》。

● **企业R&D经费支出**

是指企业在报告年度用于内部开展R&D活动的实际支出。包括用于R&D项目（课题）活动的直接支出，以及间接用于R&D活动的管理费、服务费，与R&D有关的基本建设支出及外协加工费等。不包括生产性活动支出、归还贷款支出，以及与外单位合作或委托外单位进行R&D活动而转拨给对方的经费支出。数据来源于《中国科技统计年鉴》，为规模以上工业企业数。

● **企业R&D经费支出占创新费用支出比重**

是指规模以上工业企业创新费用中企业R&D经费内部支出所占份额。数据来源于《全国企业创新调查年鉴》。

● **企业R&D经费支出占全社会R&D经费比重**

是衡量企业R&D活动经费投入的重要指标，也是判断企业是否成为创新主体的重要指标。数据来源于《中国科技统计年鉴》，为规模以上工业企业数。

● **企业R&D经费支出占营业收入比重**

是衡量企业创新经费投入强度的重要指标。发达国家经验表明，若这一比例低于2%，企业创新将难以维持，一些发达国家的高技术产业高于6%。数据来源于《中国科技统计年鉴》，为规模以上工业企业数。

● 企业引进技术经费支出

是指企业在报告期用于购买境外技术的费用支出，包括产品设计、工艺流程、图纸、配方、专利等技术资料的费用支出，以及购买关键设备、仪器、样机和样件等的费用支出。数据来源于《中国科技统计年鉴》，为规模以上工业企业数。

● 企业消化吸收经费支出

企业引进技术的消化吸收是指企业对引进技术的掌握、应用、复制而开展的工作，以及在此基础上的创新。引进技术的消化吸收经费支出包括人员培训费，测绘费，参加消化吸收人员的工资、工装、工艺开发费，必备的配套设备费，翻版费等。数据来源于《中国科技统计年鉴》，为规模以上工业企业数。

● 企业购买境内技术经费支出

是指企业在报告期用于购买境内其他单位科技成果的经费支出，包括产品设计、工艺流程、图纸、配方、专利、技术诀窍及关键设备的费用支出。数据来源于《中国科技统计年鉴》，为规模以上工业企业数。

● 企业技术改造经费支出

是指企业在报告期进行技术改造而发生的费用支出。技术改造指企业在坚持科技进步的前提下，将科技成果应用于生产的各个领域（产品、设备、工艺等），用先进技术改造落后技术，用先进工艺代替落后工艺、设备，实现以内涵为主的扩大再生产，从而提高产品质量、促进产品更新换代、节约能源、降低消耗，全面提高综合经济效益。数据来源于《中国科技统计年鉴》，为规模以上工业企业数。

● 企业技术获取和技术改造经费支出

是指企业引进技术经费支出、企业消化吸收经费支出、企业技术改造经费支出和企业购买境内技术经费支出的合计。数据来源于《中国科技统计年鉴》，为规模以上工业企业数。

● 企业技术获取和技术改造经费支出占营业收入比重

是衡量企业创新能力和创新投入水平的重要指标。数据来源于《中国科技统计年鉴》，为规模以上工业企业数。

● 企业科学研究经费支出占企业R&D经费支出比重

企业科学研究经费指企业R&D经费支出中用于基础研究和应用研究的经费。基础研究和应用研究是试验发展活动及其他一系列创新活动的基础，企业科学研究经费支出的规模和水平是反映企业自主创新活动质量的重要指标之一。数据来源于《中国科技统计年鉴》，为规模以上工业企业数。

● 研发机构来源于企业的R&D经费支出

是指研究与开发机构R&D经费内部支出中来自企业的资金，可以反映研究与开发机构机构和企业之间协同创新的规模和水平。数据来源于《中国科技统计年鉴》，为规模以上工业企业数。

● 高校来源于企业的R&D经费支出

是指高等学校R&D经费内部支出中来自企业的资金，可以反映高等学校和企业之间协同创新的规模和水平。数据来源于《中国科技统计年鉴》，为规模以上工业企业数。

● 研发机构和高校R&D经费支出中企业资金占比重

研究与开发机构和高等学校R&D经费支出中企业资金是指企业给予科研机构和高等学校的研发资金总量，用于衡量企业与研究与开发机构、高等学校的合作情况。企业给予研究与开发机构和高等学校的R&D经费占研究与开发机构和高等学校研发资金的比重，可以反映产、学、研之间协同创新的水平。数据来源于《中国科技统计年鉴》，为规模以上工业企业数。

● 企业平均吸纳技术成交额

是指按照技术流向统计的技术市场技术成交额，是衡量国内技术吸收状况的指标。企业平均吸纳技术成交额是反映企业吸纳国内技术水平的指标。数据来源于《中国科技统计年鉴》，为规模以上工业企业数。

● 企业R&D人员全时当量

是指企业科技活动人员中从事基础研究、应用研究和试验发展3类活动的人员数。包括直接参加上述3类项目活动的人员及这3类项目的管理和服务人员总数。数据来源于《中国科技统计年鉴》，为规模以上工业企业数。

● 企业R&D研究人员全时当量

是指企业R&D人员中具备中级以上职称或博士学历（学位）的人员数。数据来源于《中国科技统计年鉴》，为规模以上工业企业数。

● 企业R&D研究人员占全社会R&D研究人员比重

企业应是科技进步和创新的主体。企业R&D研究人员占全社会R&D研究人员比重是衡量R&D活动人力投入比例关系和企业科技人力投入强度的重要指标。数据来源于《中国科技统计年鉴》，为规模以上工业企业数。

● 万名企业就业人员中R&D人员数

是反映企业研发活动人力投入强度的重要指标。数据来源于《中国科技统计年鉴》，为规模以上工业企业数。

● 有R&D活动的企业数

企业是创新的主体，有R&D活动的企业数体现了企业群体中创新活动的规模。数据来源于《中国科技统计年鉴》，为规模以上工业企业数。

● 有R&D活动的企业占工业企业比重

有R&D活动的企业占工业企业比重体现了工业企业整体创新水平。数据来源于《中国科技统计年鉴》，为规模以上工业企业数。

● 有研发机构的企业数

企业研发机构是指在企业内设立的独立或非独立的具有自主研发能力的技术创新组织载体。企业研发机构是企业技术创新的基础平台，是全面提高自主创新能力的中坚力量。数据来源于《中国科技统计年鉴》，为规模以上工业企业数。

● 有研发机构的企业占工业企业比重

是反映工业企业整体创新水平的指标。数据来源于《中国科技统计年鉴》，为规模以上工业企业数。

● 企业专利申请数

是指企业在报告期内向国内知识产权管理部门提出专利申请并被受理的件数。数据来源于《中国科技统计年鉴》，为规模以上工业企业数。

● 企业发明专利申请数

发明专利是指对产品、方法或者其改进所提出的新的技术方案。企业发明专利申请数指企业在报告期内向国内知识产权管理部门提出发明专利申请并被受理的件数。数据来源于《中国科技统计年鉴》，为规模以上工业企业数。

● 企业发明专利拥有量

又称为企业有效发明专利数，是指报告期末企业作为专利权人拥有的、经国内知识产权管理部门授权且在有效期内的发明专利件数。数据来源于《中国科技统计年鉴》，为规模以上工业企业数。

● 万名企业就业人员发明专利拥有量

是发明专利拥有量和企业就业人员数之比，可以反映相对于企业就业人员规模的企业创新产出水平。数据来源于《中国科技统计年鉴》，为规模以上工业企业数。

● 发明专利申请数

是指报告期内向国内知识产权管理部门提出发明专利申请并被受理的件数。数据来源于《中国科技统计年鉴》。

● 实用新型专利申请数

实用新型专利是指对产品的形状、构造或者其结合所提出的适于实用的新的技术方案。实用新型专利申请数是指报告期内向国内知识产权管理部门提出实用新型专利申请并被受理的件数。数据来源于《中国科技统计年鉴》。

● 外观设计专利申请数

外观设计专利是指对产品的形状、图案或者其结合，以及色彩与形状、图案的结合所做出的富有美感并适于工业应用的新设计。外观设计专利申请数是指报告期内向国内知识产权管理部门提出外观设计专利申请并被受理的件数。数据来源于《中国科技统计年鉴》。

● 研发机构专利申请数

是指研究与开发机构在报告期内向国内知识产权管理部门提出专利申请并被受理的件数。数据来源于《中国科技统计年鉴》。

● 研发机构发明专利申请数

是指研究与开发机构在报告期内向国内知识产权管理部门提出发明专利申请并被受理的件数。数据来源于《中国科技统计年鉴》。

● 高校专利申请数

指高等学校在报告期内向国内知识产权管理部门提出专利申请并被受理的件数。数据来源于《中国科技统计年鉴》。

● 高校发明专利申请数

指高等学校在报告期内向国内知识产权管理部门提出发明专利申请并被受理的件数。数据来源于《中国科技统计年鉴》。

● 万人发明专利申请数

是反映相对于人口规模的发明专利申请一般水平的指标。数据来源于《中国科技统计年鉴》。

● 亿元R&D经费支出发明专利申请数

是反映相对于研发经费投入水平的发明专利申请规模的指标。数据来源于《中国科技统计年鉴》。

● 发明专利授权数

指报告期内由国内知识产权管理部门授予发明专利权的件数。数据来源于《中国科技统计年鉴》。

● 实用新型专利授权数

指报告期内由国内知识产权管理部门授予实用新型专利权的件数。数据来源于《中国科技统计年鉴》。

● 外观设计专利授权数

指报告期内由国内知识产权管理部门授予外观设计专利权的件数。数据来源于《中国科技统计年鉴》。

● 万人发明专利授权数

可以反映地区发明专利的产出效率。数据来源于《中国科技统计年鉴》。

● 万名企业就业人员发明专利拥有量

是发明专利拥有量和企业就业人员数之比，可以反映相对于企业就业人员规模的企业创新产出水平。数据来源于《中国科技统计年鉴》，为规模以上工业企业数。

● 亿元R&D经费支出发明专利授权数

是反映相对于研发经费投入的发明专利产出效率的指标。数据来源于《中国科技统计年鉴》。

● 发明专利拥有量

指年末拥有经国内知识产权管理部门授权且在有效期内的发明专利件数。数据来源于《中国科技统计年鉴》。

● 实用新型专利拥有量

指年末拥有经国内知识产权管理部门授权且在有效期内的实用新型专利件数。数据来源于《中国科技统计年鉴》。

● 外观设计专利拥有量

指年末拥有经国内知识产权管理部门授权且在有效期内的外观设计专利件数。数据来源于《中国科技统计年鉴》。

● 研发机构发明专利拥有量

指研究与开发机构年末拥有经国内知识产权管理部门授权且在有效期内的发明专利件数。数据来源于《中国科技统计年鉴》。

● 高校发明专利拥有量

指高等学校年末拥有经国内知识产权管理部门授权且在有效期内的发明专利件数。数据来源于《中国科技统计年鉴》。

● 万人发明专利拥有量

专利的数量是反映一国或一地区创新活动质量的重要指标，发明专利的数量又是其中更为重要的指标。测度发明专利水平的指标可分为发明专利授权数和发明专利拥有量。前者反映的是一定时期（通常为一年）发明专利产生的数量；后者反映的是在某一时点上发明专利的存量。数据来源于《中国科技统计年鉴》。

● 国内科技论文数

是指在国内期刊上发表的论文数量。数据来源于《中国科技统计年鉴》。

● 万人国内科技论文数

用于衡量国内科技论文产出水平。数据来源于《中国科技统计年鉴》。

● SCI 收录科技论文数

是指美国《科学引文索引》（Science Citation Index，SCI）收录的中国科技人员发表的论文数。美国《科学引文索引》由美国科学情报研究所（现为科睿唯安）于1961年创立，报道生命科学、医学、生物、物理、化学、农业、工程技术领域内的科技文献。是目前国际上最具权威性的用于基础研究和应用研究科研成果的评价体系。数据来源于《中国科技统计年鉴》。

● EI 收录科技论文数

是指美国《工程索引》（The Engineering Index，EI）收录的中国科技人员发表的论文数。美国《工程索引》创刊于1884年，由美国工程信息公司（现为爱思唯尔）编辑出版。作为世界著名的工程技术领域的文献检索系统，其收录文献的内容包括以下工程技术领域：生物工程、土木、地质、环境、矿业、石油、冶金、机械、燃料工程、核能、汽车、宇航工程、电气、电子、控制工程、化工、食品、农业、工业管理、数学、物理、仪表等。数据来源于《中国科技统计年鉴》。

● CPCI-S 收录科技论文数

CPCI-S（Conference Proceedings Citation Index‐Science）收录科技论文数是指CPCI-S 收录的中国科技人员发表的论文数。CPCI-S 是美国科学情报研究所（现为科睿唯安）出版的科学技术会议录索引。该索引收录生命科学、物理与化学科学、农业、生物和环境科学、工程技术和应用科学等学科的会议文献，包括一般性会议、座谈会、研究会、讨论会、发表会等。数据来源于《中国科技统计年鉴》。

● 万人国际科技论文数

国际科技论文数是指在国际期刊上发表的论文数量，万人国际科技论文数用于衡量国际科技论文产出水平。因国外检索机构检索的科技论文存在重复，因此，国际科技论文数引用的是《科学引文索引》（SCI）收录的中国科技人员发表的论文数。数据来源于《中国科技统计年鉴》。

● 技术市场成交合同数

是指报告期内由技术市场管理办公室认定登记的技术合同（技术开发、技术转让、技术咨询、技术服务）的成交数量。数据来源于《中国科技统计年鉴》。

● 技术市场输出技术成交额

是指报告期内由技术市场管理办公室认定登记的技术合同（技术开发、技术转让、技术咨询、技术服务）的合同标的金额的总和。数据来源于《中国科技统计年鉴》。

● 万人输出技术成交额

技术市场的发展和技术成果交易的繁荣，对技术成果迅速转化为生产力具有十分重要的作用，并反映了技术成果的市场化水平。数据来源于火炬中心《中国技术市场报告》。

● 国外技术引进合同数

是指在中华人民共和国境内的公司、企业、团体或个人（受方）为引进技术同中华人民共和国境外的公司、企业、团体或个人(供方)订立的明确相互权利义务关系的协议数。数据来源于《中国科技统计年鉴》。

● 国外技术合同成交额

是指中华人民共和国境内的公司、企业、团体或个人（受方）为引进国外技术开发、技术转让、技术咨询和技术服务类合同的成交额。数据来源于《中国科技统计年鉴》。

● 万人国外技术引进合同成交额

是衡量国外技术引进水平的指标。数据来源于《中国科技统计年鉴》。

● 国外技术引进合同成交额中技术经费

是指我国境内的自然人、法人或者其他组织从国外引进技术与技术出口国的当事人订立的合同中的技术经费金额。数据来源于《中国科技统计年鉴》。

● 国外技术引进合同成交额中技术经费占比重

是指我国境内的自然人、法人或者其他组织从国外引进技术与技术出口国的当事人订立的合同中的技术经费金额占合同总金额的比重。数据来源于《中国科技统计年鉴》。

● 百万人技术国际收入

技术国际收入指通过向他国转让专利、非专利发明、商标等知识产权，提供R&D服务和其他技术服务而获得的收入。百万人技术国际收入是衡量一个国家或地区创新国际竞争力的指标之一。数据来源于国家外汇管理局《技术收支统计资料》。

● 高技术产业有效发明专利数

有效发明专利数又称为发明专利拥有量。高技术产业有效发明专利数是指报告期末高技术企业作为专利权人拥有的、经国内知识产权管理部门授权且在有效期内的发明专利数。数据来源于《中国科技统计年鉴》。

● 万名高技术产业就业人员有效发明专利数

是高技术产业有效发明专利数和高技术产业就业人员数（以万为单位）之比，可以反映相对于企业就业人员规模的企业创新产出水平。

● **高技术产业营业收入**

高技术产业是国家统计局国统字〔2013〕55号文件中制定的《高技术产业统计分类目录》所包含的行业，分为高技术制造业和高技术服务业两类，如不做特殊说明，仅指高技术制造业（下同）。高技术产业包括医药制造业、航空航天器制造业、电子及通信设备制造业、电子计算机及办公设备制造业、医疗设备和仪器仪表制造业。高技术产业营业收入是指属于高技术产业统计范围的企业经常性的、主要的业务所产生的基本收入。

● **高技术产业营业收入占工业营业收入比重**

是反映产业结构优化程度的指标之一。工业营业收入是指企业确认的销售商品、提供劳务等营业的收入。

● **高技术产业新产品销售收入**

新产品是指采用新技术原理、新设计构思研制生产的全新产品，或在结构、材质、工艺等某一方面比原有产品有明显改进，从而显著提高了产品性能或扩大了使用功能的产品。高技术产业新产品销售收入是指属于高技术产业统计范围的企业报告期销售新产品实现的销售收入。数据来源于《中国科技统计年鉴》。

● **高技术产业新产品销售收入占营业收入比重**

是衡量高技术企业创新产出的重要指标之一。

● **万元地区生产总值高技术产业营业收入**

创新活动必然导致产业结构的优化。万元生产总值高技术产业营业收入是反映产业结构优化程度的指标之一。

● **新产品销售收入**

是反映工业企业新产品销售规模的指标。数据来源于《中国科技统计年鉴》，为规模以上工业企业数。

● **新产品销售收入占营业收入比重**

新产品销售收入是按国家统计局规模以上工业企业科技活动统计指标中新产品的定义统计的销售收入，与营业收入比较可以反映中国工业企业采用新技术原理、新设计构思研制、生产的全新产品，或在结构、材质、工艺等某一方面比原有产品有明显改进，从而显著提高了产品性能或扩大了使用功能的产品对营业收入的影响。数据来源于《中国科技统计年鉴》，为规模以上工业企业数。

● **商品出口额**

是指实际输出中国国境的货物总金额，是反映对外贸易总规模和商品出口竞争力的指标。中国规定出口货物按离岸价格统计，进口货物按到岸价格统计。数据来源于《中国统计年鉴》。

● 商品出口额与地区生产总值比值

反映了产品出口对经济产出的贡献，也是反映相对于经济规模的产品出口竞争力的指标。数据来源于《中国统计年鉴》。

● 高技术产品出口额

高技术产品是指纳入海关总署《高技术产品目录》中的产品。高技术产品包括全新型产品、首次生产的换代型产品、首次生产的改进型产品等，具有技术含量高、经济效益好和市场前景广阔的特点。高技术产品出口额是指实际输出中国国境的高技术产品总金额。数据来源于《中国科技统计年鉴》。

● 高技术产品出口额占商品出口额比重

高技术产品出口额是根据海关总署《高技术产品目录》从商品出口额中分离出的数据，按原产地进行统计。高技术产品出口额占商品出口额比重可以反映一国或一地区高技术产品的国际竞争力。数据来源于《中国科技统计年鉴》。

● 第三产业增加值

是三次产业中除第一、第二产业以外其他行业的增加值，主要包括流通行业、为生产和生活服务的行业、为提高科学文化水平和居民素质服务的行业等。第三产业的发展水平是衡量产业经济发展程度的重要标志。数据来源于《中国统计年鉴》。

● 第三产业增加值占地区生产总值比重

随着生产力水平的提高，第一产业占国民经济的比重会逐步下降，第二产业和第三产业占国民经济的比重会逐步提升。第三产业增加值占地区生产总值（GDP）比重是反映社会生产力水平和产业结构优化程度的重要指标。数据来源于《中国统计年鉴》。

● 高新技术企业数

指在国家重点支持的高新技术领域内，持续进行研究开发与技术成果转化，形成企业核心自主知识产权，并以此为基础开展经营活动，在中国境内（不包括港、澳、台地区）注册一年以上的居民企业数。数据来源于《中国火炬统计年鉴》。

● 高新技术企业年末从业人员数

指在报告期末，在企业中从事劳动并取得劳动报酬或经营收入的全部劳动力。数据来源于《中国火炬统计年鉴》。

● 高新技术企业营业收入

指企业经营主要业务和其他业务所确认的收入总额。营业收入合计包括主营业务收入和其他业务收入。数据来源于《中国火炬统计年鉴》。

● **高新技术企业技术收入**

指企业全年用于技术转让、技术承包、技术咨询与服务、技术入股、中试产品收入及接受外单位委托的科研收入等。数据来源于《中国火炬统计年鉴》。

● **高新技术企业技术收入占营业收入比重**

是指高新技术企业营业收入中技术收入所占份额。数据来源于《中国火炬统计年鉴》。

● **高新技术企业净利润**

是指高新技术企业在利润总额中按规定缴纳了所得税后公司的利润留成，一般也称为税后利润或净利润。净利润的多寡取决于两个因素：一是利润总额；二是所得税费用。是衡量一个企业经营效益的主要指标。数据来源于《中国火炬统计年鉴》。

● **高新技术企业利润率**

是指高新技术企业净利润与营业收入的比率，是反映高新技术企业经济效益的重要指标。数据来源于《中国火炬统计年鉴》。

● **高新技术企业出口总额**

是指实际输出中国国境的高新技术企业产品出口的总金额。数据来源于《中国火炬统计年鉴》。

● **劳动生产率**

区别于劳动和资本对经济社会发展的作用，创新的作用体现为对集约型经济发展方式的促进。而集约型经济增长方式具体体现为人、财、物的节约和使用效率的提高。劳动生产率反映的是劳动效率的提高，为生产总值与就业人员之比。数据来源于《中国统计年鉴》。

● **固定资本形成总额**

是指常住单位在一定时期内获得的固定资产减处置（销售或转出）的固定资产的价值总额。固定资产是通过生产活动生产出来的，且其使用年限在一年以上、单位价值在规定标准以上的资产，不包括自然资产。可分为有形固定资本形成总额和无形固定资本形成总额。有形固定资本形成总额包括一定时期内完成的建筑工程、安装工程和设备工器具购置（减处置）价值，以及土地改良，新增役、种、奶、毛、娱乐用牲畜和新增经济林木价值。无形固定资本形成总额包括矿藏的勘探、计算机软件等获得减处置。数据来源于《中国统计年鉴》。

● **资本生产率**

资本生产率反映的是资本投入与经济产出之间的关系，即地区生产总值与地区资本投入之比。反映地区资本投入的指标为固定资本形成存量净额，由各地区基年（1952年）

的固定资本形成存量净额、每年的固定资本形成和折旧额，经价格调整，用永续盘存法求得。数据来源于《中国统计年鉴》。

● 综合能耗产出率

中国是一个能源相对短缺的国家，因此，提高能源使用效率具有十分重要的意义。综合能耗产出率是地区生产总值与地区综合能源消费量之比，反映单位能源消费的产出效率。数据来源于《中国能源统计年鉴》。

● 空气达到二级以上天数

按照国家统一规定，空气达到二级以上标准是指空气污染指数≤100，如果空气污染指数≤50，说明空气质量为优。空气污染指数＞50且≤100时，说明空气质量为良好。空气污染指数是根据环境空气质量标准和各项污染物对人体健康和生态环境的影响来确定污染指数的分级及相应的污染物浓度值。目前计入空气污染指数的项目暂定为二氧化硫、氮氧化物和总悬浮颗粒物。空气达到二级以上天数是反映空气质量的重要指标。本报告中使用的是按地区下辖的各地级市的常住人口加权计算的空气达到二级以上天数。数据来源于《中国统计年鉴》。

● 空气达到二级以上天数占比重

是反映城市空气质量的重要指标。数据来源于《中国统计年鉴》。

● 废水中化学需氧量排放量

是指在一定的条件下，采用一定的强氧化剂处理废水时，所消耗的氧化剂的量。它是表示水中还原性物质多少的一个指标。水中的还原性物质有各种有机物、亚硝酸盐、硫化物、亚铁盐等，但主要的是有机物。废水中化学需氧量排放量越大，说明水体受有机物的污染越严重。在河流污染和工业废水性质的研究及废水处理厂的运行管理中，它是一个重要的而且能较快测定的有机物污染参数。数据来源于《中国统计年鉴》。

● 废水中化学需氧量排放降低率

废水中化学需氧量排放降低率＝（上期废水中化学需氧量排放量－本期废水中化学需氧量排放量）/上期废水中化学需氧量排放量。废水中化学需氧量排放降低率反映了本期与上期相比废水中化学需氧量排放量的降低程度，是反映水源质量及污水减排水平的重要指标。数据来源于《中国统计年鉴》。

● 二氧化硫排放量

二氧化硫（化学式SO_2）是最常见的硫氧化物，是大气主要污染物之一，是导致酸雨的主要因素。二氧化硫排放量是指一定时期内，某企业或地区燃料燃烧和生产过程中产生并排入大气中的二氧化硫气体总量。二氧化硫排放量是反映一个地区的生产活动对空气污染程度的重要指标。数据来源于《中国统计年鉴》。

● 二氧化硫排放降低率

二氧化硫排放降低率＝（上期二氧化硫排放量－本期二氧化硫排放量）／上期二氧化硫排放量。二氧化硫排放降低率是反映空气质量及污染气体减排水平的重要指标。数据来源于《中国统计年鉴》。

● 万元地区生产总值用水量

是指相对于经济产出消耗水的水平，反映的是一个国家或地区的用水效率、节水潜力和水资源承载能力。数据来源于《中国统计年鉴》。

● 万元地区生产总值用水量降低率

万元地区生产总值用水量降低率＝（上期地区生产总值用水量－本期地区生产总值用水量）／上期地区生产总值用水量。可以反映本期与上期相比万元地区生产总值用水量的降低程度，反映了水资源的利用效率。数据来源于《中国统计年鉴》。

● 废水中氨氮排放量

废水中氨氮排放量（t）＝氨氮浓度（mg/L）× 废水排放量（t）／1000000。

《地表水和污水监测技术规范》（HJ91.1—2019）把氨氮列为河流、湖泊水库和集中式饮用水源地的必测项目。钢铁工业、焦化、化肥（氮肥）、合成氨工业、纺织染整业、食品加工、屠宰及肉类加工、饮料制造业、航天推进剂、船舶工业、管道运输业、宾馆、饭店、游乐场所及公共服务行业、生活污水等排水单位，也把氨氮列为必测项目。氨氮指标的监控在环境质量和污染控制中是十分重要的。数据来源于《中国统计年鉴》。

● 废水中氨氮排放降低率

废水中氨氮排放降低率＝（上期氨氮排放量 － 本期氨氮排放量）／上期氨氮排放量。废水中氨氮排放降低率可以反映本期与上期相比废水中氨氮排放量降低的程度，是对环境污染控制和治理的重要指标。数据来源于《中国统计年鉴》。

● 固体废物产生量

固体废物是指人类在生产、消费、生活和其他活动中产生的固态、半固态废弃物质（国外的定义则更加广泛，动物活动产生的废弃物也属于此类），通俗地说，就是"垃圾"。主要包括固体颗粒、炉渣、污泥、废弃的制品、破损器皿、残次品、动物尸体、变质食品、人畜粪便等。有些国家把废酸、废碱、废油、废有机溶剂等高浓度的液体也归为固体废弃物。固体废物产生量＝（固体废物综合利用量－综合利用往年贮存量）＋固体废物贮存量＋（固体废物处置量－处置往年贮存量）＋固体废物倾倒丢弃量。数据来源于《中国统计年鉴》。

● 固体废物综合利用量

是指报告期内企业通过回收、加工、循环、交换等方式，从固体废物中提取或者使其转化为可以利用的资源、能源和其他原材料的固体废物量（包括当年利用的往年固体废物累计贮存量），如用作农业肥料、生产建筑材料、筑路等。综合利用量由原产生固体废物的单位统计。数据来源于《中国统计年鉴》。

● 固体废物综合治理率

固体废物综合治理量是指报告期内企业将固体废物焚烧和用其他改变固体废物的物理、化学、生物特性的方法，达到减少或者消除其危险成分的活动，或者将工业固体废物最终置于符合环境保护规定要求的填埋场的活动中所消纳固体废物的量。固体废物综合治理率是指报告期内的固体废物治理量与固体废物产生量的比率：固体废物综合治理率＝固体废物治理量／固体废物产生量。数据来源于《中国统计年鉴》。

● 生活垃圾无害化处理率

指报告期生活垃圾无害化处理量与生活垃圾产生量的比率。在统计上，由于生活垃圾产生量不易取得，可用清运量代替。数据来源于《中国统计年鉴》。

计算公式为：生活垃圾无害化处理率＝生活垃圾无害化处理量/生活垃圾产生量×100%。

● 污水处理率

指经过处理的生活污水、工业废水量占污水排放总量的比重。数据来源于《中国城市建设年鉴》。

计算公式为：污水处理率＝污水处理量/污水排放总量×100%。

● 建成区绿化覆盖率

指在城市建成区的绿化覆盖面积占建成区面积的百分比。其中，绿化覆盖面积是指城市中乔木、灌木、草坪等所有植被的垂直投影面积。数据来源于《中国统计年鉴》。